国际关系学术文丛
人 才 培 养 项 目

突破与创新

国际关系理论的新研究

柳思思◎著

时 事 出 版 社

序　言

柳思思博士的这本专著题为“突破与创新：国际关系理论的新研究”，具体内容分为上下两篇，上篇重点讨论突破传统，即原有国际关系理论（如现实主义、自由主义、建构主义等）的进展；下篇主要探讨理论创新，是对新的理论范式，尤其是非西方主流社会（如中俄以及其他文化体中的理论发展）的理论思想研究。该书的写作目标是对新的原创性理论的探索。原创性成果包括两大类别：一类是突破性理论，指在已有概念框架中进行研究，但研究成果或是基本推翻了原有理论并建立新的理论，或是局部丰富、或是修正了原有理论。前者如新自由制度主义理论，后者如权力转移理论；另一类是基本概念范式的突破，创建一个新的学派，比如强调国际社会的英国学派或是提出新安全观理论的哥本哈根学派。

随着世界各国在政治、经济、军事、文化等方面相互依赖程度的日益深化，国际关系理论在国际政治中发挥着越来越重要的指导作用。对于中国这个发展中大国来说，研究国际关系理论显得尤为重要。这就突出了该书研究的现实性和专业性。从学术研究上看，目前学界对于国际关系理论的研究多集中于三大主义式研究，但对其他理论流派进行分析和解读的研究却不多见。到 2000 年，美国主要理论流派的代表著作都已经出版了中译本，包括新自由主义的代表作《权力与相互依赖》、新现实主义的代表作《国际政治理论》和建构主义的代表作《国际政治的社会理论》。这种借鉴也直接影响了后来中国国际关系理论学界三大对应学派的初步形成。当前的理论研究现状是不少新兴的国际关系理论并未被当作重要课题进行对待，尤其对发展中国家的国际关系理论进行系统研究的科研成果更是缺失。因此，该书提出要进一步扩展和深化国际关系理论的研究范围，这样有助于更深刻地把握对纷繁复杂的国际政治的认识。另外，从实践上看，现阶段对国际关系理论进行研究有利于非西方国际关系理论的发展。多元实践、多元理论和多元话语有利于国际关系知识的生产和再生产。

当前学界关于国际关系理论的著作众多，主要是集中于在现实主义、自由主义、建构主义三大学派来进行分析，可是国际关系理论的研究范围不是局限于这三大主义，对三者进行简单罗列而不是深入分析是学界的通病。此外，较少涉及中国国际关系方面理论的研究也是当前国际关系理论著作的不足。中国国际关系理论在过去几十年里取得了重大的进展，但至今仍然没有形成具有国际影响的、带中国特色的国际关系理论。在不同的地理环境和历史条件下，不同的社会人群建构了各异的文化，各异的文化成为社会知识的民族特征。所以，社会科学理论在产生的初始阶段必然包含本土意识，中国的国际关系理论必然带着中国特定的地缘文化特征，从中国的传统文化中汲取精华。

当然，研究中国的国际关系理论不意味着对其他理论持一概排外态度。中国在国际体系权力结构中处于重要位置，并呈现明显的上升趋势，但不处于主导位置，中国的发展离不开全球化的进程。中国这种在权力结构中的定位可能是一个相当长的历史阶段。如果起源于特殊地缘文化中的中国国际关系理论不能具有一定的普适性，就无法在世界理论之林中占有一席之地。因为人具有共性，国际关系是人际关系的扩展，所以研究人的理论也必然具有一定的共性，这就表明国际关系理论还需要具有普适意义。在从特定地缘文化语境中产生的理论萌芽成长为具有普适性理论体系的过程中，汲取其他文化的营养是至关重要的。因此，中国的国际关系理论无疑要从其他理论中获得滋养。随着中国国家实力的增长，国家的重视，中国人既立足于自我又探索世界的思想进一步发展，就此而言，中国学派的产生就会是一种理论的必然。

中国国际关系学在过去数十年里发展迅速，可以说已经初步有了中国学科和学派的自觉，但作为学科重要标志的原创性理论却依然没有形成。我们要构建中国特色的国际关系理论，绝对不是单纯为了理论而理论，构建理论本身也不是目的。中国的国际关系理论，不是单纯的学理公式，而是能够用于指导中国实践的纲领。它的短期目的是解决中国在当前国际环境中面临的重大问题，长期目标是使中国能够更好地为本国人民和世界人民的根本利益、为实现全人类的和平理想而奋斗。

柳思思是个年轻学者。近年来已经发表了不少很好的论文。她在研究中，颇有悟性，也善于思考。如今，她的专著即将出版，我非常高兴。也希望我所有的学生们能够继续努力，为国际关系理论研究奉献自己的心力。

秦亚青

2013年7月19日于京西厂洼

目 录

上篇：突破三大主义——原有国际关系理论的最新进展

下篇：走向理论创新——理论发展与非西方主流社会的贡献

上　篇

突破三大主义——原有国际关系理论的最新进展

此篇是突破传统，即原有传统国际关系理论的突破性进展。首先要说明的是，标题中“原有国际关系理论”是指以三大主义为代表的理论流派，即现实主义、自由主义、建构主义。在过去的几十年里，有关于三大主义的理论著作在中国学界占据了非常大的比例。如果以理论流派划分，中国国际关系理论研究在过去几十年里已经形成为三足鼎立状态。自由主义、现实主义和建构主义三大流派占据总量的78%。其中以自由主义比重最大，占研究成果总量的1/3。[①]本部分的写作目的是对上述传统国际关系理论新发展的分析。

① 秦亚青：“中国国际关系理论研究的进步与问题”，《世界经济与政治》，2008年第11期，第18页。

第一章

从国际政治资源视角解读国际制度

资源是整个人类赖以生存和发展的基本条件。人类对资源的认识也随着国际制度的发展而不断深化。关于资源的定义也是如此，古今中外，有关资源的定义不下百种。《辞海》对资源的解释是："资财的来源，一般指天然的财源。"① 联合国环境规划署认为："资源是在一定时间和技术条件下能够生产经济价值、提高人类当前和未来福利的自然环境因素的总称。"② 随着经济技术的发展，资源所涵盖的范围也日益扩展，开始将社会及人文性质的资源形态纳入资源概念内涵之内。王子平先生在其著作《资源论》中所下的有关资源的定义较为全面，他认为，"资源，是指一定的社会历史条件下存在着，能够为人类开发利用，在社会经济活动中经由人类劳动而创造出财富或资产的各种要素。"③ 资源是人类社会赖以生存和发展的基础。广义的资源不是一个单数，而是一个多元复合概念，一切有利用价值的自然、经济、社会条件都可称之为资源。

---

① 辞书编辑委员会：《辞海》，上海辞书出版社 1979 年版，第 1436 页。

② 史志良：《工业资源配置》，经济管理出版社 1997 年版，第 8 页。

③ 王子平等：《资源论》，河北国际制度出版社 2001 年版，第 18 页。

一、国际制度资源的概念与特性

为了明确国际制度资源的概念，首先必须明确国际制度的概念。关于国际制度的概念及其与国际组织、国际机制之间的关系，学界历来有所争论。根据笔者的理解，学术界基本接受了斯蒂芬·克拉斯纳关于国际机制的定义，即“在国际关系特定领域行为体汇聚而成的一整套明示或暗示的原则、规范、规则和决策程序”;[①] 罗伯特·基欧汉关于国际制度的定义基本上也获得了认可，即国际制度包括国际机制、国际组织和国际惯例，是“有关国际关系特定领域的、政府同意建立的有明确规则的制度”。[②] 实质意义上的国际制度理论的发展历程毕竟尚短，没有形成完整的理论体系，甚至在基本概念上还没取得明确的界定。事实上，学术界对于国际制度概念的界定也是十分的混乱，以至于有人指出：“概念的混乱可能使国际制度研究落至毫无意义的地步”。[③] 目前，在国际制度研究的文献中，关于国际制度的概念主要有两大问题：一是国际制度与国际机制的概念混淆不清。人们往往按自己的喜好任意地使用，国际制度理论常常又被称为国际机制理论。连研究此领域的理论大家们都各执一词，罗伯特·基欧汉、约瑟夫·奈伊和约翰·罗杰等研究制度，而斯蒂芬·克莱斯纳、奥兰·扬等则研究机制。二是国际制度和国际组织关系不明。有学者将国际制度等于国际组织，如英国功能主义

---

① Stephen Krasner，“Structural Causes and Regime Consequences：Regime As Intervening Variables”，International Organization，1982，(36)，p. 186.

② Robert Kerohane，International Institutions and State Power；Essays in International Relations Theory，Boulder：Westview Press，1989，4.

③ Robert M. A. Crawford，Regime “Theory in the post-Cold War World Rethinking Neoliberal Approaches to International Relations”，Aldershot：Dartmouth Publishing Company，1996，p. 83.

的代表人物彭特兰；[①] 也有学者认为国际制度不能等于国际组织，但却包括国际组织，如基欧汉就将国际制度定义为“约束世界政治各要素的规则和帮助实施这些规则的组织”。[②] 鉴于学术界对于国际制度这个核心概念的争论，而基本概念的明确界定又是书稿撰写前提条件之一。因此，本书试图从“制度”的概念内涵入手，对“国际制度”概念的内涵进行探讨，并在此基础上，对国际制度、国际机制、国际组织等概念进行梳理，以期更明确地界定国际制度资源，以确定其核心概念。

（一）国际制度资源的概念

从制度角度认识国际制度资源的概念是一条思路。早从 19 世纪开始，西方古典社会学家即开始探讨制度概念的内涵。各学科对制度的概念形成了三种不同的解释：第一，制度是一种规则或规范体系，这是对制度最基本的一种界定。如诺斯认为，“制度是一系列被制定出来的规则、守法程序和行为道德伦理规范，它旨在约束追求主体福利或效用最大化利益的个人行为。”[③] 第二，从制度所关涉的主体角度出发，制度是一种特定的组织。康芒斯就直接把制度看成一种“运行中的机构”。最早将制度作为社会学专门术语的斯宾塞，他用“制度”所指的就是“履行社会功能的机构”。制度的这一含义也被沿用至今。[④] 早期的社会学家大都把制度理解为已形成的社会规范和规则的集合体。笔者综合关于制度的定义得出制度指的是为了

---

① Charles Petland，Building Global Instituions in Gavin Boydand Charles Petland，eds Issues in Global Politics，Lodon：The Free Press，1981，p. 364.

② ［美］罗伯特·基欧汉著，门洪华译：“国际制度：相互依赖有用吗?”，《国际论坛》，2000 年第 4 期，第 77 页。

③ ［美］诺斯著，陈郁等译：《经济史中的结构与变迁》，上海人民出版社 1994 年版，第 225 页。

④ ［英］米切尔著，蔡振扬译：《新社会学词典》，上海译文出版社 1987 年版，第 176 页。

约束社会单元的行为和相互关系而设置的机构、设施、规则的系统体系。它必须包括两个要素：一是规范系统，包括规定社会主体的规则和运作模式，这是制度的核心要素；二是组织系统，即是为了执行、推动及核查各种规则和模式而设立的组织机构，这是规则的物质承担者。构成健全的制度，规范系统和组织系统两者缺一不可。在明确了“制度”概念的基础上，我们就可以进一步探析“国际制度”的概念内涵。“国际制度”与“制度”相比，多了一个表示范围的限定词“国际”，因此，“国际制度”应该从属于“制度”的范畴。“国际”指的是超出一国的范围而存在于国家之间，国际制度则存在于主要由国家所构成的国际社会中。前文曾提出，一般意义上的制度是指为了约束社会单元的行为和相互关系所设置的规则、机构、设施的系统体系。在国际社会中的行为主体包括国家行为主体和非国家行为主体，那么国际制度可以定义为：在国际社会中，为了约束国家和非国家行为主体而设置的规则、机构、设施的系统体系。这个系统体系必须具备一般制度包含的两大要素：一是规定国际社会的各行为主体的行为和互动的规则和运作模式的规范体系，这是国际制度的核心部分；二是为了执行、推动及监督各种规则和模式而设立的组织体系，这是国际制度的物质承担者。

就国际制度的研究，国际政治学界中的三大流派——新现实主义、新自由主义和建构主义都对国际制度进行过诠释。从国际关系理论界的发展情况来看，新自由主义对国际制度的论述最为完整和全面。他们认为国际制度是国际社会机制化趋势的产物，强调国际制度并不是说国家自始至终在一切领域受制于国际制度安排，也并不意味着国家可以忽视自身行为对其他行为体产生的影响，只是强调国际行为应在相当大的程度上取决于国际社会的主导原则和准则。

新自由主义学派认为，国际制度理论的前提是：1. 在一个无政府状态下的国际体系中，国家是寻求自身利益的理性行为者；2. 国家在寻求自身利益最大化的过程中掌握充分的信息；3. 当今世界各国相互依赖日益增大。新自由主义学派认为，世界各国相互依赖的增加产生了对建立国际制度的需求。

目前研究国际制度的主要成果是：1. 国际制度存在于国际关系的一切领域；2. 国际制度是介于目标、利益、目标与行为之间的联系制度，构成机制的原则、准则与规则应符合国际道德或国际法要求；3. 国际制度的性质在一定程度上取决于机制管理体制的性质；4. 国际制度有正式机制和非正式机制之分；5. 国际制度的变化和权力、利益密切相关。

新自由制度主义流派的代表人物非美国学者罗伯特·基欧汉莫属，他在代表作《霸权之后》一书中运用理性选择理论就国际制度的创制、维护、价值等做了详细且深入的研究，并且引入了微观经济学的相关知识和分析工具，研究理性的行为体如何将想要得到的利益最大化。尤其是在论述国际制度的创建理由时，基欧汉运用功能主义理论来进行解释，同时将新制度经济学的研究方法引入到维持国际制度的研究中，给国际制度乃至国际关系理论指明了新道路。

新自由主义制度关于国际制度的论述具有强大的解释力，让人们走出了权力政治的范畴，为国际社会的推进而不是循环提供了全新的思维方式。然而，新自由主义对国际制度的创设和维护仍然有其不足之处。一方面，正如有些学者所指出的，尽管强调物质性资源的现实主义范式自身存在着一些缺陷，它对处于合作大势中的国际关系的解释能力显得有些不足。但是作为一种研究范式，现实主义仍然不失其在国际关系理论中的主导地位。[①] 此话出自现实主义学者之口，难免会带点偏见，但就现状而言，未必不是事实，因为能够完全取代现实主义的理论至今尚未出现；另一方面，“制度”当然属于国际政治资源之列，但新自由制度主义对“制度”一词的定义过于宽泛和模糊。而“定义一旦过于宽泛则失去分析的精确性”。例如基欧汉在新自由制度主义的经典之作《霸权之后》一书中，就是

① Ethan B. Kapstein：“Is Realism Dead? ” The Domestic Source of International Politics，International Organization，Autumn 1995，p. 377

在同等意义上使用“制度”和“机制”两词的。[①] 另外，对于国际政治资源中的国际制度类资源的创设及其功能，新自由制度主义者目前主要停留在主观论述上，经验和实证研究不多，从而限制了该理论的解释和检验能力。不过近几年来，新自由制度主义者正在扭转这一不利局面，力图在案例研究上为其观点提供更加充分的证据。

新自由制度主义过多地纠缠在制度类资源的“功能”上。未能跳出制度来分析制度，因而限制了该理论的增殖能力。据笔者观察，新自由制度主义的产生，肯定部分受到当时风行的以科斯、诺斯、威廉姆森等人为代表的新制度经济学（New Institutional Economics）的影响，新自由制度主义者注意到新制度经济学的分析工具在解释国际关系中的意义，但是他们对新制度经济学的研究成果的关注还远远不够。如果他们更多地坚持这一研究取向的话，新自由制度主义的创新能力可能更为强大。

国际制度的概念与国际机制和国际组织的概念是有区别的。关于国际机制最权威的定义是美国学者克莱斯纳 1983 年在《国际机制》一书中提出来的。他认为国际机制是：“一系列隐含的或明确的原则、规范、规则以及决策程序，行为者对某个既定国际关系问题领域的预期围绕着他们而汇聚在一起。”[②] 根据克莱斯纳的定义，无论是原则、规范、规则还是决策程序实质上都属于规范的范畴。因此，国际机制实际上是行为体按照预期，在特定的国际关系问题领域设立的各类规范的总和。由此可见，国际机制的概念应当是小于并且从属于国际制度的概念。国际组织的定义是：“国际社会的两个以上的行为主体基于特定的目的和任务，以一定协议的形式而设立的各类机构。”[③] 国际组织是国家或集团之间协议的结果，设置是为了执行、

① 郑端耀：“国际关系——新自由制度主义理论之评析”，《问题与研究》，1997 年第 12 期，第 14 页。

② 门洪华：“国际机制理论的批评与前瞻”，《世界经济与政治》，1999 年第 11 期，第 17 页。

③ 朱建民：《国际组织新论》，台北中正书局 1976 年版，第 3 页。

监督和核查国家或集团之间所制订的协议或规则。而协议和规则都属于规范范畴，即国际机制。因此，国际组织的产生是国际机制安排的结果，其目的是为了执行、推动、监督和核查国际机制。因此可见，国际机制与国际组织是相区别的，国际机制是国际社会中的规则，是用来约束行为体互动的框架。国际组织是国际制度的组织系统，是国际制度的物质承载体。而国际组织一旦产生，它内部运行的原则和决策程序又成为国际机制的补充。作为规范系统的国际机制和作为组织体系的国际组织共同构成国际制度。

国际制度属于资源的一部分。判断国际制度是否属于资源的关键在于国际制度是否具有资源的一般特性。资源的一般特性表现为：1. 具有使用价值；2. 具有可配置性；3. 具有稀缺性。[①] 首先，国际制度具有使用价值，各种国际机制、组织、惯例对于国际政治体系的维持和发展是必不可少的；其次，通过对国际制度资源的合理配置有助于实现自身目标和维护自身利益；最后，根据现代制度经济学的观点，国际制度也是一种稀缺性资源（体现为国际制度体制的不完善性或缺失性）。[②]

首先，国际制度具有资源的特性——具有使用价值。国际制度以其现实性和可操作性，成为调节当代国际关系的经常性规范模式，日益受到人们的青睐。国际制度在某种意义上改变了国际社会的发展方向与进程，使得国际社会渐渐地处于一种制度化的相对有序状态中。与此同时，国际制度的作用发挥也受到各种因素的限制。但是，这并不能成为我们否定国际制度的原因，而应成为改革和完善国际制度的切入点。只要人类追求和平与发展的决心不变，国际制度必将逐步走向完善，国际社会由此走向制度化的发展前景是乐观的。

---

① ［美］康芒斯著，于树生译：《制度经济学》（上册），商务印书馆 1997 年版，第 298 页。

② 卢现祥：《西方新制度经济学》，中国发展出版社 2003 年版，第 14 页。

其次，国际制度具有资源的特性——可配置性。国际制度资源配置的方式很复杂，我们可以概括为以下几种主要方式。首先是纵向继承性配置方式。历史上存在着非常丰富的文化与国际制度资源。其中一些国际制度资源被重新发掘出来，加以改造，使之复活，完全可以古为今用，配置于现代社会生活，并整合进现代国际制度体系中。其次是融合交汇配置方式。可以将历史上和当今的国际制度结合，也可以将各国的国际制度结合，当然，这里有一个取长补短、消化吸收的过程。最后，也是非常重要的，就是要实现国际制度资源配置的综合创新。实行"拿来主义"，古为今用、洋为中用固然必要和重要，而立足现实、面向未来，革故鼎新则更为必要和重要。为此，在进行国际制度资源优化配置过程中，要善于综合、敢于创新，按照人的现实需要和理想追求，着力建构前所未有的但又是符合客观实际需要的新的国际制度蓝图。国际制度资源优化配置的价值标准，主要有以下诸方面：第一，要看国际制度资源配置是否有利于国际物质资源、国际文化资源的合理、优化配置。社会的发展尤其经济的发展，有一个对生产要素如资本、技术、劳动、生产资料、自然资源等等如何安排的问题。国际物质、国际文化资源的合理安排，离不开国际制度的合理安排；国际物质、国际文化资源的优化配置，依赖于对国际制度的优化配置。正如戴维·菲尼所说，土地、劳动和资本这些要素，有了国际制度才得以发挥功能。国际制度至关重要。而一切的国际制度安排都有可能影响收入分配和资源配置效率。第二，要看国际制度资源配置是否有利于国际制度运作的有序、稳定和高效的发展，是否有利于国际制度体系内部的自我协调、调整与更新。第三，要看国际制度资源配置是否能够节约国际制度交易成本，是否遵循了以最小投入获得最大产出的原则即"效益最大化"。

国际制度交易成本包括国际制度建立过程中所花费的成本和国际制度确立后正常运作时所消耗的成本。国际制度效益包括国际制度所带来的直接经济效益与间接社会效益。利益最大化既包括直接的、眼前的、局部的利益最大化，又包括间接的、长远的、全局的利益最大化。这就需要我们以辩证的态度来处理。一种优化配置的国际制度，必定是运行效率较高、交易成本较低、所带来的经济效益与社会效益也较好的情况。如果情况相反，那么这种国际制度的配置肯定不是最优化的。最后，也是最重要的，即要看国际制度资源配置是否有利于社会可持续发展。社会可持续发展需要物质资源、精神资源（文化资源）和国际制度资源共同支撑，三种资源都得到优化配置，才能实现社会可持续发展。正如路易斯·德阿莱希所指出的那样，“一个社会所采取的财产权国际制度规定了竞争的方式，它们可用以解决因稀缺引起的利益冲突。”而在市场经济条件下，“选择‘正确’的价格以减少稀缺或实现其他一些目标，这实际上是一个选择‘正确’的国际制度问题”。

最后，国际制度具有资源的最根本的特性——稀缺性。稀缺性的概念来源于经济学。指的是经济生活中的基本事实——人力资源和非人力资源的数量都是有限的，相对于人类对国际制度的需求而言，国际制度供给总是相对不足的，因此国际社会总是存在许多不合作的现象，有众多难以解决的冲突，国际社会之所以难以达到“帕累托最优”，关键在于国际制度资源的稀缺。国际社会中，各行为主体尤其是国家之间的利益需要协调，各国之间需要制度提供保障来促成合作，因而提升了对国际制度需求的迫切性。

然而国际制度存在着严重的稀缺性。第一，国际制度供给的有关约束条件。国际制度创设和变迁的条件及成本极高限制了人们的选择空间，而国际制度的创设成本要求更高，而且国际社会缺乏权威组织，国际制度的创设肯定需要经历更为漫长的时间。国际制度一旦创设后，形成了严重的路径依赖作用，以致现存的一些国际制度安排不仅难以达到最优的水平，在一定条件下还会阻碍国际合作。第二，国际制度的意识形态特征约束。国际制度创设后，往往会打上创设主导国家的烙印，体现一定的创设主导国的国家意志，国际制度在全球范围内扩散时，全球范围内的一些国家出于国情的考虑或是意识形态的原因会自觉地对部分国际制度产生抵触，尽量不融入国际制度的控制当中，使得一些需要更多国家参与的国际制度的效力范围无法扩展。国际社会中由于国际制度覆盖的不完全性使得国际制度资源进一步稀缺。

除此之外，制度发展与社会发展的程度相适应。人类社会已经有几千年的历史，与此相应的国内社会制度也走向了高度成熟。而国际社会形成尚短，国际制度的种类、涉及的领域、国际制度的精确性等方面远未能如国内制度那样的完善，因此国际制度的稀缺性更强。国际制度资源属于国际政治资源的一部分。国际制度资源看起来是无形的，其实是有形的。其具体表现形式就是国际政治主体在国际竞争中用来实现自身利益、贯彻战略目标而主导或参与的国际机制、国际组织和国际惯例。所谓国际制度资源，是指国际政治行为主体在国际社会互动过程中为了实现自身利益或贯彻自身目标而所使用的制度类来源。

（二）国际制度资源的特性

1. 主观性与客观性的统一

国际制度资源首先是建立在参与者主观的基础之上的，其基本存在方式是主观的。判断是否存在国际制度资源的关键，就看在某一具体问题领域中，各参与主体是否达成了共识。只有达成了共识，国际制度资源才具备了产生的条件和发挥作用的基础。而这些共识又往往要借助于一定的客观载体表现出来，例如，国际组织、国际协定等等，这就是国际制度资源的具体形式了。由此可见，国际制度资源体现了主观性与客观性的统一。斯蒂芬·克莱斯纳曾经在研究国际机制时指出，自私的利益、政治权力、规范与原则、惯例与习俗、知识是国际机制生成的基本变量。[①] 这五个变量就很好地体现

---

① Stephen D. Krasner，"Stuctural Cause and Regime Consequences：Regimes As Intervening Variables"，International Organization，Vol. 36，1982，pp. 194—204.

了主观性与客观性的融合，很难严格地区分哪个变量是纯粹主观的，哪个是纯粹客观的。同理主观性与客观性的统一是国际制度资源的基本特征之一。

2. 权威性

国际制度是国际社会中的制度，是权力分散状态下的规则。所以不可能像国内社会法律那样有强制性。[①] 但是，国际制度是国际社会成员认可的行为准则。当国家将国际制度约束视为战略需要时，国际制度资源就确定了对国家如何行为的期望，如果国家不这样做，就要遭受困难或付出代价。参与国际社会的国家在确立自己的国家利益时，必须将国际制度资源考虑在内，在国际制度约束的范围内实现国家利益最大化。尽管国际制度资源本身没有多少强制性，但是在相互依赖的国际社会中，作为理性行为体的国家要实现自己的利益，必须依靠国际制度资源才能达成。诚然，是否创建或者加入国际制度资源是国家的选择行为，但是国家一旦参与了某一国际制度资源，则必受其约束。国际制度资源在赋予成员国权利的同时，也规定了相应的义务和责任，甚至明确规定了某些强制执行和惩戒措施。积极参与国际制度资源的国家就会在国际社会中获得更多的机会和长远的利益，而孤立于国际制度资源之外的国家更容易被国际社会所抛弃。遵守国际制度的国家会拥有良好的声誉和广泛的合作伙伴，而违反国际制度的国家则会遭到国际社会成员的同声谴责甚至报复。因此，国家要想在已经建立起国际制度资源网络的当今国际社会谋取一席之地，必须使自己的行为符合国际制度的要求，依照国际制度制定和执行本国的对外政策，实现国际制度范围内的国家利益最大化。

3. 约束性

国际制度资源首先表现为规范与约束人行为的“游戏规则”。国

① 秦亚青：《霸权体系与国际冲突——美国在国际武装冲突中的支持行为》，上海人民出版社 1999 年版，第 83 页。

际制度资源提供一系列规则以约束人们的相互关系，从而减少不确定性，减少交易的成本费用，保护产权和权益，促进生产与再生产活动。国际制度资源提供的一系列规则由国际行为体规定的正式约束和社会认可的非正式约束两个部分构成。正式约束是指人们有意识创造的政策法规，包括政治规则和经济规则，以及由这一系列规则构成的一种等级结构，它们共同约束着人们的行为。正式约束和正式规则具有强制性。非正式约束是人们在长期交往中无意识形成的行为规则，具有持久的生命力，并构成世代沿袭传承文化的一部分。非正式约束主要包括意识形态、价值信念、道德观念、风俗习惯等，而其中意识形态处于核心地位。意识形态对于一个民族或国家来讲，以指导思想的形式构成正式国际制度资源安排的“理论基础”和最高准则。一般来说，非正式约束包括意识形态并不具有强制性，然而，一旦它与国家政权结合起来，变成统治者的意志工具，便具有一定的强制性。

4. 权利与义务的综合性

从权利的角度看，国际制度资源就是允许行为者可以做什么及怎样去做，它们的目的是扩大行为者在国际范围内的自由；从义务的角度看，国际制度资源就是禁止行为者做什么，它们的目的在于约束行为者在国际范围内有损他人利益或全球公共利益的行动。行为者选择加入国际制度，就意味着它决定在未来涉及某项特定议题时，约束对自身利益的追求。一项国际制度资源的成员如果破坏了其中的规则，它们就会发现其声誉也受到了损害，这种损害比它们本没有加入该项国际制度时还要大。一个“不可靠的伙伴”的声誉，可能妨碍一个国家政府在未来达成有利可图的协议。但是，“当重大的共同利益能通过协议来实现时，忠实履行协议的名声所具有的价值，就超过了始终接受国际规则的约束而付出的代价。追寻自我利益并不需要最大限度地获得行动自由。相反，明智而富有远见的领导者明白，要达到他们的目标，无不依赖于他们对制度的承诺，而正是这些制度，才使得合作成为可能”。[①] 况且，国际制度资源所提供的收益一般只限于其成员才能享有。例如，只有国际能源机构的成员才有权利在紧急共享机制下获得石油，另外，只有国际货币基金组织的成员才能够从中借贷。还有世界贸易组织（WTO）的贸易机制也是以这样的方式建立起来的，拒绝接受 WTO 规则的国家就不能获得这个机制所提供的收益，即最惠国待遇条款的收益。显然，在国际制度资源网络密集的当今国际社会，国际制度资源的这一特点是促使各国让渡主权，融入国际制度资源的重要原因。

5. 相对的平等性

在当前的国际关系中，人们还不能指望国家间的绝对平等。但是，大多数国家在开发与利用国际制度资源时相较于权力政治还是相对平等的。至少在国际事务的决策程序上，在发言权、投票权和制定规则权等方面，大国和小国基本上是相对平等的。国际制度资源要想有效地发挥其功能，必须获得尽可能多的有关国家的认同和支持，而且这种认同和支持不能建立在强制甚至暴力的基础上，而必须是有关国家基于维护权利和利益而主动参与的。任何国家要开发与利用国际制度资源都必须签订契约，在享受应有权利的同时，必须承担必要的义务和接受相关的行为规范。每个国家都要按照统一的规则行事，大国也不能完全公开无视这些规则，至少它们必须在名义上、在规则的范围内，利用规则来增进权利和利益。这些又保证了国际制度资源具有一定程度上的合法性和稳定性。

6. 效力范围的特定性

国际制度资源几乎存在于国际关系的每一个领域，哪里有国际行为发生，哪里就有国际制度资源。但是，任何单一的国际制度都无法囊括全球问题。[②] 特定国际制度资源的作用范围一般局限于特定

---

① ［美］罗伯特·基欧汉著，苏长和等译：《霸权之后：世界政治经济中的合作与纷争》，上海人民出版社 2001 年版，第 308 页。

② 倪世雄：《当代西方国际关系理论》，复旦大学出版社 2001 年版，第 365 页。

的国际关系领域，或称“问题领域”，基本上不存在可以通用于任何领域的国际制度资源。尽管联合国作为当今世界上最具普遍性的国际组织，通过其下属的各专门性机构在诸多领域极具影响力，但我们通常意义上也只是把联合国归入政治性国际组织的范畴，而其下属的各专门机构一般被归入相应问题领域的国际组织的行列。不同问题领域往往具有不同的政治结构和组织结构。例如，在石油问题领域，沙特阿拉伯、利比亚、伊朗和科威特等国具有非常大的影响力。但在与海洋、世界粮食问题或者关税及贸易总协定中有关制成品贸易规则等国际制度资源有关问题上，这些国家实际上是无足轻重的。同样，石油问题上，澳大利亚这样的粮食大国或瑞典那样的重要贸易国，也不会起什么重要的作用。① 虽然总体上讲某个或某些国家被视为霸权国或综合国力强大的国家，但到具体的问题领域，它们就不一定有这样的地位了。例如，世界军事大国俄罗斯经常能够在政治、安全领域举足轻重，而在纯粹经济、贸易、特别是货币、金融等领域，俄罗斯的声望就很微弱。在某个问题领域拥有主导决策权并不必然意味着对其他问题领域也可以施加有效的控制……当使用武力或武力威胁不再奏效时，即使某大国曾经拥有总体霸权地位，它也难以运用并非属于某问题领域的特定资源来影响该领域的政策。1973—1974 年的石油危机就展现了这种困难性：相对于中东诸产油国，美国的军事和经济实力强大很多，但它无法说服诸国降低石油价格。②

二、国际制度资源的学界探索

针对如何看待国际制度资源问题，不同的理论流派有不同的认

① 王逸舟：《当代国际政治析论》，上海人民出版社 1998 年版，第 389 页。

② ［美］罗伯特·基欧汉、约瑟夫·奈著，门洪华译：《权力与相互依赖》，北京大学出版社 2002 年版，第 50 页。

识。任何理论都是特定时代条件的产物，现实主义虽受过战争的打击，但二战却让现实主义独领风骚数十年。20世纪70年代以后，又使它经过短暂的消沉后以新现实主义的面貌出现。现实主义之所以沉沉浮浮却经久不衰，就是因为它的观点确实是历史长期的科学写照。同样，随着冷战的和平结束，经济相互依赖关系的增长、各种非国家行为主体的出现并发挥作用、资源能源问题等现实主义无法解释的现象纷纷出现，以多元价值和解决国际问题为中心的自由主义渐趋活跃，而新自由主义对制度合作的强化，使对国际制度资源的追求开始受合作、秩序的约束。约瑟夫·奈则提出了内容包括社会联系、经济相互依赖和国际制度对国家的影响的“软权力”观。而冷战后全球范围的民族主义新浪潮，非洲大陆的部落、种族仇杀，国际恐怖主义的泛滥等现实主义与自由主义难以解释清楚的现象给建构主义的发展提供了理论空间。应该说不同的理论都有解释效力，但谁都不能独立解释国际制度资源问题，必须在相互的争鸣中共存、互补。

（一）学界对于国际制度资源的初步认识

肯尼思·沃尔兹在《国际政治理论》一书中通过科学简约的方式把摩根索的古典现实主义升华为结构现实主义。在沃尔兹看来，国际体系的特征是无政府状态，也就是说在主权国家之上没有共同的最高权威。这种无政府状态的国际体系决定国家之间互不信任，一方追求安全的扩展军备的行为被另一方视为威胁，从而“安全困境”不可避免。国际体系的结构就是大国之间实力的分配，国际体系结构决定国家行为。在无政府状态下，国家间的合作尽管是可能的，但却仅仅是权力政治的补充，要依靠国家实力作为支撑。国家的生存主要依赖的是权力、国家实力而不是国际制度资源的安排。总之，新现实主义对合作和国际制度资源所持的是悲观的态度。

对于新现实主义来说，体现国际合作的国际组织不过是国家谋取国家利益和实现国家目标的工具，而且仅仅反映了国际体系中霸权国的需求。正是由于国际体系内的霸权国创建和安排了国际制度资源，并以此来维持其在世界权力关系中的地位。因此，国际制度资源的安排，说到底还是一种大国实力分配的关系。在20世纪70年代末80年代初，国际关系领域中的新现实主义者提出了对国际机制的基本理解模式，即社会中的权力配置才是理解集体结果的关键所在。因此，像国际机制这样的制度资源安排，反映的只是社会体系中的权力整合的现实，特定的制度资源安排之所以得以形成，只是在那些拥有充分实力的国家用长期必要的步骤去创造它们时才会有存在的可能。这种“霸权稳定论”体现了新现实主义的国际制度资源观，它把权力分配和国际制度资源联系了起来。依此种理论而言，国际制度资源的创建需要霸权国家的支撑，国际制度资源的维持需要霸权国家提供公共产品。国际制度资源之所以能够提供某种公共产品，如国际安全、世界政治、经济秩序和市场经济的自由贸易，是因为霸权国家有实力并且有意愿提供。霸权是国际制度资源形成和维持的充要条件。因此一旦霸权国家衰落，国际制度资源也将随之瓦解。实力是决定国际制度资源的核心。国际制度是大国角逐的场所。总之，从新现实主义的角度看，国际制度资源为国家权力所掌控，国际制度资源反映的只是国际系统内部的国家权力配置。

从国际关系理论的发展情况来看，新自由制度主义对国际制度资源的论述最为完整和全面，这也是新自由主义能够向现实主义发起挑战的最关键之处。新自由制度主义的代表人物首推罗伯特·基欧汉。他在《权力与相互依赖》中阐述了国际制度资源在世界政治中的作用，认为相互依赖可以改变权力关系的性质，而国际制度则决定着国家之间的行为。在《霸权之后》一书中，他基于新现实主义的基本假设，即从国家是世界政治中理性的、主要的、自利的行为体出发，通过运用新制度经济学的理论工具，分析了各国际行为主体之间合作仍然能够实现。

罗伯特·基欧汉认为，在无政府的国际政治领域内实现国际合作，可以通过国际制度资源这一中介得以实现。虽然在国际社会中各国际行为主体之间存在各种分歧，但同样拥有广泛的共同利益。共同利益的存在并不一定意味着合作自然会产生，这就迫切需要国际制度资源的出现。尽管霸权有助于我们解释当代国际制度资源的创设问题，但是霸权的衰落并不必然对应性地引起这些国际制度资源的毁灭。随着霸权的衰落，一个缓慢地从霸权合作到霸权后合作的转化就可能发生。[①] 基欧汉指出，为了使世界政治中的合作不只是在临时的基础上进行，人类必须使用规则。[②] 从经济学的角度看问题，个体利益的最大化并不一定导致集体利益的最大化，因为存在集体行动和个体行为之间互动的困境。国际制度资源的出现与缓解国际冲突和促进国际合作密切相关。

国际制度资源具有以下作用：第一，国际制度资源的建立可以缓解合作过程中的欺诈问题。尽管国家之间认识到合作符合共同利益，但由于无政府状态下互不信任的存在，国家之间的彼此欺诈的风险就会存在。如何避免这种欺诈的风险而使国家之间的合作能够顺利进行就变成了一个非常重要的课题，国际制度资源的出现就一定程度上在重复博弈的过程中解决了这一欺诈问题。第二，国际制度资源的建立降低了国家间合作的成本。由于国际体系的无政府状态，这样国家之间交往的不确定性和信息的非对称性使得国家之间的交易成本很高，影响了国家间的合作。而制度资源能够提供较充足的信息和稳定的预期，它虽然不能排除国家在充满非确定性和信息非对称的背景下采取投机主义的行为，但可以减少这种行为的可能性。作为理性的国家可以进行成本收益的计算，通过建立国际制度资源更好地实现利益最大化。总之，对于新自由主义而言，国际制度资源的产生是因为国家在交往过程中交易成本过高而导致的，

① ［日］星野昭吉著，刘小林译：《冷战后国际关理论的变化与发展》，北京师范大学出版社 1999 年版，第 56 页。

② ［美］罗伯特·基欧汉著，苏长和等译：《霸权之后——世界政治经济中的合作与纷争》，上海人民出版社 2001 年版，第 23 页。

国际制度资源可以满足国家降低交易成本的需要。即国际制度资源具有促进彼此利益和合作的功能。新自由主义的国际制度资源观认为：在自利的无政府状态下，各国际行为主体为了实现共同的利益可以建立国际制度资源。实际上，这些规范和制度资源在当今的地区和全球变化的过程中在国际社会的众多领域内都发挥着重大的作用。

（二）学界对于国际制度资源的进一步分析

尽管新现实主义和新自由主义在国际制度资源方面存在着不同的看法，但它们基本上都可以归属于理性主义的旗帜之下，因为它们都以微观经济学的理性选择理论为基础。建构主义则认为无政府状态与国际行为主体互相建构，把国际制度资源看成是一种社会规范或社会规则，是一种主体间的社会事实，内涵上可以变化发展的。国际制度资源可以被看作是行为体之间相互作用的背景环境，这种环境并不是行为体理性计算的结果，而是一种由各行为主体的互动过程所建构的社会共同体。国际制度资源的核心是共有的知识和主体间的理解或共享的文化，在一定的意义上就是指规范。规范具有两类：构成规范和行为规范。规范或者建构认同，或者规定行为，或者两者兼有。国际规范结构不仅约束行动者的行为，而且还建构行为体的身份，塑造行为者的利益。

国际关系的建构主义学者对国际制度资源的研究主要借鉴了社会学制度主义的理论框架。社会学制度主义主要是从社会学的角度探讨文化和制度的关系。在建构主义看来，国际制度资源不只像新现实主义所理解的那样，是国家在权力基础上追求利益的工具，也不像新自由主义所认为的那样，仅仅是国家在既定偏好的情形下为了降低交易费用，克服集体行动困境，满足国家功能需要而实现合作的安排。国际制度资源改变的不仅仅是国家的行为选择，还影响了行为者的既有认知和观念，重新建构了行为体的利益。国际制度资源在国际政治领域具有独立且重要的作用。

从以上的分析过程中我们可知，国际制度资源观的视角正在不断扩展。古典现实主义对于国际制度资源的视角主要集中于关注军事安全方面的制度，并认为只有拥有强大的军事权力才能保障在国际制度资源中的地位。新现实主义主要关注包括军事、经济在内的安全制度，认为经济安全与军事安全同样重要。同理，认为经济和政治类型的国际制度资源同样重要。理想主义与新自由制度主义虽然强调国际组织、国际制度资源的重要作用，但关注的焦点仍然停留在传统安全制度。随着冷战后国际局势的变化，建构主义强劲的发展势头则把国际制度资源观的关注焦点拓展到文化安全与观念安全等非传统安全制度。古典现实主义认为国家获得国际制度资源中的主导权来源于强大的军事实力，这样才能威慑对方，有效地保障安全。新现实主义认为在无政府社会里提升包括经济实力在内的整体实力是获得国际制度资源中主导权的必要途径。新自由制度主义认为通过国际会议协调能解决分歧，获得理解和安全，认为这是维持和发展国际制度资源的重要途径。建构主义认为更重要的维持和发展国际制度资源的因素取决于国际文化。从“霍布斯式的文化”到“洛克式的文化”，再到“康德式的文化”，国际关系越来越和谐。现实主义对应的是霍布斯式的无政府状态，将国际行为体之间的关系定位成敌人之间的关系，它定义的国际制度资源观是对主导权的相互斗争，国际制度资源的作用有限且依靠霸权国支撑，即悲观的国际制度资源观。新自由制度主义对应的是洛克式的无政府状态，将国际行为体之间的关系定位成竞争对手之间的关系，所以它定义的国际制度资源观是相互竞争且相互合作，允许对手生存。建构主义对应的是康德式的无政府状态，将国际行为体之间的关系定位成朋友之间的关系，所以它定义的国际制度资源观是相互合作，即乐观的国际制度资源观。

三、国际政治资源与国际制度资源的关系

国际政治资源指国际政治主体在国际竞争中用来实现自身利益、贯彻战略目标所使用的物质和精神来源，亦即国际政治主体所能发挥、利用、调动的各种能力、手段与工具的总和。国际政治资源的占有状况决定了一个国家在国际社会的地位和发挥作用的能力。国际制度是一种推动历史发展的重要力量，势必会对国际政治资源产生巨大的影响，并引发国际关系格局的改变。纵览人类文明的发展史，参与和利用国际制度资源的国家，势必掌控着大量的国际政治资源，并对国际政治经济秩序产生强大的影响力。在国际竞争异常激烈的今天，国际制度资源已成为各国争夺国际政治资源的重要手段和工具。

（一）国际政治资源视角下国际制度资源的双重属性

一方面，国际制度资源本身属于国际政治资源的一部分，在国际制度资源中占主导地位的国家在国际竞争中必然处于优势地位。制度是构成一国综合国力的重要要素，必然对该国对外决策和对外行为拥有重要影响。一国追求国际政治资源，目标就是为了获得国际政治经济竞争中的优势地位，而在当今经济全球化和地区一体化的时代，掌握国际制度资源则使掌控权力成为可能。国际制度资源作为国际政治资源的根本原因在于它是国际政治主体在对外目标的选择范围和对外政策的实施手段上的重要参考依据。开发与利用国际制度资源的国家，不仅可以在增强综合国力的基础上提高国际地位和国际影响力，而且可以以此鼓舞国民士气来增强国家的凝聚力，最终提高和加强在国际政治格局中的地位和作用，以实现国家战略目标和维护国家利益。因此，国际制度资源政治化是其成为国际政治资源的重要动因。

另一方面，国际制度资源是开发国际政治资源的重要手段和工具。国际制度资源不断更新和发展，它的最大特点是动态性和更新性。国际制度资源的发展影响着其他政治资源的开发。例如，通过大量的协定、组织和惯例，使大片荒漠变成世界能源中心和交通要道，并使这些地区在国际政治中的地位得以提高，有些国家还成为大国竞相拉拢的对象。再如，国际空间站和哈博望远镜的组建，已经成为国际制度资源交流合作迈向更高层次的力证。石油、交通枢纽、国际地位、国际关注程度等都是国际政治资源，但如果没有国际制度资源的发展，它们仍将处于未被开发的沉睡阶段，自然不会被各国际行为主体所关注，当然也就无从谈及开发了。因此，将国际制度资源转化为对其他国际政治资源的开发工具是对国际政治资源综合探求和运用的基础。

（二）国际政治资源对国际制度资源的影响

第一，拥有国际政治资源的多寡优劣决定国际政治主体在国际制度资源中的地位。战后国际制度资源的发展，已使越来越多的国家政府认识到开发与利用国际制度资源是影响一个国家成败的关键因素。各国为了发展本国在开发与利用国际制度资源上的实力，纷纷制定对外积极参与的政策。各国纷纷加强国际制度领域的交流与联系，力求加快国际制度资源领域的创新和进步。美国作为当今世界第一经济、政治、军事大国，同时也是开发与利用国际制度资源的第一大国。凭借其雄厚的财力和对国际制度熟知的人才队伍，早已制定了巩固和扩大目前在国际制度资源领域继续保持优势的发展战略，以求得进一步加强在这一领域的领先地位。而像海地、阿富汗、利比里亚等最不发达国家，因其国内政局混乱、经济崩溃、社会动荡不安、人民流离失所，根本无力谈及在国际制度资源占据发言权，更谈不上能有所作为。这些国家国力的衰微使其大大降低了开发国际政治资源的能力，在国际制度资源日益改变人类历史的时代，它们不具有参与和创建先进国际制度资源的能力和人才，也就丧失了提高国际竞争力所需要的必要的条件，面临着被国际社会边缘化的危险。

第二，国际政治资源分布不均决定了国际制度资源政治化的发展方向。国际政治资源并非是均衡分布的，对于国际政治主体来说，国际政治资源的分布不均是引发国际竞争的根本原因。而在无政府的国际社会，唯有实力才是确保各国际行为主体在国际竞争中取胜的法宝。开发与利用国际制度资源的深度和广度、在国际制度资源中的地位和作用、和其他参与者的关系都与国际政治主体掌控国际政治资源的多少有着密切的联系。参与国际制度资源的能力是以经济实力为基础的，在当今世界，西欧、北美等拥有雄厚经济实力的国家，在国际社会上发挥着重要的影响力，拥有着巨大的国际政治资源，它们决定着新国际制度资源的创建和发展方向，成为全球化时代当然的"领头雁"。这些国家拥有着广大发展中国家无可比拟的开发与利用国际制度资源的实力和迅速将开发与利用国际制度资源的成果转化为财富的能力。当然最终国际制度资源的主导权必然会由掌握大量国际政治资源的发达国家向新兴工业化国家再向发展中国家转移的"雁阵模式"，但是这一过程是曲折而复杂的。因此，国际制度资源政治化是由国际政治资源密集区向国际政治资源贫瘠区方向发展。

（三）国际制度资源对国际政治资源的作用

首先，国际制度资源优势影响国际政治资源优势。国际政治主体争夺国际政治资源的根本目的是获得权力。权力分为行为权力和资源权力，而行为权力分为硬权力和软权力。① 无论是"经济胡萝

① Joseph s. Nye，Jr.，Bound to lead：The changing nature of American power（New York：Basic Books，1990），pp. 31—32. 转引自罗伯特·基欧汉、约瑟夫·奈著，门洪华译：《权力与相互依赖》，北京大学出版社 2002 年版，第 263 页。

卜”还是“军事大棒”，长期以来，诱敌或迫使他者就范一直都是权力的核心要素，即对他国的“控制力”。这其中的涵义包括：能控制别国，但不会被别国控制。[①] 拥有了权力优势，也就拥有了对他国的“控制力”。非对称性相互依赖是硬权力的重要来源，不轻易受到摆布，或在相互依赖关系中以低成本摆脱控制的能力是一种重要的权力资源。相对而言，较容易地对他者施加影响，或在相互依赖关系中以较低成本施加控制的能力，也是国际行为主体一直追逐的目标。在国际社会仍然重视硬权力的背景下，各国际行为主体在国际制度资源中地位和作用的不对称可以极大地增强相互依赖关系中脆弱性较小一方的能力。国际政治资源的不对称分布决定了信息化时代权力中心分布的不均衡，而因为国际制度资源发展的惯性和国际制度资源发展的厚积性决定了这种不均衡分布的相对稳定，同时也保证了拥有权力优势的国际行为体在国际政治资源开发进程中享有优越性的延续。至于那些经济不发达且极度缺乏国际制度资源人才的国家，不仅没有这种能力，而且连参与开发国际政治资源的权利都被剥夺了。

其次，区域性制度资源进一步加强了国际政治资源的不均衡分布。现在的国际社会，实际上是在广阔的落后人群中分布着少数地区性制度孤岛，并由这些孤岛向岛外人群进行制度成果梯度转移。这些地区性制度孤岛就是北美、西欧等极少数拥有国际制度资源创始能力的发达国家地区群，这些国家拥有着紧密联系的生产、流通、销售的制度网络，并以丰厚的待遇吸引着世界各地的人才向之流动，使之进一步增强了开发国际政治资源的能力，最终使国际政治资源向世界主要的参与国际制度资源成熟的大国流动。与此相反，广大的发展中国家因为经济实力不足，对外依赖程度过大，也就丧失了在国际制度资源领域的主动权和发言权。因此，国际政治资源流动

① ［英］马丁·怀特著，宋爱群译：《权力政治》，世界知识出版社 2004 年版，第 66 页。

的不平衡性在国际制度资源时代具有加剧发展的趋势。

再次，国际制度资源初创国在国际政治资源开发中占据领导地位。国际制度资源大国往往是标准的创立者和信息系统的设计者，尽管国际制度资源的发展在某些方面帮助了小国，但由于初创国际制度资源的形成和维护通常需要巨额资金和超强实力的投入，在激烈竞争和技术垄断的现实环境里，处于前沿的发达国家无疑处于有利地位。国际制度资源霸权，指的是某个或某些国家利用主导的国际制度资源的主导权来推行霸权主义和强权政治的手段和途径。[①] 正如人们的工作与生活越来越离不开国际制度资源带来的便利一样，国际制度资源的霸权国也越来越将国际制度资源作为其推行霸权政策的载体。拥有国际制度资源霸权的国家，最终将获得对国际政治资源的开发优先权和支配权，而处于参与和利用国际制度资源落后的国家，只能眼睁睁看着国际政治资源被他国开采而自身无能为力。

四、开发与利用国际制度资源的意义

开发与利用国际制度资源对于今天的国际关系行为体十分重要，具体来说，其重要意义在于如下几个方面：

第一，开发与利用国际制度资源是构建国际新秩序的基础，有助于稳定国际关系。国际制度资源的出现是一种历史的进步，是国际社会走向规范化的标志，且为未来国际新秩序的建立提供了可能。显然，开发与利用国际制度资源与国际秩序有着天然的联系，国际新秩序的形成是以开发与利用国际制度资源为依据和基础的。无政府状态虽然是国际政治的基本特征，但是无政府不等于无秩序。事实上，从主权国家体系出现以来，人类一直致力于建立某种秩序化

① 冯宋彻：《科技革命与世界格局》，北京广播学院出版社 2003 年版，第 125 页。

的国际社会。国际秩序的形成，一定意义上就是各方妥协的结果。而唯一能促使各国在互动中逐步达成妥协的，只能是相对合理、能为绝大多数国家所认同和接受的国际制度。如果没有国际制度资源的存在，则国际社会不只是处于无政府状态，也不会出现任何国际秩序。国际社会从无序走向有序的过程，离不开开发与利用国际制度资源的作用，可以说，国际秩序的建立正是以国际制度资源的形成为标志的。

1648年《威斯特伐利亚条约》的签订，确立了主权国家无论大小，不论是战胜国还是战败国，都有权派出代表参加国际会议，解决国际争端的原则，这就是一种典型的国际制度形式。同时，它也标志着人类历史上第一次出现了主权国家间相互承认生存的国际秩序。此后，人类一直在战争与和谈的反复中，谋求构建更稳定的国际秩序。第一次世界大战结束，国际联盟的成立。可以说是人类建立世界范围的国际秩序的第一次尝试。虽然这并不是一次很成功的尝试，但是国际联盟在人类对秩序的探索中迈出了重要一步。正是这次尝试为二战后联合国主导下的世界和平这一新的国际秩序的出现奠定了基础。事实证明，以联合国为中心的国际制度安排对战后国际秩序的形成，对避免大规模战争和维护世界和平起到了关键的作用。而冷战后国际秩序的重构，也将借助国际制度资源的形式来进行。传统的国际秩序主要是战争中胜利的大国分享果实、在相互的较量和平衡中达成妥协的结果。这与国际制度追求“平等互利”的基本价值取向本质上是相悖的。因此长期以来国际制度资源频频在强权的压力下陷入困境。而冷战后各国纷纷提出建立“利益共享”型国际新秩序的主张，这与国际制度资源的价值取向是相符的。因此有理由相信，开发与利用国际制度资源在未来的国际新秩序的构建中将发挥越来越重要的作用。

第二，开发与利用国际制度资源推动了全球化的进程。从本质意义上讲，全球化意味着国际行为体之间的交流与沟通。国际争端的发生，在许多时候就是国家间缺乏理解和沟通所导致的。而开发与利用国际制度资源不仅能够为这种全方位、多层次的交流与沟通提供现实的渠道，进而增进理解与合作，且国际制度本身也可以在其中发挥调停和斡旋的作用，避免矛盾升级为冲突甚至战争。各种政府间国际组织、国际会议成功地为主权国家之间的持续交往提供了广阔的空间，使彼此理解对方的观点和利益成为可能，从而有助于减少摩擦和促进国际合作。诸多非政府间国际组织、国际交流更便利了非国家行为体之间的广泛沟通，促成了全球范围的经贸合作和文化交往。还有各种跨国公司和银行，也积极成为推动全球化进程的主要行为体。这就使各国政府对彼此的政策更为敏感，国内政策与对外政策的界限越来越模糊，与对外政策相关的问题越来越多。并且，随着技术控制与环境治理问题的发展，这种趋势还在不断加强。另外，开发与利用国际制度资源还能够相对高效地搜集信息，合理地配置其他各种资源，对于督促和帮助人类克服共同面对的难题具有非常重要的意义。例如，正是由于环保组织坚持不懈地发布关于世界环境污染情况的报告，全球环境恶化的状况才引起了各国的共同关注。而且，环境保护等全球性问题牵涉到各国的利益，其间潜伏着种种矛盾，国际制度资源的信息功能有助于各国认识到世界各国之间特别是工业化国家与发展中国家之间的相互依存程度和问题的紧迫性，从而有力地要求它们放弃短期利益，强化合作意识并承担相应的义务。① 因此，开发与利用国际制度资源就对全球化的快速发展起到了推助作用。

第三，开发与利用国际制度资源有助于改善当今世界发展不平衡的状况。虽然国际制度通常是由霸权国强制或主导建立的，体现了大国的意愿和要求，但是国际制度一经建立，便有了相对独立性。国际制度资源不仅是霸权国手中的工具，也代表了国际社会的整体需要。霸权国主导建立国际制度是为了控制和管理其霸权范围，但这些国际制度也同时束缚了霸权国为所欲为的手脚，迫使其带头遵

---

① 王杰：《国际机制论》，新华出版社 2002 年版，第 218 页。

循国际制度。国际制度成为霸权国提供的“公共物品”，如果霸权国不继续提供或率先违反，势必带来动荡。[①] 并且，国际制度资源培育的合作本身可以缓解国际制度中固有的不平等状况。随着制度的运转和调整，尤其是不同成员国的参与，必然会对国际制度资源的发展产生影响，从而使其逐步摆脱大国的控制，越来越多地反映出各成员国的普遍要求。国际制度资源为各国代表会晤与讨论问题提供了非常便利的场所，通过对重大国际问题的讨论，多数国家的声音足以形成国际舆论的主流，具有权威性。随着国际制度资源力量的逐步增强，非主导国家甚至贫弱国家也有可能在国际体系中享有相应的地位并承担一定的责任。在召开或争取召开一系列国际会议的过程中，第三世界团结起来的战略态势逐渐成型。这对于改善当今世界各国间政治经济发展不平衡的状况具有不可忽视的意义。例如，在政治方面，联合国给广大发展中国家提供了一个反映自己意愿的讲坛。发展中国家可以通过联合起来的力量争取权益，甚至也能够挫败大国的挑衅，这不能不说是一种历史的进步。在经济领域，世贸组织建立的多边贸易机制有一项主要原则就是给欠发达国家更多的调整期限、更多的灵活性及特殊权利。同时，它还把为发展中国家提供技术援助和培训作为一项主要职能。这就使发展中国家可能获得更大的收益，对于提高全人类的生活水平具有积极意义。

总体而言，在国际制度的参与数量上，中国后来居上，成为参与程度较高的国家之一。已经从“游离于体制外的国家”转变为“体制的维护者与支持者”。但是，就大多数全球性国际制度而言，中国不是首创者。中国参与程度在加深，但在议程设置能力、利用国际规则的技巧等方面显然有待提高。国际制度资源是一种无形的社会性资源。资源一词本来意味着生产资料或生活资料的天然来源。这种天然来源经过人的改造和开发就转化为社会性资源。由于国际

① 门洪华：《和平的纬度：联合国集体安全机制研究》，上海人民出版社2002版，第100页。

制度是人们创建并用来提供交换的激励结构，本身是为消除或减缓交换中的不确定性，因而国际制度本身便成了重要的资源。在《利维坦》中，霍布斯曾说："制度是人造的人。"因此，人（群）的社会属性便决定了制度这种由人（群）创建和参与的重要资源天生就是一种社会性资源。像其他资源一样，制度资源在被开发和利用的过程中，营造了人类生活的基本环境氛围，满足了人类交往的需要，成为了人类生存与发展的重要组成部分。经济的增长，社会的发展，人类的进步与国际制度资源的开掘和充分利用有着极其密切的关系。

制度资源是影响国际政治的重要因素。因此，引入国际制度作为国际政治变化的重要变量，并探究国际制度启动国际政治变化的内在机制，是本课题研究的关键。内部制度与外部制度的磨合影响着一国对外开发与利用国际制度资源的深度和广度，从而影响其国际地位和国际影响力。中国在开发与利用国际制度资源过程中存在着诸多影响因素，积极的制度参与和制度创新是中国开发与利用国际制度资源的必由之路。这既是过去的经验总结，也是未来的任务展望。

第二章

建构主义的新进展

从1948年摩根索《国家间的政治：为权力与和平的斗争》的发表，到1979年沃尔兹的《国际政治理论》问世，现实主义一直是国际关系学界公认的理论范式。新旧现实主义之间虽然在一些具体的问题上有所差异，但却分享着共同的基本立场：冲突是国际关系的根本特征，无政府体系是霍布斯状态下的丛林体系。不同的只是摩根索将冲突归于人的本性，而沃尔兹将冲突归于国际体系的无政府性。[①] 第一个对新现实主义发起挑战的是新自由主义。新自由主义接受了新现实主义的基本假定，认为冲突确实是国际体系无政府状态的产物，但冲突可以抑制。而以温特为代表的建构主义根本挑战了新现实主义的冲突理论与无政府社会假定，建构主义认为行为体是选择冲突还是合作，取决于行为体背后的观念结构与互动过程。正如亚历山大·温特所说："无政府状态是国家造就的，社会事实因为人的互动性实践活动得以造就，也因为人的活动而改变。"

在建构主义之前的众多主流国际关系理论，如新现实主义等，关注的是物质性概念，如权力结构的分配，军事实力与经济实力的

① ［美］罗伯特·基欧汉著，郭树勇译：《新现实主义及其批判》，北京大学出版社2002年版，第13页。

权衡，而建构主义者另辟蹊径，关注“身份”、“规范”、“观念”、“文化”、“语言”等弱物质因素或非物质因素在国际关系中的作用，这可以视为对一边倒的、绝对化的物质主义的一种打破。它指明了国际关系研究中的新兴领域与新的研究方向，它开辟了国际关系研究的新进程，在国际关系研究中，不应只重视权力等物质性因素，而应更多地关注社会性因素与人文要素。众所周知，现实的国际关系世界本来就不是绝对客观的，外在于观察者的，能完全脱离于人的意识与作用的物质实体。因此我们研究国际关系，不能不考虑背后的文化结构与观念模式。

国际社会并不是外化于观察者的自在实体，它的存在于国际社会中的“主体间性”（intersubjectivity）、“身份”（identity）、“规范”（norms）与“共同理解”（common understanding）等概念息息相关。本章主要研究的是国际关系理论中的建构主义，主要分为三个部分：第一，阐述建构主义的理论渊源；第二，解读建构主义的内部派别与争论；第三，分析建构主义的理论体系与对建构主义进行评价。

在这里必须要补充说明的是，建构主义内部派别众多，观点争议大，对于建构主义各种核心概念的定义与再定义仍然在不断完善中，学者们关于建构主义的评价也各有不同，如果展开来进行分析，可以撰写成多部专著，而拘于篇幅所限，因此，笔者只能简明扼要，进行分析与阐述。

一、建构主义渊源的再探索

回顾建构主义的理论渊源对于我们深入解读建构主义是极为重要的。尽管建构主义的产生时间不长，主要产生于20世纪80年代，但建构主义仍然博采众长，有着深厚的思想渊源与理论根基。建构主义的主要理论渊源来自于发生认知论、社会学、语言哲学、政治哲学、共同体理论与后现代哲学等。建构主义不仅是国际关系理论，也是一种研究方法，它适用于社会学、教育学、语言学、国际关系学等多种领域。从思想源头上来说，真正最早提出建构主义且将其付诸科学实验的是发生认识论者皮亚杰。他在前人研究的基础上，提出了自己的发生认识论，重新界定了认知、认知过程等概念。皮亚杰认为，认识的本质是一种适应，在皮亚杰看来，“智慧（认知）的适应与其他形态的适应一样，是由同化机制（assimilation）以及与之相辅相成的顺应机制（accommodation）间的不断向前推进的平衡”。[①]

正如皮亚杰所说，“同化”是指有机体把外部要素整合进自己认知结构图式中去的过程，“同化”是与先行认知结构图式整合，这种整合可以使先行认知结构保持不变。或者，尽管发生不同程度的变化，但并不破坏先行认知结构状态的连续性，也就是说，不摧毁先行认知结构。“顺应”是指有机体调整自己的内部认知结构以适应外部变化的过程。“顺应”是指修改与重构原有的认知结构，以适应社会的变化。“同化”与“顺应”相辅相成，缺一不可，行为体通过“同化”与“顺应”获得认知结构或者补充认知结构。皮亚杰还认为，认识既不是起因于一个有自我意识的主体，也不是起因于业已形成的（从主体的角度来看）、会把自己烙印在主体之上的客体；认识起因于主客体之间的相互作用，这种作用发生在主体和客体之间的中间，因而同时既包含着主体又包含着客体。也就是说，我们的认知来自主体对客体的动作，而动作是联接主客体的桥梁和纽带，动作获得发展，主客体各自的联系随之将得到发展。

因此，通过皮亚杰的认知结构图式理论就能很好地解释建构主义经常使用的温特所举的例子：假如英国有 500 枚核弹，朝鲜有 5 枚核弹，核力量是物质性存在，英国的核弹明显比朝鲜的多，但是对

① 左任侠、李其雄：《皮亚杰发生认识论文选》，华东师范大学出版社 1991 年版，第 4 页。

于美国来说，感受到威胁的必然是朝鲜的核力量而不是英国的核力量，所以就会对英国和朝鲜的核力量采取不同的政策和行为。根据皮亚杰的认知结构图式理论，美国这样做的原因很简单，虽然核武器作为物质的本身没有区别，但朝鲜在美国的认知结构图式中，是邪恶的、威胁性的敌人，而英国在美国的认知结构图式中，是友好的、合作性的朋友。不同性质与特点的认知结构图式决定了美国对朝鲜与英国采取不同的政策，美国在与朝鲜处理关系时，顺应的是关于朝鲜的认知结构图式，而在与英国处理关系时，则顺应的是对于英国的认知结构图式。

除了发生认知论，如果说沃尔兹的结构现实主义与基欧汉的新自由制度主义主要借鉴的是微观经济学，那建构主义则主要是从社会学中汲取养料。社会的建构主要表现在三个方面：首先，人们自己创造自己的历史，但是他们并不是随心所欲地创造，并不是在选定的条件下创造，而是在直接碰到的、既定的、从过去继承下来的条件下创造；其次，当新的社会形式在行为者日常生活的实践和互动中创造出来的时候，过去的社会形式也被重新生产，得到适应，被转移和改变；第三，这个过去的遗产和这个日常的工作打开了通向将成为现实的可能领域。在历史发展的过程中，社会实在既属于客观化的世界，也属于主观化的世界。[①]

社会学理论中的建构主义基本上经历了古典、现代和当代的发展历程。在古典时期以韦伯和齐美尔为代表；现代是符号互动论和现象学社会学，代表人物是乔治·米德、阿尔弗雷德·舒茨、皮特·柏格；当代是结构化理论，领军人物安东尼·吉登斯。韦伯是古典时期社会学的最具影响的人物之一，他强调对社会学关注的是对“社会意义”的探讨。人与其他动物不同，人具有赋予世界以意义的能力。因为“社会现象的‘意义’结构并不象自然现象的‘存

① [法] 菲利普·柯尔库夫著，钱翰译：《新社会学》，社会科学文献出版社 2000 年版，第 15 页。

在’结构那样是现象本身所呈现的，而是造成这一社会现象出现的行动者赋予的，亦即意义是人为附加在现象上的。”[①]

正如温特所说，对建构主义感兴趣的身份和利益形成问题，符号互动论提供了有益的帮助。[②] 米德、布鲁默的符号互动理论对建构主义，尤其是温特的建构主义理论产生了重要的影响。符号互动理论的核心观点：通过自我和他者的“符号互动”过程，建构自我的身份与利益。这里的“符号互动”是指有意识、有目标的互动，互动建构行为体的身份与利益，社会存在是实在的，但又是可变的，是由人的实践活动不断地创造出来，由各种符号互动表现出来的。[③]

现象社会学也与建构主义有着密切的关系。舒茨是现象社会学的领军人物，他尤为强调在研究社会事实中“理解”所起的作用，他借鉴胡塞尔的“主体间性”与“生活世界”的概念来解释人与人之间的沟通，“相互理解”是实现沟通与解读社会现实的关键。社会科学分析对象的普通人在面对外在世界、理解外在世界时，并不仅仅是在进行感知的活动。他们也和科学家一样，也是运用了一套极为复杂的抽象构造来理解这些对象。[④] 因此，既然社会事实追求“社会意义”，又因社会科学与自然科学不同，自然科学以“说明”(explanation)为基本的认知方法，而社会科学其方法不仅仅是说明，还需要“理解”(understanding)，并且很多时候，理解是社会科学的主要方式，诠释也是重要的理解形式。[⑤]

彼得·柏格和舒茨的学生汤姆斯·乐格曼的代表作是《社会实体的建构——知识社会学》。在该书中，他们深刻地指出：“社会秩

---

① 苏国勋：《理性化及其限制——韦伯思想引论》，上海人民出版社 1988 年版，第 275 页。

② [美] 亚历山大·温特著，秦亚青译：《国际政治的社会理论》，上海人民出版社 2000 年版，第 213—214 页。

③ 侯均生：《西方社会学理论教程》，南开大学出版社 2001 年版，第 222 页。

④ 杨善华：《当代西方社会学理论》，北京大学出版社 1999 年版，第 23 页。

⑤ [英] 爱德华·卡尔著，秦亚青译：《20 年危机（1919—1939）：国际关系研究导论》，世界知识出版社 2005 年版，第 5 页。

序仅是人类活动的产品，它无任何本体上的根据。从其发生和存在都只是人类的产品而已，也是人不断外化的东西。”[①] 既然社会秩序是人类活动的产物，没有任何先在的本体，也不应该存在任何固有的模式，社会秩序就必然随着人的活动的变化而不断发展变化。这就成为建构主义理论“社会秩序是国家造就的”、“社会世界是我们造就的世界”的重要思想来源。

结构与施动者的关系是建构主义研究的重要起点。1987 年，温特就发表了颇具影响的论文，讨论了国际关系理论中的结构—施动者问题，将结构与施动者的关系问题引入了建构主义国际关系理论的核心。理性主义国际关系理论一般采用经济学的个体主义方法论，反之，沃勒斯坦的世界体系理论则恰恰相反，坚持整体主义的方法论。吉登斯的结构化理论对国际关系的建构主义学者产生了重大的影响。他批评了社会结构和社会单元的二元论（dualism）观点，并试图以二元性（duality）克服二元论，即社会结构和施动者不是相互独立的两个因素，不是互为“外在”，因而在本体上也没有先后之分。建构主义正是以此为研究前提，批判了理性主义国际关系理论行为体与结构彼此分立的二元论，而指出行为体与结构互相建构、互相影响。

因此，总体来说，建构主义从社会学的研究获益颇多。韦伯的古典社会学指出了研究“社会意义”的重要性，这使建构主义得以产生奠定了理论前提。米德、布鲁默的符号互动理论从互动视角分析了行为体的身份与利益的形成，这直接影响了温特结构建构主义中的身份理论。舒茨重视“理解”在社会学分析方法中的重要性，建构主义得出分析国际关系现实应该更多采用的是“理解”方式而非“说明”方法。彼得·柏格和汤姆斯·乐格曼认为社会秩序是人的产物，而诸多建构主义者也坚持研究人在国际社

---

① ［美］彼得·柏格、汤姆斯·乐格曼著，邹理民译：《社会实体的建构——知识社会学》，台北巨流图书公司民国 82 年版，第 34 页。

会中的作用以及国际社会秩序的可变性。吉登斯的结构化理论突破了行为体与结构的二元分立，建构主义者也强调行为体与结构的双向互构关系。[①]

社会学与发生认知论推动了建构主义的发展，但在建构主义的发展过程中，尤其是语言建构主义的发展过程中，难以忽视语言哲学的影响与作用。就语言本身的作用而言，它包含构成性的规则，就具有建构社会事实的功能。因此，在西方哲学出现"语言学转向"之后，相关语言哲学理论就成为影响到建构主义国际关系理论的重要源泉。

语言之所以具有种种功能，关键在于语言具有实践意义，后期的维特根斯坦在《哲学研究》(philosophical papers) 中以探究语言的实践意义问题为出发点，着力批判了他前期在《逻辑哲学论》中所提倡的"图像论"，并从一种全新的视角提出了"语言游戏说"(language games)。他认为说话就是用语言做游戏，"我把这一切，包括语言和使用语言的行为，称为'语言游戏'"。[②] 他从"语言游戏说"出发，提出了著名的"实践意义在于语言使用"，"意义"这个词可以这样定义：一个词的意义就是它在语言中的使用。例如，"这是红的"或者"这是黄的"，仅仅从这句话本身很难确定它的意义，只有将其放到使用的语言游戏的背景中，才能明确其实践意义。"这是红的"这句话用于不同的"语言游戏"，就有不同的实践意义，它可以是表示一种颜色、一种情感倾向、一句译文，甚至是某种特殊的"暗语"……在每一种用法中都有不同的意义。

维特根斯坦的思想在奥斯丁的"言语行为理论"(speech act) 中得到了更为深入的发展。继维特根斯坦之后，奥斯丁的"言语行为

---

① 在建构主义内部，对于双向建构还有争议。温特的早期理论强调行为体与结构的互构，但在《国际政治的社会理论》中，他主要研究的领域又还是集中于结构对行为体的单向建构。

② ［奥］维特根斯坦著，李步楼译：《哲学研究》，商务印书馆 1996 年版，第 34 页。

理论”在语言哲学中具有里程碑性的重要地位，对语言哲学的发展有着多方面的重大意义。奥斯丁最突出的贡献是他带动了日常交际活动中实际使用的“言语”研究的发展。奥斯丁要考察的是人们什么时候会说什么话、什么情况下会用什么词以及通过说这些话、用这些词又做了什么事。言语行为分为三大类：“以言指事”、“以言行事”、“以言取效”。这样的言语行为奥斯丁称为行事话语（performative utterance）。[①]

“以言指事”（lucutionary act），即使用语言来表达某种思想或传递某种信息，例如：“窗户是开的”。“以言行事”（illocutionary act）的论述被认为是奥斯丁言语行为理论的核心内容，即使用语言就是行为，听者可以从这些字面意义追溯到到语言背后的“语力”（illocutionary forces）。例如，说话者在说出“我保证一定按时完成作业”这句话中就完成了“保证”的行为；在说出“我警告你别再迟到”这句话时也就完成了“警告”的行为。此外，奥斯丁除了着重研究话语的“以言行事”，即施事行为之外，还对“以言取效”（perlocutionary act）进行了哲学探讨，即通过说出一个句子有意或者无意地对自己抑或对别人产生了某种效果。例如，演讲者通过论证可以达到说服听者的效果，言说者可以通过建议使听者采取或不采取某种行为。

奥斯丁在维特根斯坦的基础上，提出了自己关于语言的实践意义理论。他认为必须强调用“言语行为”的视角来揭示语言的意义。[②] 奥斯丁的理论可以概括为：当且仅当一个语句用来作为言语行为发生作用（take effect）时，[③] 它才有意义，知道一个语句的意思是什么就是知道它的语力（illocutionary forces）是什么；而意义则取决

---

① Austin，J. L. Philosophical Papers，Oxford：Oxford University Press，1979，p. 233.

② Austin，J. L. How to do things with words，Oxford：Oxford University Press，1962，p. 114.

③ Ibid，p. 116.

于它在执行一定的语旨行为的语句中的使用功能，即：任何一个言语行为，既是由语旨力决定的，又受到外在环境的制约。所以，奥斯丁在强调语旨行为意义的同时，又强调对于现实语境的依赖。我们还必须注重语境（special circumstances）的现实，我们能说什么、不能说什么，以及究竟为什么。

总之，建构主义学者深知语言的重要性，语言具有实践意义，能建构行为体的行为，像奥努弗、克拉托赫维尔等学者就深受语言哲学的影响，便从语言哲学的视角积极研究规则与规范等因素在国际关系中的作用。以奥努弗为例，他的建构主义理论一般称之为规则建构主义，但也有不少人将其视为语言建构主义学者的代表人物，因为规则是由语言构成，规则的作用来自于上述概念“语力”与“言语行为”。如果相同效果的言语行为不断重复，久而久之，人们就会形成惯例。如果惯例被行为体普遍接受，惯例就成为规则。规则与行为体通过言语行为进行互构，规则制约行为，建构行为体的身份、形成统治。[①]

回溯政治哲学史，我们可以看到，存在着一个解释上的建构主义传统。之所以说是解释上的，是因为在这个传统中的每一位作者，都没有用建构主义来给自己标签。但是可以认为，建构主义是它们更深层次的诉求，其中直接影响建构主义理论的思想家首推康德。

无论在霍布斯、洛克还是卢梭那里，作为理论起点的个人都是一种平等、自由、自利的人。霍布斯把人描绘成处于战争状态的平等而又自利、相互猜疑、相互争斗的人。[②] 洛克的个人观念是一种自由、平等和独立的人。而卢梭除了认为人是平等、自由、自利的之

① ［美］尼古拉斯·奥努弗：《建构主义：应用指南》，载温都尔卡·库芭科娃等主编，肖锋译：《建构世界中的国际关系》，北京大学出版社 2006 年版，第 75—82 页。

② ［英］霍布斯著，黎思复译：《利维坦》，商务印书馆 1997 年版，第 92—96 页。

外，他还认为人有一种天然的情感，那就是同情（或叫怜悯）。[①] 与卢梭和洛克相比，康德明显更进一步，而与霍布斯强调个体自利与个体理性的观点截然相反。康德认为，理性有一种高于幸福的目标，因为如果人存在着，仅仅为了幸福，那么就不需要理性，有了理性会适得其反，因理性而终不能得幸福。根本上来说，理性有着它更高的使命。理性，作为实践能力，亦即作为一种能够产生给与意志以影响的能力，它的真正使命，并不是去产生完成其他意图的工具，而是去产生在其自身就是善良的意志。康德进一步指出，善良意志是世界之中，甚至世界之外唯一无条件善的东西，是最高的善，是一切东西、甚至是对幸福要求的条件。

显然，康德的理性思想超越了原有的个体理性范畴，强调的是自我理性中对于他者的关注以及对于社会的负责，这一点和卢梭强调公共精神异曲同工，也深刻地影响了之后的建构主义国际关系理论。我们可以这样理解，尽管霍布斯认为，为了保全个体的生命与利益，一个死刑犯杀死他的看守人而逃跑，对于他个人是符合理性的。但在康德看来，就他所犯下的罪行对于他人的损害来说，考虑到社会因素与他者关注，他的逃跑就不是理性的。

20 世纪中叶，约翰·罗尔斯的正义理论复兴了康德式的解释，罗尔斯采用一种建构主义的方法，在《正义论》中，罗尔斯虽然还没使用“建构主义”一词，但是建构的思想和理念已经出现在其伦理方法的描述中，在《正义论》之后，其建构主义思想不断发展，特别是在《道德理论中的康德式建构主义》一文中，他明确地提出了康德式建构主义的方法，在《政治自由主义》中更是专辟一章来讨论“政治建构主义”。

在《政治自由主义》中，罗尔斯将康德的思想进一步发展。个

① ［法］卢梭著，高煜译：《论人类不平等的起源和基础》，广西师范大学出版社 2002 年版，第 94—97 页。

人观念包括六个方面[1]：第一，具有善观念（conception of the good）的能力，也即具有形成、修订和合理地追求某种合理的利益或善的能力。第二，具有正义感（sense of justice）的能力，也即具有理解、应用和践行公共正义观念的能力。第三，具有合理性，他们善于为自己的利益考虑。但这并不证明他们是利己主义者。第四，理性具有相互性（reciprocity），这种相互性与公道性（impartiality）、互利（mutual advantage）密切联系。第五，人是自由的。公民在他们设想自身、并相互设想对方具有一种善观念的能力的这一方面是自由的。第六，人是平等的。

因此我们认为，正是在吸收政治哲学营养的基础上，尤其是研究康德哲学思想的前提下，建构主义假定国际体系结构是可以变化的，是可以向前发展的。根据建构主义理论的推理，也根据温特自己对国际体系文化发展的相关解释，国际社会是在朝着进步的方向发展的。霍布斯文化时期已经是过去，洛克文化是现在，而康德文化则会是将来国际社会的主导特征。虽然温特对此十分谨慎，但是，根据这种动态的结构观，他断言，国际社会是不会倒退的，而是向某种意义上的世界大同方向发展的。[2]

当然，正如前文所述，建构主义博采众长，其借鉴的理论远不止以上列出的几种。因此笔者不得不提的是哈贝马斯的交往实践观，哈贝马斯的主要贡献在于他提出了系统的《交往实践理论》，并在此基础上，针对语言的实践意义问题，建立了独具一格的《普遍语用学》。他的核心逻辑可以归纳为："交往实践"中产生了"语用行为"，在"语用行为"中，"四个有效性声言"与"理想的言语情境"对于行为体的"理解"与"沟通"尤为重要。

《普遍语用学》的核心任务是确定并建构达到对言语理解一致的

① "Justice as Fairness: Political not Metaphysical", in Jonh Rawls, Collected papers, Cambridge, Mass.: Harvard University Press, 2001, p. 398.

② ［美］亚历山大·温特著，秦亚青译：《国际政治的社会理论》，上海人民出版社 2000 年版，译者前言第 30 页。

普遍条件。这一普遍条件，就是哈贝马斯认为的“四个有效性声言”：1. 真实性，即对事实作出的真实陈述；2. 正确性，即有利于良好人际关系的建构；3. 真诚性，即行为体说出的话语是否发自心底、是否真诚；4. 可理解性，即双方都使用对方可以理解的话语，而不使用暗语或设计迷惑对方的各种话语。也就是说，哈贝马斯认为，只有同时满足“四个有效性声言”，才能在主体间人际交往中达到对语言的理解和意见一致。

为了丰富与完善交往的条件，哈贝马斯在提出了“四个有效性声言”之后，又提出了“理想的言语情境”。要实现这一“理想的言语情境”，要求以下四个交往条件同时获得满足：第一，一种话语所有的潜在参与者都享有同等的话语参与权，每个人可以随时发表支持或者反对的任何意见；第二，每一个话语参与者都可以随时做出解释、主张或者建议，并可以随时对话语的有效性规范进行质疑或反驳质疑，任何形式的评论与批判都不应遭到压制，这是所有话语参与者与潜在参与者的权利；第三，每一个话语参与者都可以随时表达他们的态度、感受与主观愿望，即所有话语参与者与潜在参与者都应该享有平等的话语表达权，这样才能保证行动者与话语的参与者袒露自己的内心，确保态度真诚；第四，每一个话语参与者都可以发出指令与拒绝指令，做出允许或者禁止允许，做出承诺，为自我申辩或者要求别人做出申辩，这是每个话语参与者的实施调节性话语行为的同等权利。因为，只有相互期待对方的行为才能避免某种单方面要求的行为义务，超越现行强制手段，以谋求话语的平等权与保障这种平等话语权利，才能发展到一个超越现有条件与局限的理想的语言交往系统。

此外，后现代主义的兴起也促进了建构主义的发展。后现代主义批判了人类中心主义，人类对工具理性的滥用，片面重视现代性，指出人类中心主义是产生各种危机的根源，指出只有转变传统机械的主客对立思维方式才能破解人类中心主义的危机。美国著名的后现代主义者大卫·雷·格里芬提倡与有机论相结合的科学而反对建立在机械论和还原论理论基础上的科学。他认为，在后现代宇宙中，我们对人和自然的理解是与期盼中的实践结合在一起的，这种后现代宇宙观的正式条件包括将人类，实际上是作为一个整体的生命，重新纳入到自然中来。同时，不仅将各种生命当成达到我们目的的手段，而且当作我们自身的目的。①

后现代主义致力于颠覆“中心主义”价值观，它试图消解自古希腊以来在政治学中就明确区分的主体与客体、现代与后现代、善与恶、道德与不道德、正义与非正义的二元对立。后现代主义的奠基人尼采就明确说明主客体“是一种好心肠的发明……但已使得这种一孔之见如何允许我们以种种方式谈论‘主体’和‘客体’，并以此来建构实在”。② 在此基础上，德里达认为，西方传统哲学，一直在追求“中心”、“本源”、“基础”，他的解构主义要完成的任务就是“去中心化”。德里达认为，这种所谓的“中心”是虚拟的，本来就不具有合法性的，没有必要考虑对此进行小修小补，而是要将“中心”本身彻底颠覆。

格里芬指出传统哲学的二元论导致了世界和自然的祛魅，他强调人与世界的不可分。事实上，可以说，世界若不包含于我们之中，我们便不完整；同样，我们如不包含于世界，世界也是不完整的。③从这种人与世界的整体思维出发，他指出，那种认为世界完全独立于我们的存在之外的观点，那种认为我们与世界仅仅存在着外在的“相互作用”的观点，都是错误的。

从理论基础来说，后现代哲学的思想影响了建构主义的大部分

---

① ［美］格里芬著，马季芳译：《后现代科学——科学魅力的再现》，中央编译出版社1998年版，第44页。

② ［德］尼采著，周国平译：《偶像的黄昏》，光明日报出版社2000年版，第107页。

③ ［美］格里芬著，王成兵译：《后现代精神》，中央编译出版社1998年版，第59页。

流派，尤其是后现代主义对权威的批判精神以及对主客体二元分立的打破，格里芬等后现代主义者指出了主客体，人与世界是一个整体，这深入影响了建构主义的国际关系理论。此外，从直接影响来说，对于阿什利、沃克与德里安等后现代建构主义的学者来说，后现代哲学可谓直接理论渊源与思想指南，从核心观点与方法论上深入影响了这些后现代建构主义者。

最后，需要说明的是，这是一个双向影响的动态过程。一方面，建构主义深受其他理论思想的影响，建构主义从不同的理论流派与学者的观点中获得启迪，以谋求自身的发展；另一方面，在建构主义不断的发展成熟过程中，又对其他理论进行反哺外溢，建构主义的观点与研究方法推广到其他理论流派的研究与应用中，促进它们的发展。

二、建构主义内部派别的再界定

对国际政治学建构主义做出最大贡献的首推亚历山大·温特，他于 1987 年在《国际组织》上发表了一篇《国际关系理论中的施动者一结构问题》的论文，以行动者和结构的关系为主题，开始探讨国际政治的社会因素。1992 年，温特再次发表《无政府状态是国家造就的：权力政治的社会建构》，文章引起热烈的反响。建构主义国际关系理论开始得到包括主流国际关系理论学派的各种关注声与不同意见，就此可视为国际关系理论发展进入第四个阶段的标志。温特的这篇文章质疑的是国际政治体系的无政府性，这一现实主义和自由主义研究的逻辑起点问题。现实主义和自由主义都把国际体系的无政府性、丛林原则作为毋庸置疑的事实全盘接受下来，以此为研究起点，但温特深刻地指出，这种全盘接受无政府逻辑的做法值得质疑。无政府逻辑并非只是现实主义和自由主义认为的那种霍布斯逻辑，而是包括洛克文化、康德文化在内的多种逻辑。①

正如温特所说，结构建构主义的目标是崇高的，它试图作为主流与非主流之间的桥梁，使两大学派的精华成分得以发扬光大，实现一种真正成功的融合性的理论，既考虑国家体的行为规律，也探讨国家身份和利益的形成。正是在这样的研究目标的指导下，温特的建构主义理论分别从理性主义与反思主义两大阵营中汲取了营养。在认识论方面，温特的建构主义理论与理性主义理论是相通的，建构主义承认社会现象的客观性和可认知性，赞成有限的基础主义原则，并致力于建立科学的理论体系，这是与主流理论最大的相同之处。因此，温特的建构主义采取实证研究方法，明确界定建构行为体行为的科学假定，设定可以证伪的科学假设，并根据经验与推导加以验证，这是典型的科学实证研究路径。

从现有的主流建构主义的研究成果来看，除了语言建构主义之外，建构主义的研究主题大致可以分为三类：一种是对身份和利益关系的研究，其代表人物是温特，该主题认为行为体的利益取决于行为体的身份，这指导着行为体的行为，这种研究的主要内容是讨论行为体身份的确定之后，其行为会出现什么规律形式，而且当行为体的身份变化以后，其行为又出现怎样的新取向。第二种是探讨文化与国家行为取向的关系。如江忆恩的《文化现实主义》、卡曾斯坦主编的《国家安全的文化》可以算这类研究。第三种是对国际规范结构和国家行为之间关系的研究，并考虑规范如何对国家利益和行为产生重要影响。当前学界对于“规范”的定义基本可以分为两类：第一类是指较为初步的涉及规范概念的研究者，往往坚持对规范进行狭义界定，即主张将规范与规则等其他行为准则分开探讨，分别加以界定和区分；第二类是对规范概念的研究较为深入的建构主义学者的观点，他们坚持对广泛进行广义界定的方式，认为规范

① V. Kubálková, Nicholas Greenwood Onuf, Paul Kowert, International relations in a constructed world, M. E. Sharpe, 1998, p. 214.

本身包含了规则等其他形式的行为准则。[①] 芬尼莫尔的著作《国际社会中的国家利益》就主要研究规范与观念结构对施动者身份和利益的影响，力图发现新的国际规范与国家利益和行为的变化之间的相关关系，她认为如联合国教科文组织规范等国际规范不仅影响国家的行为，而且建构了国家的身份和利益（如国家科学利益的重新界定和科学政策的改变）。在这些研究中，自变量与因变量的确定是明确的，变量关系的陈述也是清晰的，研究方法是坚持科学验证的方式。

冷战突发式、戏剧性地以和平方式宣告终结，使理性主义解释乏力，现实解释的不足加上新新融合（新现实主义—新自由主义）的趋势使得人们开始反思主流理论，国际关系的“反思主义”一词由基欧汉提出。[②] “反思主义”的主要关注点在于强调国际关系中的认同、规范、话语与主体间性意义的重要性，坚持要对国际政治进行诠释与理解，规范理论、女性主义、后现代主义等“反思主义”一直在对主流理论进行批评，发出自己的声音与呐喊。

秦亚青认为，温特建构主义与反思主义相通的地方是本体论，这涉及国际政治的主要概念，如作为行为主体的国家、国际体系的结构、无政府特征、权力等的存在和实质，理性主义假定行为体的身份和利益是互动之前就已经具有的给定因素，是不以其实践活动和话语结构发生变化而变化的，是非历史的。建构主义认为这是理性主义最大的缺陷。主体间性是关键，行为体有意义的行为，只有在主体间社会语境之中才得以成为可能。没有主体间性，没有身份的行为体就没有利益可言，没有利益，就没有行动的动机，何谈行动的可能，理性主义假定国际体系结构是物质结构，无政府状态只有一个丛林逻辑，自助与适者生存是无政府状态下国家唯一约行为

---

① 高尚涛：《国际关系的权力与规范》，世界知识出版社 2008 年版，第 69 页。

② ［美］罗伯特·基欧汉：《研究国际制度的两种方法》，载詹姆斯·德·戴元主编，秦治来译：《国际关系理论批判》，浙江人民出版社 2003 年版，第 320 页。

准则。

在这些涉及本体论的根本问题上，温特建构主义借鉴了反思主义理论，当然其中也有区别，建构主义的目的是发现规律，而反思主义的目的是实现人类彻底解放，把人从权力压迫的束缚中解救出来。温特建构主义要超越理性主义的研究路线，把理性主义的研究起点作为自己质疑的出发点，推究逆性思维，把理性主义假定属真的研究作为自己否证的对象。温特建构主义试图超越理性主义，质疑本体。建构主义认为无政府状态是观念结构、是文化、是由国家塑造的。国家可以塑造霍布斯无政府文化，也可以塑造康德无政府文化，所以，无政府状态有着多种逻辑，可以自助，也可以助人。

建构主义的内部纷繁复杂，派别众多。如果从 1989 年尼古拉斯·奥纳夫提出国际关系学科中的"建构主义"这一名称开始，建构主义至今也不过 20 几年的历史，但建构主义发展迅速，内部也衍生出众多派别。从目前来看，国际关系中的建构主义大致可以如下划分。

第一种分类是新古典建构主义（neo-classical constructivism）、后现代建构主义（post-modernist constructivism）与自然建构主义（natural constructivism），这个分类由鲁杰提出的。① 鲁杰认为，第一类新古典的建构主义主要沿着韦伯等经典社会学家的思路，在认识论上倾向实用主义，在分析手段上吸收借鉴了言语行为理论、交往行动理论和认知进化理论的思想，侧向于主体间性意义的探讨。代表人物有鲁杰、奥努夫、克拉托赫维尔、恩斯特·哈斯、芬尼莫尔、阿德勒、卡赞斯坦等。第二类后现代建构主义代表人物有阿什利、德里安与沃克等。第三派自然建构主义代表人物包括温特、德斯勒，

① John Gerard Ruggie, "What Makes the World Hang Together? Neo — utilitarianism and the Social Constructivist Changes", International Organization 52. 4. Autumn 1998, p. 881.

江忆恩等。总体来说，主流建构主义包含在第一类和第三类中。

新古典的建构主义这一派建构主义的理论根基在于古典传统理论，但在分析方法方面，它使用的分析方法又发展了传统理论，新古典建构主义的共同特征就是在认识论上与实用主义哲学是一致的。[①] 具体来说，这包括两点：第一，使用一套必要的理论分析工具，理解主体间意义，尤其是语言行为理论、沟通行动理论、塞尔著作中的那种通则化理论，或是进化论的认识论等；第二，坚持社会科学的原则，当然，这样的原则与主流理论所坚持的原则相比，要更加多元化、更具社会性质，同时也承认理论的短暂性和不稳定性。

第二派可以被称为后现代建构主义学派。这一派的学术根基更偏向弗里德里希、尼采以及后来的迈克尔·福柯和雅克、德里达等人的学术思想。该学派与现代主义理论和实践断然决裂，倡导打破权威。这里最先使人们注意到国际关系领域这一学派存在的是理查德·阿什利。当然，后现代建构主义学派的另外一些学者还有坎贝尔、德里安、R J. B. 沃克，以及斯皮克·彼得森等女权主义学者。在这一学派的论述中，主体的语言建构功能得到强调。因此，话语活动建构了本体原型，亦即现实和理论。这一学派认为，原有的社会科学只是“霸权话语”，他们通过他们的话语建构了他们的霸权，人们身处其中，必须要认识到这一霸权，颠覆这一霸权以获得人的彻底解放。话语既组成规则，又实施统治，能够对人实施控制。这一学派认为，一味追求因果解释关系是极为荒诞的。坎贝尔指出，他坚持诠释的逻辑，这种方法认为，分类、甄别和确定真实原因的做法是不可能的。

建构主义的第三种学派处在以上两种学派之间，将两派特点结合起来。自然建构主义位于上面两类的中间，走中间道路。它具有

① ［美］彼得·卡赞斯坦、罗伯特·基欧汉、斯蒂芬·克拉斯纳著，秦亚青等译：《世界政治理论的探索与争鸣》，上海世纪出版集团 2006 年旧版，第 283 页。

主流理论的一些特征，认为社会科学和自然科学一样，可以对不可观察的社会世界加以认识，并非像一些学者所认为的那样，社会科学只有历史故事可讲。这一学派认为，社会科学要模仿自然科学，因为从一开始自然科学和社会科学的认识论就没有什么不同。它与第一派新古典建构主义有相同之处，即都有赞成主流理论的地方，但它的根基主要采取科学实在论，尤其受到罗伊·巴斯卡尔思想的影响。亚历山大·温特和戴维·德斯勒的论述是这一派的代表作。温特认为，科学实在论使得全新的“自然派”社会科学成为可能。

温特把建构主义分为三种派别：现代主义（modernism）、后现代主义（postmodernism）和女性主义（feminism）。以鲁杰和克拉托赫维尔为代表的现代主义、以阿什利和沃克尔为代表的后现代主义、以斯派克·皮特森为代表的女性主义。这三个学派之间和内部都存在很大的分歧，但是它们都认为新现实主义和新自由主义是“不注重社会”的理论，即这两大派理论没有足够地重视世界政治中的行为体是社会建构而成的，正是因为这一共同特点使得新现实主义、新自由主义和建构主义开始形成三足鼎立式的争辩局面。他们都认为国际结构主要是通过共有知识构成的，国际结构不仅影响国家的行为，还建构国家的身份和利益。

第三种分类：传统建构主义（conventional constructivism）、后现代建构主义（postmodernism）和批判建构主义（critical constructivism）。卡赞斯坦、克莱斯勒和基欧汉联袂撰写的《国际关系理论和世界政治关系》一文中把建构主义分为传统、批判和后现代三种。[①] 第一派传统的建构主义者坚持认为，社会学的研究角度提供了基础理论和许多具体的研究课题，与理性主义既对抗又互补，它强调的是思想观念或规范格局如何组成了动因和利益，动因和格局是相互构成的，所以它同理性主义在有关本体论方面形成了显著的差别，鲁

① Katzenstein，“International Organization and the Study of World Politics”，International organization，Autumn1998，pp. 674－678.

杰关于现代国家体系替换封建主义的历史性论证，卡赞斯坦关于日本安全政策的研究等都是传统建构主义的经验分析。第二派后现代主义建构主义的分析主题是公开的权力关系，揭示话语的霸权一面，杰出代表是阿什利。第三派批判建构主义的研究主题集中在身份认同问题上，除民族主义外，还包括种族、种族划分、宗教和性别，代表人物有克拉托赫维尔等。

第四种分类：现实主义的建构主义（realist constructivism）与自由主义的建构主义（liberalism constructivism）。这个分类标准就涉及了建构主义与其他主流理论（现实主义、自由主义）的理论融合问题。巴尔金 2003 年在《国际研究评论》杂志上发表的《现实建构主义》论文中试图将建构主义与现实主义相融合。① 巴尔金认为，在国际政治研究中建构主义可以和其他主流理论进行融合，并因之实现理论创新。在这篇论文中，他提出了一个新的国际政治理论的分类：现实建构主义和自由建构主义。前者是建构主义和现实主义的融合，后者则是建构主义与自由主义的融合。这一分类与以前的分类有着根本性的不同。② 巴尔金强调的是思想内涵。这一分类本身意味着建构主义和其他理论的合二而一。并且，巴尔金明确指出温特的理论有着自由主义和建构主义融合的本质，是“自由建构主义”的代表。

第五种分类源于齐菲斯，她将建构主义分为：认同建构主义（Identity—centered constructivism）、规范建构主义（norm centered constructivism）和言语行为建构主义（speech—act—oriented constructivism）。齐菲斯在她 2002 年的著作《国际关系中的建构主义》中，根据建构主义不同派别的核心理论概念，做出了如上的划分。③ 她认为

---

① Samuel Barkin, “Realist Constructivism”, International Studies Reiview, Vol. 5, 2003, pp. 325—342.

② ［美］亚历山大·温特著，秦亚青译：“建构主义的发展空间”，《世界经济与政治》，2005 年第 1 期，第 9—10 页。

③ Maja Zehfuss, Constructivism in International Relations, Cambridge: Cambridge University Press, 2002, pp. 3—10.

“认同建构主义”主要研究的是建构主义的身份与认同问题，代表人物是亚历山大·温特。“规范建构主义”主要关注的是建构主义的规范生成与传播问题，代表人物是克拉托赫维尔。第三类言语行为建构主义主要关注的是语言行为对行为体行为的建构作用，代表人物是奥努夫。

还有一种分类是以地缘—文化界定建构主义，可以分为：美国建构主义、英国建构主义、欧洲建构主义、中国建构主义、东盟建构主义等。这是建构主义的另外一种分类方法，亦即以地缘—文化为基本特征的建构主义。在美国，代表人物有温特、卡赞斯坦和芬尼莫尔等。欧洲的建构主义以德国的建构主义学者为例，他们借鉴了言语行为理论特别是哈贝马斯的语用学思想，偏重于语言的实践意义的角度来理解国际关系，其代表人物是克拉托赫维尔。“德国队”和“美国队”的建构主义的最大差异在于德国强调交往理性与工具理性的冲突，而美国偏重于工具理性与规范理性的区别。另外“哥本哈根学派”对安全的研究也具有强烈的建构主义色彩。[①] 一般认为，建构主义的美国学派偏重于国际体系结构和国际规范对行为体的影响，而欧洲学派的建构主义者更为关注的是从行动者的角度研究欧盟的身份或共同体的构成。

这样进行分类，主要是出于以下几个考虑：第一，社会结构和社会制度与自然结构不同，前者有着时间和空间的局限，亦即受到历史和地理位置的限制；第二，这种时间和空间的限制划定了社会活动的境域，行动者只能在这种境域中互动，他们不可能在超越这种境域中的空间和时间里进行互动，在这种境域中的互动产生了共有知识；第三，由于在微观层面上的互动有着明显的地缘文化特征，不同社会在微观层面上很少能够以完全相同的路径走向宏观结构。

---

① Thomas Risse, Stephen Ropp, and Kathryn Sikkink, The Power of Human Rights: International Norms and Domestic Change, Cambridge: Cambridge University, 1999. 转引自：袁正清：《国际政治理论的社会学转向》，上海人民出版社 2005 年版，第 16—17 页。

也就是说，不同地缘—文化境域中的社会可以产生不同地缘—文化特征的建构主义流派。地缘—文化建构主义观是具有时空两个纬度的。

总之，建构主义的重要特征使它与以新功利主义为代表的主流理论划清了界线。但是，建构主义理论内部各学派之间也有着很大的差异。正因为存在差异，诺菲尔德才敏锐地指出，建构主义内部的争论会像建构主义学者与批评建构主义的实证主义学者之间的争论同样激烈。

三、建构主义核心观点的再深化

建构主义的关注要点不在因果关系，而是社会建构关系。在社会类别中，除了因果解释模式之外，还存在另外一种研究模式，即建构主义的理论研究。无论在自然科学研究中，还是在社会科学研究中，学者们都在从事两种研究活动，即因果理论与建构理论研究，这两者之间存在着一定的区别。因果性理论回答“为什么”之类的问题。[①] 如“资本家为什么剥削工人?”、“水为什么往低处流?”，即因果理论探求事物发生的原因，将原因看作自变量，将由原因引起的结果看作因变量。因果理论并不是唯一的科学研究方法，建构理论也是实证研究的范畴，这一点经常被人们所忽视。而建构性问题通常采取“如何——可能?”或“是什么?”等形式。如“第一、二次世界大战是如何爆发的?”、“联合国是什么?”。

事实上，温特认为对于科学研究来说解释和理解并不是相互排斥的，而是相互包容的。建构关系主要依托两种建构形式：内构与外构。主流建构主义者大多突出强调的是体系层次对国家身份建构

① ［美］亚历山大·温特：《国际关系中的建构关系和因果关系》，载提莫·邓恩、密切尔·考克斯、肯·布斯主编，周王启译：《八十年危机——1919～1999年的国际关系》，新华出版社2003年版，第163页。

的影响，但体系外层次（国内层次）的建构作用也具有重要意义。我们可以这样理解，国家身份是内在和外在因素共同建构的产物。国家是自行组织的单位，它的认同源于国家内部的建构，国际行为体在体系层次上互动之前，通过内部建构过程，建构了自己的部分身份，即国际行为体身份的内在层面。一个民族国家的自我认同与国家利益，尽管有外在建构与社会互动的一面，但国内社会、经济基础、政治斗争与国家特性的内在建构的一面也同样重要。国家利益的外在建构与内在建构相辅相成、互为依存，难以截然分开。我们在进一步重视国际行为体外构的同时，仍需清醒地认识到，共性和价值理性目前只能在某些地区、某些领域和当下时段发挥着显著作用，仍然不要忽视国家身份与国家利益的内构方面。

建构主义与新现实主义都是结构理论，都讨论国际体系结构对单位成员的影响和作用，但是，建构主义的结构又不同于新现实主义的结构。新现实主义的结构是微观经济学意义上的结构，是一种物质实力的分配，而不考虑结构对行为体身份和利益的建构作用，可以简单总结为物质结构决定行为体的行为。而建构主义研究的结构是一种观念结构，社会结构主要是观念的分配，它强调国际政治是由行为体持有的一系列共有观念。[①] 主体间共有知识和文化（shared knowledge）的形成是极为关键的，所谓共有知识是一种社会约定，它包括规则、标准、制度、习惯和习俗等，建构主义定义其为行为体在一定的社会环境中共同具有的理解和期望。建构主义者指出，在社会环境与行为体的互动中，共有知识影响和规定着国际政治中国家行为体的身份、利益、具体行为与对外政策的目标和手段，从一定程度上来说，行为体之间知识的分享程度越高，共有知识越多，行为体彼此就会越相互依赖。

---

① Jeffey Checkel, “The Constructivist Turn in International Relations Thoery,” International Security, Vol. 50, No. 2. January 1998, pp. 324—348.

温特认为，建构主义并不否认物质性因素的作用。[①] 他认为结构始终包括物质性因素，如人的身体、国家的实力等物质性因素是不可化约为观念性因素的。但是建构主义认为，物质因素只有通过观念结构才能对行为体的行为起到有意义的作用，因此，我们可以这样理解，权力和利益之所以具有意义和内容并因之产生作用，首先是因为观念使然。正如前文所举的例子，英国具有核力量，朝鲜也具有核力量，核力量是物质性存在，但是对于美国来说，感到具有威胁的必然是朝鲜的核力量，而不是英国的核力量，所以就对英国和朝鲜的核力量采取不同的政策和行动。这就是观念对行为的影响作用。

在《国际政治的社会理论》中，温特将身份定义为有意图行为体的属性，它可以产生动机和行为特征。这意味着身份从根本上说是一种主体或单位层次的特征，根植于行为体的自我领悟。但是，这种自我领悟的内容常常依赖于其他行为体对一个行为体的再现与这个行为体的自我领悟这两者之间的一致。所以，身份也会有一种主体间或体系特征。例如，教师的身份是在他与学生的互动中产生意义的，如果学生不这样认为，孤立的教师身份是不起作用的。

身份可以是多样的，温特把身份分为四种：个人或团体身份、类属身份、角色身份、集体身份。第一类是个人身份，如果是组织则为团体身份，这是由自行组织、自均衡的结构建构的，这种结构使行为体成为独立的实体。行为体只有一个这样的身份，这种身份总是有着物质基础的，对人类来说是他的身体，对国家来说是许多个人和领土。第二类是类属身份，它是用来指一种社会类别，或是用于个人的一个标识，这样的个人在外貌、行为特征、态度、价值观念、技能等诸方面有着一种或多种相同的特点。一个行为体可以同时具有多种类属身份，不是任何相同特征都可以构成类属身份，只有具有社会内容或意义的相同特征才能够构成类属身份。第三类

① 这一点与部分后现代建构主义以及语言建构主义的观点相反。

是角色身份，角色身份依赖于互动，所以对他者的依赖也就加大了。在某种程度上，我们可以认为，角色身份是存在于自我与他者的关系中的，是在与他者的互动中建构自己身份的。第四类是集体身份，集体身份把自我和他者的关系引向其逻辑得出的结论即认同，认同是一个认知过程，在这一过程中，自我与他者的界线变得模糊起来，并在交界处产生完全的超越，自我被“归入”他者。

在温特看来，他提出的体系结构对行为体身份与利益的建构是建构主义理论的最大贡献。温特指出，建构主义就是身份政治（politics of identity）理论。在建构主义之前的主流国际关系理论大都把国家身份视为一个常量，即国家是利己主义的行为体，而且这是既定的、不变的。但在社会学的指引下，建构主义则把身份视为一个变量且将其操作化，他指出身份取决于行为体与结构的相互建构。由于在国际体系中，每个国家的身份有所区别，因此，国家有了不同的利益界定，国家采取了不同的行为，这就是“身份建构利益，利益决定行为”，这是温特的的建构主义理论关于身份与利益关系的重要结论。一言以蔽之，建构主义强调国际政治中的行为体推测自己和对手，在特定的背景下产生能预知行为体行为的模式。①

温特将文化看成是共同的知识和集体的知识。将上文中提及的规范、规则、制度、习俗、意识形态、习惯、法律等，都看成是由共同知识建构而成的。他认为共同知识涉及行为体相互之间关于对方理性程度、战略、偏好、信念以及外部世界状态的认知，这些就组成了文化，文化对于行为体可以产生建构作用。温特进一步指出，文化具有社会性功能及其社会作用，文化是一种自我实现的预言，文化具有一种再造功能，文化使文化负载者之间进行着竞争，这种竞争有五种相互重合的根源。第一个根源是一种文化中不同逻辑之间的内在矛盾。文化包括许多不同的规范、规则、制度，这些内容诱发的实践活动常常是相互矛盾的。第二个根源是施动者永远不可

① 宋伟：《国际关系理论》，上海教育出版社2011年版，第1页。

能彻底社会化，而只有彻底社会化的施动者才可能具有共同知识。不彻底的社会化使每个人都有自有知识，驱动我们从事可以改变环境的个人事业。第三个冲突根源是共有知识产生的非本意结果。第四个根源是外力的震动。革命、文化帝国主义、征服者的侵略都可以改变文化秩序。最后一个根源是创造力，即文化内部产生的新的观念。

结构与单元、整体与部分之间的关系是社会学的基本问题。建构主义运用了吉登斯的“结构化理论”，认为由于施动者之间的互动形成结构，结构又建构了施动者的身份和利益。结构与施动者是互构的（co-constituted）。社会结构是行为体实践的结果，这种实践不仅确定单个行为体的含义及相互间的认同，而且确定他们所从事的经济、政治及文化活动的模式。也就是说，互动造就了共有观念，赋予了社会结构以新的内容，创造了主体间的意义。进而，实践活动使这样的结构和意义得以再造和加强，频繁反复之后，就建构了社会共同体，也建构了共同体中的成员的身份与利益。

人建构了社会，同时社会也建构了人，这是一个持续性的双向过程。建构主义之前的主流国际关系理论认为国家仅仅是结构控制下的一个被动影响者。而在建构主义看来，施动者（agent）与结构（structure）是相互建构的，而不是二元分割的。国际体系的结构属性不是固定的，也不是外生于国家间的互动的，相反，无政府状态是一种主体间的社会建构，它通过国家间的互动塑造与重造。这样，国家行为并不只是源于无政府的国际环境，它不是简单的接受性变量，还是构成性变量，它有助于造就这一无政府状态，因此，建构主义主张国际政治的结构是社会互动的结果，国家不是静止的主体，而是能动的施动者。[①]

建构主义的权力观也与理性不同，理性主义认为权力的实质在

① T. L. Knutsen, A History of International Relations Theory, 2nd edn., Manchester: Manchester University Press, 1997, pp. 281—282.

于它的物质性，如军事权力、经济权力等权力因素。而在建构主义看来，物质性权力和话语性权力都是有意义的权力因素：观念是权力，实践也是权力。如前文所述，建构主义认为观念在社会生活中起了更大的作用，许多事实并非是物质因素在起作用，而是这些物质因素背后的观念赋予了这些物质力量以意义。建构主义常常用英国核武器与朝鲜核武器对美国的意义来说明观念的巨大作用，尽管英国拥有数百枚核武器，但事实上，美国认为这还不及朝鲜的一枚核武器对美国的威胁大，核武器本身是物质力量，这是固定的，但英国对美国来说是朋友，朝鲜对美国来说是敌人，所以最终还是观念因素决定了核武器的意义，观念影响了行为体最后的决策行为。

温特的结构建构主义理念主要集中在“身份”研究领域，这在前文已经详细阐述过，在此不再赘言。“规范”是建构主义几个重要的概念之一，也是人们最容易忽视的宏观概念，而且规范在历史发展演变的过程中是无时无刻不存在的。现实主义与自由主义对规范研究的关注不多，对该问题只有一些模糊的回答。大多数现实主义者认为国际规范不重要，或者说至多在边缘领域内发挥作用。国际规范缺乏限制性力量，国家行为主要是由权力政治而不是由国际规范来决定，是权力决定规范，或者说是规范适应权力。如克拉斯纳就提出：“国际体系的无政府状态排除了可能内嵌于世界政治中的国际规范。”① 具体到国际规范的演化领域，现实主义者认为，包括人权等国际规范在国际体系的发展，主要是由于大国强迫小国所接受，制裁与威胁等强制性行动是规范被接受的主要原因。但是，在现实中这种外力强制只能推动国际规范的低程度传播，并且还有可能导致目标国对霸权国的强烈反应。因此，现实主义只提供了规范在初始阶段如何被接受的一种解释。

20 世纪 80 年代，新自由制度主义开始强调观念的作用，推动了

① Krasner S. D, Sovereignty: Organized Hypocrisy, Princeton University Press, 1999, pp. 66－67.

整个国际关系学科的"理念主义转向"。自由主义者依循工具理性的逻辑推导方式分析国际规范，虽然认同国际规范的作用，但强调其作用是有限的，规范可以限制国家的行为，但不会影响国家的身份与利益，同时，规范本身依赖于潜在的权力分配。也就是说，新自由制度主义认为规范不具有本体性，规范依赖于物质实力的基础。在规范演化问题上，自由主义者认同国际制度有利于推进规范正向演化，强调国内结构制约规范的发展，但对于国际规范如何动态演化，他们也没有给出具体的解释。

近年来，规范研究是建构主义研究议程的一个核心部分，它从根本上挑战了现实主义与自由主义的观点，提出规范通常独立于权力分配与利益计算，规范不仅制约国家行为，而且建构国家身份与利益。[①]

综合当前建构主义的规范研究，笔者认为迄今已经经历了两代。第一代建构主义规范研究强调规范的重要性，其主要代表人物有亚历山大·温特、尼古拉斯·奥努弗、弗里德里希·克拉托赫维尔、彼得·卡赞斯坦与奥迪·克洛茨等人；第二代建构主义规范研究开始探讨规范本身的演化，如规范的起源、规范扩散的机制以及规范的内化等，其代表人物包括马莎·芬尼莫尔、杰弗里·切克尔、阿米塔·阿查亚等人。[②]

在粗略了解各大流派关于国际规范的研究之后，针对规范的正向演化（即进化问题），笔者将重点分析第二代建构主义的规范研究。其中，马莎·芬尼莫尔和凯瑟琳·斯金克提出的"规范生命周期理论"是当前规范研究的一个典型模式。"规范的发展可以用三个阶段来表示。"[③] 第一阶段是规范的兴起，这一阶段

---

① 本部分内容笔者首发于《当代亚太》2010年第3期《规范的进化与退化》一文。

② 柳思思："从规范进化到规范退化"，《当代亚太》，2010年第3期，第150页。

③ ［美］彼得·卡赞斯坦、罗伯特·基欧汉、斯蒂芬·克拉斯纳著，秦亚青等译：《世界政治理论的探索与争鸣》，上海人民出版社2006年版，第303页。

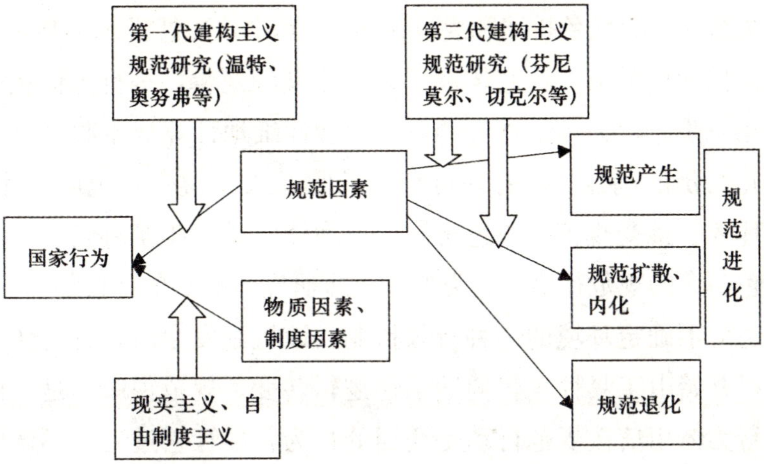

图 2—1 建构主义规范研究的演化

中，包括个人、非国家行为体与国家等规范倡导者在原则信念或自我利益的推动下利用有效的组织平台推动规范的产生，说服关键国家接受新的规范；第二阶段是规范的扩散，国际规范通过国际组织的传授、说服等社会化机制而扩散到体系中其他的成员，其中合法性、自尊感以及国家的声望等是国家接受国际规范的主要动机；第三阶段是规范的内化阶段，在这一阶段，规范通过习俗化与制度化已被国家视为理所当然的东西，大众不再继续就这一规范是否适当进行争论。下面，笔者将主要分析推进规范发展研究的重要研究成果。

当前，关于规范的产生、规范的发展机制，建构主义学者已经有了比较明确的答案。就规范的产生而言，包括个人、非政府组织和国际组织等规范倡导者起到了重要作用，而关于规范发展的机制，芬尼莫尔、斯金克以及江忆恩等确定了传授、说服等几种机制。其中，芬尼莫尔强调了以“传授”为主的社会化过程，提出国际组织的“传授”是社会化过程的关键，认为国际组织通过“传授”国际规范，使广大的国家接受国际规范，从而促成了规范的发展。切克尔进一步对芬尼莫尔提出的“传授”机制进行细化，提出传授机制包括奖惩机制、角色扮演和规范说服。[①] 其中，奖惩机制是某种物质刺激阶段使用的方式，它体现了理性主义的逻辑，是行为体接受规范的第一步。行为体是理性的，它们会仔细地计算成本收益并寻求最大化给定的利益，只有在可获得的收益大于遵守规范的成本时，行为体才会接受规范。角色扮演是行为体被动承担某种角色，并按照角色包含的规范行事。它类似于很多研究者提到的“模仿”，是行为体适应不确定环境的一种有效机制。该机制发生时，行为体的行为动机开始由工具性逻辑向适当性逻辑转变。规范说服，是试图使目标行为体相信按规范行动是适当的行为，尽管它过去并不认同这种规范。这种说服最终使行为体经过反思而自觉地接受规范，它是社会化的最高级阶段。主要与规范的性质、说服者的特征以及目标国的特征相联系，能导致最持久的社会化。芬尼莫尔等人关于规范发展机制的研究解释了规范发展的集体趋势，即大量国家在短时间内接受规范的现象，并得到了人权规范、欧盟规范等案例的经验验证。[②] 但是，这些研究存在以下缺陷：首先，它们不能解释一个显而易见的现象，为什么同样是国际组织的传授，同一规范在某些国家（地区）能够发展，具有显著的影响，而在另一些国家（地区）却不被接受？正如切克尔所言：“这种研究无法解释规范发展不成功的现象（the dog don't bark）。”其次，这种研究从结构中心论出发，强调代表国际规范结构的国际组织的传授，忽视了国家行为体与地方机构的能动作用，即关注点在于教而非在于学。最后，这种研究忽视

① Jeffrey T. Checkel, “International Institutions and Socialization in Europe: Introduction and Framework”, International Organization, Vol. 59, No. 4 (Fall 2005), pp. 801—822.

② Thomas Risse, Stenphen C. Ropp, and Kathryn Sikkink, The Power of Human Rights: International Norms and Domestic Change, Cambridge University Press, 1999. Jeffrey T. Checkel, “Norms, Institutions and National identity in Contemporary Europe”, http://www.arena.uio.no/publications/wp98_16.htm.

了规范发展过程中国际规范与国内结构的联系，因而也就不能阐明规范发展到一个国家的具体机制和微观过程。

针对“同一规范在不同国家发展的结果不同”，切克尔从国家层次对“国际组织教授”理论进行了创新。切克尔通过对“欧盟规范”在德国、乌克兰和英国等国发展程度的不同结果进行了反思，提出了国家原有文化因素（观念、规范）与国际规范之间的“文化匹配”是决定国际规范是否成功扩散至某个国家的关键因素。[①] 主要的观点是当国际体系规范与目标国原有规范之间存在文化匹配时，国际规范则容易扩散，反之，就很难被接受。切克尔对文化匹配进行了详细的分析，他将文化匹配定义为一种情势，认为它具有一定的范围，可以分为“＋”、“0”与“－”（正、零、负）三种情况。“＋”表示具体问题领域内国际规范与国内规范完全一致，“0”表示具体问题领域内国内不存在对体系规范理解的明显障碍。“－”表示国际规范与国内规范没有一致的情势。具体而言，文化匹配的程度随着“＋”向“－”减弱。

针对“不同国际规范在同一地区的不同结果”，阿查亚从地区层次对“国际组织传授”理论进行了创新。阿查亚将切克尔的“文化匹配”概念运用到地区层次，通过观察共同安全规范与人道主义规范在东盟地区扩散的不同结果，提出“地区规范结构契合”是决定国际规范在地区发展的一个关键因素。[②] 其主要观点是当国际规范与地区规范结构越契合时，国际规范就越容易为该地区所接受，国际规范将在该地区内发展，反之，则越不容易在该地区内获得发展。总而言之，芬尼莫尔提出“国际组织传授”是影响规范发展的主导因素，切克尔在此基础上进行修订，强调“文化匹配”是影响同一

① Jeffrey T. Checkel, “Norms, Institutions and National identity in Contemporary Europe”, http://www.arena.uio.no/publications/wp98_16.htm.

② Amitav Acharya, “How Ideas Spread: Whose Norms Matter? Norm Localization and Institutional Change in Asia Regionalism”, International Organization, Vol. 58, No. 2 (Spring 2004), pp. 239－275.

规范在不同国家发展情况不同的主导因素，而阿查亚则论证了“地区规范结构契合”是影响不同规范在同一地区发展程度不同的主导因素，三位学者的理论环环相扣，将规范的发展研究逐步推进。

此外，凯克和斯金克等强调了规范的性质（nature of norms）对规范发展的影响。他们提出有两类规范更容易发展：一种是涉及人身安全以及禁止对弱势人群和“无辜”人群进行人身伤害的规范；另一种是涉及法律机会平等问题的规范。他们提出这两种性质的规范由于超越了具体的文化和政治背景，会使人们在信仰体系和生活经历的某些方面引起共鸣，从而更容易被接受，而得到扩散。综合上述研究，我们分别用“规范”作为自变量，“规范是否成功发展”（即正向演化是否成功）作为因变量，而作者提出的核心因素作为联系自变量和因变量的干预因素，概括上述四个研究，可以如表 2－1 所示[①]：

表 2—1　建构主义规范内化发展的逻辑

	自变量	干预变量	因变量
芬尼莫尔	规范	规范发展的条件	规范发展
	教科文组织规范等	国际组织的传授	成功
切克尔	欧盟规范（关于公民双重国籍和少数民族权利的规范）	文化匹配	失败（德国）
阿查亚	共同安全	地区规范结构契合	成功
	人道主义干预		失败
凯克、斯金克	人身安全规范与法律平等规范	规范性质	成功

然而，像任何社会生活一样，国际关系既可以进化也可能退化。毋庸置疑，在人类社会的发展史上，规范总体上呈现出上述正向演化（即内化发展）的态势。但事物的发展不是线性的，规范系统与

① 借鉴了秦亚青教授：“研究设计与学术创新”（《世界经济与政治》，2008 年第 8 期，第 79 页）一文中的表格，真诚感谢秦老师，并添加了凯克、斯金克一项。

所有的人造体系（man-made systems）一样，也可能恶化、失灵或崩溃。首先，尽管建构主义学者在规范传播与扩展领域获得了丰硕的成果，[①] 但他们都未探讨已内化的规范可能退化，更未涉及规范过程为何发生等问题。其次，建构主义学者并未解释规范何以得到或失去影响力的国内进程。在上述众多建构主义学者的文献中，或仍把国家视为单一行为体，或集中于在跨国领域规范的兴起与传播，却忽视了规范与行为体在一国国内是如何互动的这一关键问题。[②] 规范在国内进程中得到或失去影响力对于规范本身的演化发展具有至关重要的作用，是跨国传播的动力与源泉。如果能够开启国家这个黑匣子，有助于解释国际规范与国内政治在规范传播过程中的互动进程。

由于建构主义学者坚持“好规范的偏好（nice norm bias）”，[③] 因此，在关于规范演化的文献中既不探讨规范的衰落，更未涉及规范的消亡，而是把规范的形成与传播视为通向更文明世界的不可逆转的历史进化进程的一部分。由此形成了上述建构主义学者的文献关注的都是西方主导的“好规范”的兴起、传播与内化，如民主、人权与自由贸易、文官治军等，认为规范的进化发展理所当然。而对于规范退化问题不是避而不谈就是一笔带过，从而使规范演化研究成为一个只进不退、只扩散不衰落、只产生不消亡的有趣的假命题。

规范进化研究的终点正是规范退化研究的起点。正如莱德·麦克劳恩（Ryder Mckeown）所说：“我的研究从他们的终点展开。”[④] 关于规范的退化问题，在美国学界已经引起了越来越多学者的关注

---

① Martha Finnemore and Kathryn Sikkink，“International Norm Dynamics and Political Change，” International Organization，Vol. 52，No. 4，1998，pp. 887－917.

② 芬尼莫尔：规范的“生命周期理论”、切克尔：“文化匹配与国际规范传播”、阿查亚：“地区规范与国际规范传播等都是从规范传播”的跨国视角进行研究。

③ Ryder Mckeown，“Norm Regress：Revisionism and the Slow Death of the Torture Norm”，International Relations，Vol. 23，No. 1，2009，p. 7.

④ Ibid，2009，p. 11.

与研究。其中主要的研究成果包括：莫尼克·比德尔（Monique Beadle）在《酷刑在美国的滥用》一文中，指出了美国作为一个人权国家背后对于囚犯的滥用酷刑问题，认为这一问题将严重动摇民主规范在美国的根基。在此基础上，马修·伊凡杰利斯塔（Matthew A. Evangelista）在《美国将改变国际人权规范》一文中也认为，在国际领域，美国的行为将导致其他国家的效仿，从而从根本上逆转某些国际规范的发展。在综合了上述学者的研究成果之后，莱德·麦克劳恩（Ryder Mckeown）于2009年在《国际关系》（International Relations）上撰文正式提出了规范退化的理论概念与理论模型的雏形。规范的逆向演化（即规范退化过程），如表2—2所示，分为：已内化的规范、对规范提出挑战、挑战规范的蔓延、规范消亡四个阶段。并且与规范的正向演化研究一一对应。

表2—2　规范演化的理论模型

规范正向演化	规范逆向演化
1. 零规范	1. 已内化的规范
2. 规范提出	2. 对规范提出挑战
3. 规范发展	3. 挑战规范的蔓延
4. 规范内化	4. 规范消亡

规范内化的非恒久性使得规范退化成为可能。马莎·芬尼莫尔和凯瑟琳·斯金克的“规范生命周期”是一个螺旋上升的进化模型，通过对话、说服、制度化及习惯化四个递进的步骤最终导致规范内化。但“规范生命周期”的理论是单向、线性的理论，一旦规范发展到内化阶段则演变为静止的理论，即规范内化的结果是固定的，一旦被内化，就不可能再逆向演化。但规范作为一种人为构建的机制，由于认知个体的差异使得规范内化必然具有天然的非恒久性。因此，可能也会出现现行规范被挑战以及规范消亡的趋势。必须指出的是，在规范的进化与退化的过程中，语言起到了关键性的作用。

例如：规范的挑战者能够通过发表演讲、公布报告、制定相关法律等语言方式拉开规范退化的序幕。

语言是国际关系中的一个重要因素，它可以建构意义与社会现实。在语言的使用过程中，语境（context）框定了行为体的交流意图。从宏观角度看，语言可以通过叙述框定话语的主要内容与话语主体，使之产生关联而形成一个意义体系；从微观角度看，语言在词汇层次可以命名、定义，建构游戏规则。[①] 行为体可以选择不同的言语行为来塑造言语对象的观点，语言既具有行事功能[②]，又能建构社会现实。正如路德维希·维特根斯坦所言，语言不仅反映现实，更重要的是，语言其本身就是一种实践，能把所说的内容建构为一种社会存在。[③] 任何社会意义只有行为体针对其进行交流才能存在，语言是“现实”的源泉。[④]

从挑战规范到规范退化的完成分为三个阶段，而这三个阶段的演化都与语言密不可分。第一阶段，修正主义者利用语言力对规范发起挑战：修正主义者通过发表演讲、声明等语言形式挑战现行规范，而这一过程必然伴随其合法化进程，只有上升为法规或政策，才能对规范造成根本性挑战。第二阶段，修正主义者与规范捍卫者的语言战，这一阶段分为内部进程与外部进程。1. 内部进程，即修正主义者与其追随者（非政府行为体）与规范捍卫者的斗争，这也是竞争最激烈的阶段。双方以语言的形式进行，双方的战场既有

① 孙吉胜：“国际关系中语言与意义的建构——伊拉克战争解析”，《世界经济与政治》，2009 年第 5 期，第 45 页。

② 言语行为理论，即认为“言即行”。奥斯汀认为一个完整的言语行为由三种行为组成：说话行为、施事行为和取效行为。说话行为就是说出合乎语言习惯的有意义的话语，施事行为就是在特定的语境中赋予有意义的话语一种言语行为力量或称语言力，取效行为就是说话行为或施事行为在听者身上所产生的某种效果。奥斯汀还把说话行为进一步区分为三种行为：发声行为、发音行为和表意行为。

③ Janice Bially Mattern, Ordering of International Politics: Identity, Crisis, and Representational Force, New York: Routledge, 2005, p. 92.

④ Ryder Mckeown, “Norm Regress: Revisionism and the Slow Death of the Torture Norm”, International Relations, Vol. 23, No. 1, 2009, p. 12.

政府机关如国会法院的话语交锋，又有公众媒体间的唇枪舌剑。他们争夺的结果不只是政策制定的方向偏向于哪一方，更是对其他受众（并不热衷于参与这场语言战的大众）立场倾向的争夺。在这一过程中，即使规范的捍卫者最终赢得胜利，但只要对规范的挑战一经开始，规范本身的存在基础也会受到侵蚀。2. 外部进程，如果规范的挑战者掌握了话语权，而其他国家的领导人相继模仿来挑战这一规范，这一规范在国际领域的合法性将遭到质疑。在这一进程中，由于大国或原规范倡导国的威望较高，其挑战规范的行为就更易被其他国家接受并效仿，如美国挑战反虐囚规范的行为就比其他国家挑战同类规范的行为更易给其他国家造成负面影响，面临这一形势，如果大多数国家反对挑战规范这一行为，濒临死亡的规范将得到拯救，反之，则进入了规范退化的最后一个阶段——规范消亡。这一阶段也可分为两个进程：个人阶段与公共阶段，前者是后者的基础，后者又影响前者。反酷刑的规范是关于人权领域的最强有力的规范，在美国国内，曾一度被视为永恒的规范，并且为了象征美国的国家民主，反酷刑规范在美国曾一度深入人心，历届国家首脑都致力于该规范在国际领域的传播与发展。但在布什政府时期，该规范却日益陷入合法性危机，在美国国内及国际的影响力日益削弱。规范的退化过程分为以下三个阶段。

首先，提出对规范的挑战阶段。一方面，布什政府不断地通过使用不同的语言，塑造了它的敌人与美国自身所代表的截然不同的身份与形象。正如杰拉德·格雷（Gerald Gray）所言，布什政府称呼他的敌人为“邪恶的人、野蛮的人”。在此引导下，副总统切尼也声称美国的战争是“一场针对邪恶势力的战斗”。[①] 而与之相对应的是，布什政府认为美国代表世界的纯粹与美好，“我们的使命是必须战斗，

① Gerald Gray，“Psychology and U. S. psychologists in torture and war in the Middle East”，Torture，Vol. 16，No. 2，2006. p. 128.

为了永久的和平，为了世界民主的人民而战斗”。[①] 另一方面，布什政府使用语言将敌人的威胁描述成无所不在，在国内造就了对敌人极强的恐惧感，为了捍卫美国与人类和平，必须“以牙还牙”，对敌人施加惩罚。切尼曾说过：“对恐怖主义者，任何惩罚都不为过。”[②] 在此背景下，布什总统甚至多次发言支持 CIA 的审讯。换言之，只要将囚犯或战俘界定为恐怖主义者，界定为敌人，那么对于他施加酷刑就是可以接受的。很显然，布什政府通过语言力将自身与敌人塑造成了“美好”与“邪恶”两种截然不同的形象的代表，从而对反酷刑的规范造成了强有力的挑战。

其次，挑战规范的蔓延阶段。在布什总统的领导下，司法部着手更改塔利班囚犯的地位并缩小酷刑规定的范围。2002 年 1 月 9 日，司法部的法律顾问办公室界定塔利班的囚犯为“非法的敌对战斗者”，日内瓦协议规定的禁止残酷、羞辱或折磨战士与平民的条款并不适用于塔利班囚犯。[③] 正如莫尼克·比德尔（Monique Beadle）所言，这一界定使得塔利班囚犯既不受日内瓦协议保护，也不受其他现存法律的保护。与此同时，司法部的法律顾问办公室致力于弱化酷刑的定义。2002 年 8 月的会议记录显示，酷刑的条款定义为：身体上的酷刑必须达到极端的身体伤害，必须造成器官受损、身体功能衰竭、甚至死亡；心理上的酷刑造成的伤害必须是长期的伤害，持续好几个月甚至数年。[④] 因此，未达到这一界定范围的行为都不称为酷刑，例如：美国虐囚事件中出现的将囚犯长期浸泡于水箱中，让囚犯趴在水箱里使其相信即将溺水；

---

① Ryder Mckeown, “Norm Regress: Revisionism and the Slow Death of the Torture Norm”, International Relations, Vol. 23, No. 1, 2009, p. 12.

② Gerald Gray, “Psychology and U. S. psychologists in torture and war in the Middle East”, Torture, Vol. 16, No. 2, 2006. p. 129.

③ Monique Beadle, “Torture, Arbitrary Detention, and other major human rights abuses by the United States”, February 2006, p. 8.

④ Matthew A. Evangelista, “The Power of Precedent: Will American Practice Change the Norms of international Humanitarian Law?”, Vol. 6, p. 18.

或长期的罚站，头顶重物强迫直立超过8个小时甚至10个小时等一系列行为，由于未达到所谓的“酷刑”标准，所以施加酷刑者不仅不会获罪，反而成为打倒敌人拯救国家的英雄。尽管这一过程中，国内仍有规范的捍卫者与之斗争，如：国会议员约翰·麦凯恩就极力推进制定法律限定在拘禁审讯中施以暴力，但是强大的挑战者仍然击败了规范的捍卫者。通过一系列法律上的调整，反酷刑规范遭遇了法理上的危机，虐囚行为越来越多。

第三，规范的退化（或终结）阶段。反酷刑的规范在美国仍然经历着合法性的危机，从公众的调查中可以清楚的得知。2004年《华盛顿邮报》的调查显示，35%的美国人接受在某种情况下对囚犯施加酷刑。① 2005年12月相关媒体的调查显示这一比例上升为60%，尽管前提是在极少数的情形下。② 2007年的军事调查显示，超过1/3的士兵将选择在审讯中施加酷刑来拯救同伴。③ 规范的倡导国内部的规范遭遇合法性危机势必危及该国在国际上的号召力，以及这一规范在全球的影响力，美国的虐囚丑闻造成世界其他国家地区仿效，从而虐囚事件相继频发就说明了规范退化带来的严重后果。

四、对建构主义最新进展的评价

建构主义规范研究的意义十分重大。规范演化不仅是一个重要的国际关系理论的研究课题，而且对于中国外交而言，规范的演化也是一个重要的外交议题。一方面，中国需要认真考虑如何应对当前国际规范的扩散过程。自1978年以来，中国签署了越来越多的国

---

① Matthew A. Evangelista, “The Power of Precedent: Will American Practice Change the Norms of international Humanitarian Law?”, Crossroads Vol. 6, p. 16.

② Gerald Gray, “Psychology and U. S. psychologists in torture and war in the Middle East”, TORTURE, Vol. 16, No. 2, 2006, p. 129.

③ Ryder Mckeown, “Norm Regress: Revisionism and the Slow Death of the Torture Norm”, International Relations, Vol. 23, No. 1, 2009, p. 18.

际条约，面临着大量涉及军备控制、环境、人权、海洋权益等等领域的国际规范压力。“与国际接轨”、“按照国际惯例办事”成为20世纪90年代最为流行的话语，“国际责任”、“多边主义”等词汇和话语频繁出现，都显示了国际规范在中国国内所获得的舆论支持。中国正处于一个不断融入国际社会的阶段，对国际规范的认同程度也在不断提高，如何确保制度化或非正式的国际规范不与中国国内基本观念相冲突，如何在国际规范扩散的潮流中确保中国的国家利益，以及化解国际规范演化过程中对中国国内变迁造成的巨大压力等，都成为现阶段维护中国国家利益、搞好中国外交工作的重大课题。

另一方面，在把握国际规范演化研究的基础上，中国如何积极地将本国的政治理念与价值观念贯彻到国际规范中去，并推动相应规范的发展。作为一个有着世界影响力的发展中大国，中国的国际影响力日益上升，但目前还主要集中在经济方面，随着全球化进程的加快与中国融入全球政治经济体系程度的加深，中国必然面临如何在规范领域与世界打交道的问题。能否倡导形成一些带有中国特色的国际规范，并推动这些国际规范被世界其他国家所接受，这是加强中国软实力建设的一个重要任务。近十几年来，中国已经开始了这方面的努力，积极主动地在国际社会倡导形成一些新的国际规范，如“构建和谐世界”、“走和平发展道路”、“新安全观”等，但我们还必须看到，中国在这方面的努力才刚刚起步，现在问题的关键是中国提出的这些理念能不能被其他国际行为体所接受，也就是这些规范能不能在国际社会扩散，而这亟须中国外交的实践者和研究者的共同努力。

规范演化研究从研究视角上逐步深入。规范进化的理论设计主要集中在国际层面与国家层面，在国际体系层次上，国际组织作为国际体系的表现形式主动通过社会化过程将国际规范传授给各个国家，从而形成国际规范的扩散。随着对体系层次研究的批评不断深入，规范的研究逐渐回落到了地区层次与国家层次。强调地区文化与国家文化因素，但仍把国家作为一个黑匣子的整体，直到从规范进化研究发展到规范退化的研究阶段，学者们开始注重国家内部的派别与语言力的作用。在国家内部，规范的挑战者与规范的捍卫者之间进行的是一场语言的战役。从麦克劳恩的规范退化理论中可以明显意识到借鉴后建构主义与后结构主义的研究成果。行为体通过语言建构身份。以马特恩为代表的后建构主义学者以语言、身份、国际秩序研究为理论核心。社会语言建构行为体身份就是其核心理论命题，而身份又是国际秩序发展的源泉。后建构主义认为语言能建构身份，这是语言力的体现。语言可以通过叙述而产生身份压迫。① 就如同物质力量决定国际体系结构一样，语言同样造就语言结构（或语境），从而建构行为体的自我认同。以米利肯与汉森为代表的后结构主义认为，语言具有完全的本体意义。后结构主义强调语言本身的行事性功能使得语言得以独立于行为体的意图，建构身份并造就行为体的行为。② 只有通过语言的建构，一切行为体才具有身份与意义。语言、身份与对外政策之间是相互建构的关系。语言本身就是一种社会政治实践，语言建构身份，身份又通过对外政策的表象不断被建构。③

规范的演化研究对构建理论框架也具有重要启示。规范退化的理论模型源于规范退化的经验事实，其实质是规范演化模型的一部分。作为一个完整的规范演化模型其实应该包括规范进化模型及规范退化模型，规范退化的理论模型弥补了规范进化模型的不足。对于学术研究而言，通常关注到的经验事实只是源于事物

① Janice Bially Mattern，Ordering of International Politics：Identity，Crisis，and Representational Force，p. 22.

② Francois Debrix，“Language，Nonfoundationalism，International Relations，” in FrancoisDebrix，ed，Language，Agency，and Politics in a Constructed World，Armonk and London：M. E. Sharpe，2003，p. 12.

③ 孙吉胜：《语言、意义与国际政治——伊拉克战争解析》，上海人民大学出版社2009年版，第17页。

发展的某一阶段或某一方面，且某些学者带有固有的偏好，只选择观察部分有利的经验事实，其理论模型自然也难以做到客观、完整。麦克劳恩的规范退化理论就是将规范进化论研究者的终点作为自身研究的起点，以逆向思维提出了自身独立于其他学者的理论模型，这无疑具有重大的启发意义。

但笔者认为规范演化理论还存在几点不足。首先，关于规范进化、退化的概念界定问题。在麦克劳恩的规范退化理论中，规范退化的概念界定并不明晰。麦克劳恩自己也承认，有两种规范进化、退化的界定。[①] 第一种是民主或野蛮的区分，以道德与民主的评价为标准；另一种是规范从无到有或从有到无，即规范演化的正向化与逆向化过程。无疑，前一种关于规范是否进化、退化的界定将引起较大的争议，对于是否民主、是否道德在国际关系领域内向来有多重标准。第二种解释较易于该理论的推广，本书上述分析的规范进化、退化的概念即坚持第二种界定。

其次，规范演化过程中的身份转化问题。规范进化理论认为，规范的学习者能转化为规范的维护者，他们通过习得，最终成为规范的坚定拥护者。规范退化理论认为，规范的倡导者也能成为规范的挑战者，他们通过语言的作用挑战现行规范，通过国内、国际过程与规范捍卫者的语言战之后，最终达到规范终结的目标。但是规范的学习者为何转化为规范的维护者或者规范的倡导者为何转变为规范的挑战者？这一身份转变的动力源泉是什么规范演化理论并未交待清楚。

第三，理论抽象化程度相对较低。规范演化理论的理论陈述更多是归纳式的话语，理论抽象化度较低，这可能由于建构主义学者的社会学视角分析有关。当然，理论的优劣并不能完全以抽象化程度来判定。从这一标准来看，规范演化理论还需要经过更多的经验

① Ryder Mckeown，“Norm Regress：Revisionism and the Slow Death of the Torture Norm”，International Relations，Vol. 23，No. 1，2009，p. 20.

事实来加以验证，并且能够将主流理论探讨的理论变量更多地融入理论的完善过程中，这样才能具有更大的发展余地。笔者尝试将规范退化理论的模型补充如下：

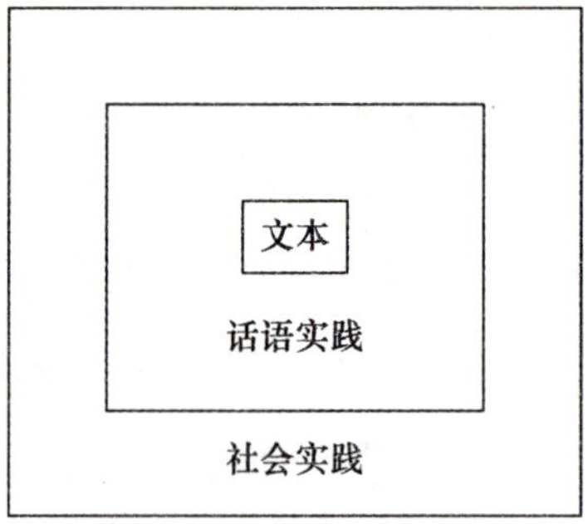

图 2—2　话语的三维概念图

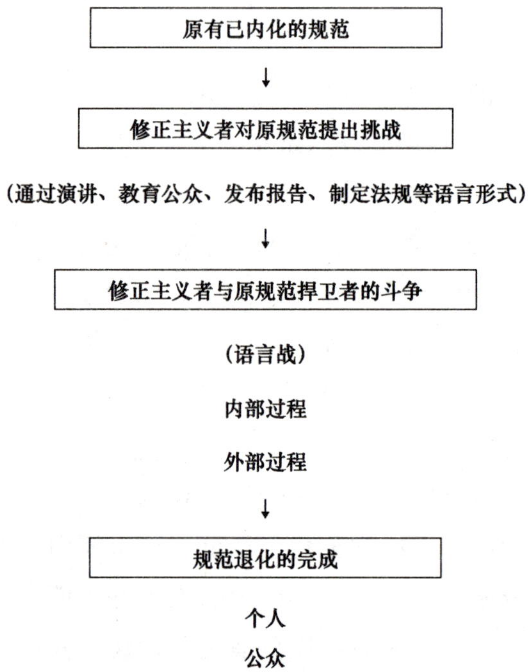

图 2—3　规范退化的理论模型

如图 2—2 所示，此处的文本是指话语实践得以体现的语言形式（如语法、词汇等）。其中，话语实践是社会实践的一种特定形式，某些情况下，社会实践可以完全由话语实践构成；其他情况下，话语实践作为组成部分，与非话语实践共同组成社会实践。在三个向度中，话语实践成为关注中心，这主要是因为话语实践的功能：它有助于再造社会本身（社会规范、社会关系、知识体系和信仰体系），它也有助于改变社会（如：社会成员的规范以及他们之间的关系）。

如图 2—3 所示，规范退化是否成功取决于规范退化过程的中间两个阶段的发展趋势，即对规范提出挑战与挑战规范的蔓延。如果规范的挑战者是掌握政治经济特权的当权者，则更易获得内部社会各界的追随与效仿，也更易谋求外部势力的默认与支持，而在这一过程中，规范的挑战者将通过发表声明与讲话等有声语言形式，并通过发布报告和文集等无声话语形式对规范的捍卫者发起挑战。双方之间的较量无疑演化成一场语言战，语言在其中无疑起到至关重要的作用。在语言战阶段，内部过程与外部过程紧密相关，在内部过程中获得优胜地位有助于其行为获得外部行为体的认可，而外部行为体的态度也影响内部过程中语言争夺战的结果。规范演化在这些过程中是动态的，每一步的进或逆都时刻处于转变之中。

第三章

国际关系的认知理论与恐怖主义规范研究

从核武器、国际贸易到人道主义危机，这些各国领导人不得不处理的复杂问题往往能够激发起公众的强烈情绪。尽管关于上述问题的新闻报道通常充斥着愤怒、痛苦、哀痛或者恐慌等非理性因素，然而，在国际关系的学术圈中，学者们仍然缺乏合理的研究工具来研究它们。至于国际关系理论，无论是将人类视为“编程计算器式”的理性主义理论，还是主要关注规范与话语的建构主义理论，都习惯性地忽略了人类的情绪因素。

尽管越来越多的英美国际关系学者已经开始关注这些非理性因素，但就分析认知或者解读情绪现象而言，目前仍然缺乏统一的研究方法。近期研究已经取得了某些引人瞩目的研究成果，例如：有研究试图揭示“愤怒”与“羞耻”在巴以冲突中发挥的作用；[①] 也有学者分析了“9·11”事件引发的“道德愤慨”、“同情”与“心灵创伤（trauma）”；[②]

---

① Oded Löwenheim and Gadi Heimann, “Revenge in International Politics,” Security Studies, Vol. 17, No. 4, October 2008, pp. 685—724.

② P. Liberman, “An Eye for an Eye: Public Support for War against Evildoers,” International Organization, Vol. 60, No. 3, 2006, pp. 687—722; Todd Hall, “Sympathetic States: Responses to 9/11,” Working Paper, 2010; J. Edkins, “Forget Trauma? Responses to September 11,” International Relations, Vol. 16, No. 2, 2002, pp. 243—256.

还有学者研究了“荣誉”与“民族自豪感”在一战中发挥了怎样的影响，[①] 以及考察“恐慌”在诸如核扩散[②]与种族冲突[③]等复杂国际问题中所起的作用。此外，学者们对情感信念（emotional beliefs）与道德辩论的“情感”维度也进行了重要的理论研究。[④]

要知道，人类不仅在观察世界，而且在感受世界、认知世界。尽管上述研究成果确实鼓舞人心。但显而易见的是，在国际关系中，上述研究尚未发展成为一项完整的研究议程。学者们倾向于从不同层次的分析视角来研究及界定，并检验经验上它们究竟在何时何地发挥何种作用。下面我们就以下述理论为起点分析非理性因素在国际关系中的作用。

一、从“一报还一报”到身份认知

当前中外学者的文献，主要从两个维度分析中美之间的合作模式及合作动因。1. 共同利益层面；2. 霸权国主导层面。

（一）中美合作的不同维度分析

首先，理性主义认为，利益选择是中美合作的根本动力。中外

---

① Richard Ned Lebow, A Cultural Theory of International Relations, New York: Cambridge University Press, 2008; Andrew A. G. Ross and Todd Hall, “Grasping the Elephant: Emotions, the Great War, and International Relations,” in International Studies Association Conference, New Orleans, 2010.

② Jacques E. Hymans, The Psychology of Nuclear Proliferation, New York: Cambridge University Press, 2006.

③ R. D. Petersen, Understanding Ethnic Violence: Fear, Hatred, and Resentment in Twentieth-Century Eastern Europe, New York: Cambridge University Press, 2002.

④ Neta Crawford, “The Passion of World Politics,” International Security, Vol. 24, No. 4, 2000, pp. 116—156; Jonathan Mercer, “Rationality and Psychology in International Politics,” International Organization, Vol. 59, No. 1, 2005, pp. 77—106; Jonathan Mercer, “Emotional Beliefs,” International Organization, Vol. 64, No. 1, 2010, pp. 1—31.

许多著名学者也坚持这一观点。如陶文钊认为："30 年来，中美关系走过了不平坦的道路，但总的趋势是向前发展的。其根本原因就是两国之间的共同利益在不断拓展和深化。"[①] 门洪华认为："寻求和扩大与美共同利益也正成为中国的战略趋向，应以强化和扩大共同利益作为中美关系的基点和中国对美战略的一个指导性原则。"[②]

共同利益不足以解释中美合作的发展模式。中美间共同利益一直存在，中美的合作却时断时续，中美关系的历程充满着合作与冲突的曲折发展。20 世纪 40 年代（二战期间）中美合作的共同利益在于共同抵抗日本。20 世纪七八十年代中美合作的共同利益在于共同对抗苏联。改革开放以后，中美合作的共同利益在于中美经济领域的相互依存。"9·11"之后，中美合作的共同利益在于反恐和非传统安全领域的合作。2007 年金融危机爆发并蔓延全球之后，中美合作的共同利益在于共同应对全球金融危机，稳定全球金融市场。

通过综合分析中美关系的不同阶段，从共同抗日——共同抗苏——经济相互依赖——合作反恐——应对全球金融危机。得知中美间一直存在共同利益，只是共同利益的内容侧重随着不同时期的演变产生了不同的变化。但中美关系为何时而倾向于合作与对话，时而倾向于冲突与分歧？中美之间共同利益一直存在，中美关系却为何波澜变换？因此，共同利益不足以根本解释中美之间的合作模式。

其次，根据"霸权下合作"的观点，西方学者，尤其是美国学者认为霸权主导才是中美合作的根本源泉与形式。在美国霸权主导下的美日合作、美中合作、美俄合作、美欧合作，是当前主要大国合作的基本形式。而这一切合作形式得以正常运行的前提是基于美

---

① 陶文钊："牢牢把握中美两国的共同利益——纪念中美关系正常化 30 周年"，载《世界经济与政治》，2008 年第 11 期，第 73 页。

② 门洪华："扩大共同利益进一步稳定中美关系"，载《现代国际关系》，2007 年第 6 期，第 24 页。

国的霸权与美国提供的国际公共产品。[①] 这些学者倾向认为：霸权国提供国际公共产品是国际合作得以实现的前提，也是国际体系得以稳定的基础。国际公共产品的内容大致划分四个方面：1. 国际自由贸易体系：能够提供国际商品自由流通，低关税或者零关税，以及能使国际贸易投资和各种国际生产要素自由流动，运输交通的自由化（公海的自由航行），度量衡的国际统一标准。2. 稳定与开放的国际金融体系：能够提供国际的清偿能力，即能够有足够的国际储备资本；国际货币之间的自由兑换以及国际资本的有序流动；能够有很好的国际收支调节方式。3. 在国际安全领域，能够既保证稳定而且和平的秩序，这里我们需要注意的是国际安全公共产品不仅仅是一种稳定的消极状态，而是包含国际社会的公平和正义的一种和平机制：能够协调各国安全，对冲突的处理和调停机制。4. 非传统安全的公共产品供给。

通过综合分析各阶段中美关系之间的合作模式，不难得出：第一，"霸权下的合作"忽略了历史史实及双方实力的对比演变过程。美国霸权在冷战不同时期的地位无疑是不同的。中美 20 世纪 70 年代的合作，当时处于两极体系中苏攻美守，霸权中心向苏联倾斜。但是正是这样的国际背景，促使了中美合作的深化。这一史实与美国学者提出的"霸权下的合作"的分析模式，以及美国霸权是美中合作的根本原因的观点相悖。第二，合作是多层面的，并不局限于安全或实力对比领域。美国在全球政治、军事领域的霸主地位毋庸置疑。但在经济领域、甚至非传统安全领域，我们却可以看到一个多强并立的多维度画面。而合作的问题领域特征决定了并不是美国在每一领域都占据霸主地位。因此，"霸权下的合作"模式，即美国霸权因素并不足以解释或分析中美合作的全局。

综上，上述两种层面皆存在一定程度的片面性与解释不足性。

---

① David M. Lampton，Same bed，different dreams：managing U. S. -China relations，1989—2000，California：University of California Press，2002，pp. 3—8.

第一种共同利益层面，忽略了中美间共同利益一直存在，但中美关系却时而合作，时而冲突。第二种霸权主导合作层面，忽略了中美关系的历史史实及新时代中美关系的多层次与综合性特点。因此，研究中美合作，迫切需要发现其他的解释途径或模式。何种动因或何种模式导致了中美合作的展开与发展值得人研究。

（二）“一报还一报”

“一报还一报”是《合作的进化》一书中的核心概念。阿克塞尔罗德提出，“一报还一报”（TIT FOR TAT）是一个非常简单的程序。它不过是一个以合作开始，随后只模仿对方上一步选择的策略而已。“一报还一报”意味着在对方每次背叛之后己方就背叛一次。但一旦对方选择合作，己方也立即选择合作。① 通过“一报还一报”，不断推动双方合作的深化发展。阿克塞尔罗德认为，是“一报还一报”策略本身促进了合作的进化。这一策略简洁明晰，具有善良性、宽容性、可激怒性与策略性。②

首先，在“一报还一报”中，个体理性不是必须的，即使在对策者不知道为什么或怎么做时，进化过程也能使成功的策略发展起来。其次，也不需要对策者之间的相互信任，回报的使用足够使背叛得不到好处。这里利他主义也不需要，成功的策略甚至能从自私者那儿引出合作。最后，不需要中央权威，基于回报的合作能够实现自我控制。③ 这样就提出了即使不具备现实主义、新自由制度主义及建构主义为合作所设置的种种纷繁复杂的前提条件，合作仍然得以产生并能够进化。受《合作的进化》一书的启发，笔者尝试用“一报还一报”分析中美合作的发展历程。

---

① ［美］罗伯特·阿克塞尔罗德著，吴坚忠译，《合作的进化》，上海世纪出版集团，2007 年 8 月，第 13 页。

② 同上书，第 1 页。

③ 同上书，第 121 页。

中美合作陷入僵局阶段（1949—1969）。用“一报还一报”（TIT FOR TAT）策略解释，这一时期两国关系的明显特征就是在对方每次背叛之后，己方也报复一次。标志事件：抗日战争胜利（双方合作）—美国扶植蒋介石打击中共（美国背叛）—中国“一边倒”向苏联并抗美援朝（中国报复）。新中国成立后直到20世纪60年代末的20年中，中美关系基本上是以对峙、隔绝为基本特征的。中美之间的对立，既是两极国际格局下不同意识形态、社会制度的对抗，又是两个国家长期以来外交关系下的敌意、积怨造成的矛盾。这段时期，中美对峙的主要标志就是朝鲜战争中直接的军事较量，同时台湾问题开始成为影响中美关系的主要障碍，并引发了两次台海危机。虽然双方在外交上有所接触，但并未取得实质性结果。

中美合作蓬勃发展阶段（1969—1992）。根据“一报还一报”（TIT FOR TAT）策略，这一时期的显著特点就是对方一旦选择合作，己方也立即选择合作而不是选择趁机背叛的模式，从而推动双方合作的扩展与深化。[①] 标志事件：基辛格访华（美国放出合作信号）——“上海公报”及中国主动推动改革开放（中国合作）——中美双方经济贸易额不断上升（双方合作不断深化）。[②] 在战胜了旧日积怨，经过一系列公开或者秘密的外交行动后，中美两国在1979年正式建立了外交关系，中美关系实现了正常化。改革开放后，中美两国已形成互补共赢和密不可分的经济关系。美国前国务卿鲍威尔认为，两国“经济在很多方面是互补的”。现在美国是中国第二大贸易伙伴，中国是美国第三大贸易伙伴是美国第五大、并且增长最快的出口市场。

冷战后中美合作曲折发展阶段（1992——）。根据“一报还一报”（TIT FOR TAT）模式，对方背叛己方一次，己方也立即背叛一

---

① ［美］罗伯特·阿克塞尔罗德著，吴坚忠译，《合作的进化》，上海世纪出版集团，2007年8月，第14页。

② 萨本望：“中美关系回顾与展望——纪念中美建交25周年”，《和平与发展》，2004年第2期，第1页。

次，对方一旦采取合作，己方也立即采取合作。冷战后中美关系就进入了这样一个“一报还一报”的模式：美国背叛合作—中国予以报复—美国回归合作—中国也立即回归合作—双方合作不断深化的发展进程。标志事件：美国对中国的经济制裁（美国背叛合作）—中国宣布断绝与美国高层互访（中国报复）—美国解除制裁（美国发出回归合作信号）—中国与美国建立“中美战略协作伙伴关系”①（中国也立即回归合作并推动合作深化）。展望未来，中美合作的发展绝不会一帆风顺，但是这种良性发展的势头预期仍将持续下去。中美之间的合作模式正是基于上述“一报还一报”程序的具体体现。综观中美关系的历史发展进程可以得知其与“一报还一报”策略的高度契合。

（三）“一报还一报”的公式推导

从公式推导“一报还一报”的收益是否高于“总是背叛”及“交替使用背叛与合作”。假设前提：双方收益相当，共同合作双方受益都为3；单方合作，合作者得0，搭便车者得5；双方都不愿付出成本，都得1。

表3—1　中美“一报还一报”的模型

美国

	合作	背叛
合作	R=3，R=3	S=0，T=5
背叛	T=5，S=0	P=1，P=1

中国

R：对双方合作的奖励，T：对背叛的诱惑

S：对笨蛋的报酬，　　P：对双方背叛的惩罚

---

① Aaron L. Friedberg, “The Future of U.S.-China Relations: Is Confict Inevitable?”, International security, Vol. 30, 2005, p. 40

w：下一步对于当前的折扣系数（$0<w<1$）

第一，当 w 足够大时，（即 $w>(T-R)/(T-P)$ 且 $w>(T-R)/(T-S)$ 时），“一报还一报”是最优。“一报还一报”最优，即意味着“总是背叛”与“交替使用背叛和合作”的收益都小于“一报还一报”。

1. “总是背叛”与“一报还一报”的比较

$V(AllD/TFT)<V(TFT/TFT)$

$T+wP+w2P+w3P+\cdots<R+wR+w2R+w3R+\cdots$

$T+wP(1+w2+w3+\cdots)<R(1+w2+w3+\cdots)$

$T+wP/(1-w)<R/(1-w)$

$T(1-w)+wP<R$

$T-wT+wP<R$

$T-R<w(T-P)$

$w>(T-R)/(T-P)$

2. “交替使用背叛和合作”与“一报还一报”的比较

$V(AlTDC/TFT)<V(TFT/TFT)$

$T+wS+w^2T+w^3S+w^4T+\cdots<R+wR+w^2R+w3R+\cdots$

$(T+wS)+w^2(T+wS)+w^4(T+wS)+\cdots<R(1+w^2+w^3+\cdots)$

$(T+wS)(1+w^2+w^3+\cdots)<R(1+w^2+w^3+\cdots)$

$(T+wS)(1-w^2)<R/(1-w)$

$(T+wS)<R(1+w)$

$T+wS<R+wR$

$T-R<W(R-S)$

$T-R/(R-S)<w$

$w>(T-R)/(R-S)$

因此，可知，当 w 足够大时，［即 $w>(T-R)/(T-P)$ 且 $w>(T-R)/(T-S)$ 时］，“一报还一报”策略最优。“一报还一报”的收益超越了“总是背叛”与“交替使用背叛和合作”。

必须被对方的第一个背叛所激怒，是“一报还一报”集体稳定的必要条件。假设：“一报还一报”被对方的第一个背叛所激怒。第n—1步的收益，第n步的收益：

(n—1) V (TFT/TFT) +nV (TFT/AllD)

(n—1) R/ (1—w) +n [S+wP/ (1—w)]

(n—1) R/ (1—w) +n [$S+wp+w^2P+w^3P+\cdots$]

假设：“一报还一报”被对方的第二个背叛激怒。

第n—1步的收益，第n步的收益：

(n—1) R/ (1—w) +n [$S+wS+w^2P+w^3P+\cdots$]

而P>S，即对双方背叛惩罚的值大于给背叛报酬的值，因此，“一报还一报”要想集体稳定，必须被对方的第一个背叛所激怒。根据此两项公式推导，得出“一报还一报”策略得以集体稳定的基本条件。

未来合作的预期足够大且合作的收益大于损失。根据阿克塞尔罗德的“一报还一报”(TIT FOR TAT) 模式，未来合作的预期足够大且合作的收益大于损失是合作得以推进的基本条件。[①] 纵观中美关系发展的历史进程，不难得知，每次美国选择背叛通常都是对于中美长期合作的预期较小的时期。建国之初，美国选择不与共产党合作，而选择蒋介石，在于美国认为国民党必然会战胜共产党，与国民党有着合作的长期利益。苏联解体后，美国背叛合作，选择制裁中国，在于美国看到苏联被其和平演变垮台后，质疑中国政府也可能会随之政局不稳，甚至难以存在。那就不存在中美长期合作的预期，因此美国选择立即背叛与中国的合作。小布什上台之初，之所以选择不与中国合作并将中国定位于美国的战略竞争者，在于美国认为美中合作将导致中国国力的急剧上升并最终将对美国的霸权地位造成影响，当美国认为长期合作的所失将大于所得时，美国自然

① ［美］罗伯特·阿克塞尔罗德著，吴坚忠译，《合作的进化》，上海世纪出版集团2007年版，第121页。

会背叛合作。[①]

但伴随国际形势的发展和中国国际影响力的稳步上升，中美长期合作的预期仍大于冲突的预期。2009 年以来，尽管白宫易主带来了一些不确定因素，但美国对华政策的大框架没有变，预计中美合作仍将在曲折中继续深化发展。[②] 当对方一旦选择背叛，己方拥有立即选择背叛的能力。在无政府的国际社会里，国际法与国际制度并不具有国内法律体系所拥有的强制力，因此合作的推进需要其他能力的保证。根据阿克塞尔罗德的“一报还一报”（TIT FOR TAT）模式，只要对方选择背叛，己方也有能力立即选择背叛，这也是合作的基本条件。[③] 这在一定程度上可以理解为一种能够促使对方回归合作局面的威慑力。

当前中美关系的发展，呈现出异常复杂、十分活跃的态势。[④] 中国在对美关系中，既要坚持合作大于冲突，又要在维护国家核心利益问题上同美国作坚决的斗争。即中国应继续坚持发展中美关系的五项指导方针：1. 坚持用战略眼光和长远观点来审视和处理中美关系，牢牢把握两国关系的大局；2. 积极寻求共同利益的汇合点，既要考虑自身利益，也要考虑对方的利益；3. 恪守中美三个联合公报，这是发展关系的基础；4. 本着相互尊重、平等协商、求同存异的精神，正确处理两国间的分歧；5. 妥善处理台湾问题。[⑤] 拥有斗争的能力和被对方激怒后采取强硬措施的实力不但不会阻碍合作，反而是

---

① M. Taylor Fravel，“Power Shifts and Escalation：Explaining China's Use of Force in Territorial Disputes”. International Security，Vol. 32，2008，p. 82.

② 陈东晓：“复杂性与中美关系结构的新变化”，载《美国研究》，2006 年第 2 期，第 41 页。

③ [美] 罗伯特·阿克塞尔罗德著，吴坚忠译：《合作的进化》，上海世纪出版集团，2007 年 8 月，第 43 页。

④ 袁鹏：“中美关系：新变化与新挑战”，《现代国际关系》，2006 年第 5 期，第 29 页。

⑤ Robert S. Ross，“Navigating the Taiwan Strait：Deterrence，Escalation Dominance，and U. S. —China Relations”，International security，Vol. 27，2002，p. 48.

推动合作的有力保障。中美合作的不断深化与推动，一定程度上与中国所采取的谈判策略及朝鲜战争、越南战争展现的威慑力有着紧密的联系。①

二、身份认知与不对称冲突

不对称是国际关系的常态。不同的理论流派对在不对称的状态下，双方为何爆发冲突这一问题提供了不同的解释路径，但对不对称冲突爆发的具体时机、冲突的具体形式与强度等细化的因素缺乏相应的研究。笔者认为，在不对称状态下，行为体对于身份的认知大体可以分为两类：一类是行为体对于身份的认知大体上符合行为体的真实身份，此种情况下，行为体之间难以爆发冲突，如美国与墨西哥、美国与加拿大，这不是本书的研究领域；另一类是行为体对于身份的认知发生错误，这就导致了双方陷入不必要的冲突的困境之中，如中越战争中的越南、伊拉克战争中的美国。②

国际关系的结构是不对称的，国家的相对实力总是存在差异，不对称是国家间关系的常态，也是国际关系矩阵的一个共同特征。③在多数情况下，两国间不对称的权力结构在短期内很难发生改变，实力更强一方很少能将较弱一方完全消灭。④ 追溯起来，“不对称冲突”一词最早出现于爱德华·迈克（Andrew Mack）于 1975 年在

---

① Phillip C. Saunders，“ Bridge over Troubled Water? Envisioning a China－Taiwan Peace Agreement”，International Security，Vol. 33，2009，p. 112.

② 本节部分内容笔者首发于《世界经济与政治》2011 年第 2 期，“身份认知与不对称冲突”一文。

③ Brantly Womack，“Asymmetry and Systemic Misperception：China，Vietnam and Cambodia during the 1970s，” The Journal of Strategic Studies，Vol. 26，No. 2，2003，p. 95.

④ Brantly Womack，China and Vietnam：The Politics of Asymmetry，Cambridge：Cambridge University Press，2006，p. 18.

《世界政治》期刊上发表的论文。[①] 有对称就有不对称，有对称战争就有不对称战争。当对手之间的差异不大，对战争的结局也不产生决定性影响时，这样的战争就称为对称战争。所谓的“势均力敌”、“棋逢对手”、“旗鼓相当”，都是对对称战争的形象描述。当对手之间的差异有可能使一方处于有利地位而另一方处于不利态势时，这种战争就是不对称战争。我们可将不对称冲突具体界定为：实力相差悬殊的行为体之间的跨国武装对抗。[②] 在不对称的权力结构中，什么影响因素导致了双方冲突的爆发与升级？不同的理论流派对此问题提供了不同的解释。

（一）不对称冲突的现有解释路径

结构现实主义认为，冲突在不对称状态下爆发时具有两个基本特征。第一，冲突爆发的根本原因是双方对于利益的争夺。结构现实主义认为，国家是追求利益最大化的行为体，[③] 国家总是关注自身的安全与经济利益，试图实现安全及利益的最大化。因此，如果“他者”损害到“自我”的利益时，双方就会产生矛盾或导致冲突升级。第二，冲突爆发的结局必然是实力强国的胜利。结构现实主义坚持认为大国是国际体系内最重要的行为体，体系结构是以大国来界定的，国际政治的研究对象是大国之间的互动。大国必将依据实力赢得战争的胜利。这一解释途径的不足之处在于为何有些国家在具有共同利益的情况下还会爆发冲突？既然是实力政治的社会，世界上为何还存在如此多的小国？为何有许多强国在控制弱国上会遭受挫折？这就表明，弱国能够抵制甚至打败强国。[④]

对于不对称状态下冲突爆发的问题，认知心理学也做出了相关

---

① Andrew Mack, “Why Big Nations Lose Small Wars: The Politics of Asymmetric Conflict,” World Politics, Vol. 27, No. 2, 1975, p. 15.

② 杨少华：“当代不对称冲突研究”，2008年中国社会科学院博士论文，第2页。

③ Brantly Womack, China and Vietnam: The Politics of Asymmetry, p. 18.

④ Brantly Womack, China and Vietnam: The Politics of Asymmetry, 2006, p. 21.

解释，例如，认知心理学中的弱者心理研究就被广泛地应用到变态心理学[①]（异常心理或病态心理研究）和犯罪心理学中。[②] 弱者心理研究认为：弱者的心理特征能够影响在不对称状态下双方冲突的爆发。由于弱者具有特殊的心理特征，因此，弱者更倾向于强迫性焦虑症状。

弱者心理研究为我们提供了从弱者视角下审视不对称冲突爆发根源的思路，摆脱了结构现实主义惯有的强者逻辑，但是在不对称冲突的思考框架下，弱者心理研究的不足之处有两点：其一，在传统弱者心理学的研究框架中，大部分研究都以“弱者心理”作为自变量，以“弱者行为”作为因变量，而对于导致生成弱者心理的原因研究却涉足较少；其二，“弱者心理”这一概念界定得过于模糊，难以进行研究概念的可操作化。

在不对称冲突领域，布兰特利·沃马克提出的（Brantly Womack）“不对等关注”无疑具有启发意义。2001 年，沃马克在《战略研究》上发表的《国家规模如何发挥影响：美国、中国与不对称关系》一文中，首次提出了“不对等关注”这一核心概念，[③] 并且在 2003 年发表的《不对称与系统性错误知觉：以 20 世纪 70 年代中国、越南和柬埔寨为例》中进一步完善了该理论。[④] 沃马克的研究假设是：国家大小导致了不对等关注，而不对等关注又影响了国家行为。如图 3—1 所示，在 A 与 B 的权力结构关系中，A 比 B 的权力大，对

---

① 变态心理学是研究与揭示心理异常现象的发生、发展和变化规律的一门科学，研究病人的异常心理或病态行为的医学心理学分支，又称病理心理学。参见：［英］福鲁德著，李虹等译：《变态心理学》，清华大学出版社，2008 年版。

② 犯罪心理学是一门研究犯人的意志、思想、意图及反应的学科，和犯罪人类学相关连。这一门学科主要深入研究的部分在于有关“是什么导致人犯罪”的问题，但也包含人犯罪后的反应。参见：罗大华：《犯罪心理学》，中国政法大学出版社，2007 年版。

③ Brantly Womack，“How size matters：the United States，China，and Asymmetry,”，Strategic Studies，Vol. 24，No. 4，December 2001，p. 3.

④ Brantly Womack，“Asymmetry and Systemic Misperception：China，Vietnam and Cambodia during the 1970s,” p. 5.

B而言，A的一举一动涉及B的切身利益，因而B更有理由更关注A；而对A而言，B的行为不会动摇A的根本利益，A更关注的是能够影响其切身利益的大国。因此，A忽视了B，而B过分关注A，A的一举一动就让B误解为决定其生死存亡的大事，从而引发B的过激行为并最终导致双方冲突的爆发。沃马克指出由于越南的过度关注，中国的任一行为都易被越南上升为关乎国家领土主权的大问题，这种不对等关注引发了越南的过度反应，与苏联结盟并挑起边界争端，导致了中越双方关系恶化并走向战争。

沃马克关于不对称冲突的理论提出的时间并不长，但其影响力却日趋高涨。这主要基于两方面的原因：其一，该理论的构建有其精妙之处。他的理论将结构现实主义对于权力结构的强调（规模大小）与认知心理学中的因素（不对等关注）巧妙地进行了结合。其二，该理论对构建理论框架的启示，这一理论的经验事实来自于非西方国家的历史（中越关系史），弥补了人们对国际关系理论主要以欧洲经验为研究基础的不足。

与此同时，沃马克的理论却面临着解释力效用不足的问题。沃马克的理论为何对于其他不对称关系的解释力就不及中越关系？中越关系是实力不对等关系，最后也确实导致了弱国的过度反应，但其他的不对称关系为何大多数并未导致弱国的过度反应并爆发成为冲突，美国发动伊拉克战争更像是强者的过度反应所引起的？什么是影响不对称冲突的关键变量？如果不对等关注可以解释冲突的爆发，那还有什么变量可以用来解释冲突爆发的具体形式、时机与强度等细化的因素？正是基于这一思考，笔者在下文中引入了对“身份认知”这一核心变量，认为这才是影响不对称冲突的关键因素。

（二）身份认知与不对称冲突

作为人的能动性的要素之一，心理认知除了包括能够左右行为体理性的强烈情绪波动外，还具有多种形式。安东尼奥·达马西奥

（Antonio Damasio）进一步假定，心理认知是我们理解何为“常规决策”的核心要素，他甚至明确地做出判断：“对于理性（rationality）来说，心理认知是不可缺少的。”[①] 这一判断初听起来是违背常识的，因为许多学者坚持认为，心理认知因素与理性相对立，但一个简单的案例就能证明达马西奥的正确性，他以一位名叫埃利奥特（Elliot）的病人作为临床案例，这位病人的大脑受过创伤，心理认知反应的能力遭到削弱，尽管该病人能很好地进行推理——列出不同的选项，评估不同选项的结果，分析不同选项的影响，但最终仍然无法做出选择。正如达马西奥所说，埃利奥特无法在不同选项上赋予不同的价值，使得他的决策情境全然失效。缺乏心理认知，埃利奥特无法做出任何选择或者展开行动。[②]

由于两国间出现了不对等关注，A 国过分关注，B 国不关注，B 国的任一行为都被 A 国错误地解读为对自身国家安全与领土上的大问题，但这并不足以导致 A 国的过度反应或引起两国的冲突升级，只有当 A 国对于身份出现错误认知时，才会导致了后续的一系列冲突反应与恶性循环。例如：在 20 世纪 80 年代发生的中越关系摩擦，就是越南将自我身份错误认知为“被侵略国”、“被压迫国”，或将中国的身份错误认知为“侵略国”、“压迫国”，从而将双方身份之间的关系错误认知为“敌国关系”（而不是正常国家间关系）的结果。正如在现实生活中，过分敏感者通常过度关注周边的人，但不会与他们发生冲突，如果过度敏感者只是自我反省、自我控制而不是对身份做出错误认知，双方在多数情况下还是能维持和平的，只有当过度敏感者身份认知错误时，才会过度反应并导致双方冲突升级，这就是大多数双边的不对称关系为何能维持和平的根本原因。

---

① Antonio R. Damasio，Descartes' Error：Emotion，Reason，and the Human Brain，New York：G. P. Putnam，1994，p. xiii.

② Antonio R. Damasio，Descartes' Error：Emotion，Reason，and the Human Brain，New York：G. P. Putnam，1994，p. 51.

身份认知：行为体对于身份的认同与感知。身份认知是国际关系的重要概念，也是影响国际行为体行为的一个核心变量。在多数情况下，行为体对于自我与他者身份的认知是符合实际情况的，因此，这些不对称的关系就难以爆发冲突，如美国与加拿大、美国与墨西哥之间，都是双边不对称关系，却并没有爆发冲突。身份认知错误是指行为体对于自我或者他者身份的错误认知，这是影响双方爆发冲突的关键原因。基于不同情感强度的区别，首先，短期的心理认知能够影响长期的心理认知。短期的心理认知长期重复，形成了背景情感。例如，将认知的对象具体化为特定的行为体或者物质。社会学家兰德尔·柯林斯（Randall Collins）认为：短期的情绪能转化为长期的情绪。[①] 中国公众对于日本或美国的认知，是由重要的、激发强烈情绪的事件塑造的，无论是二战中日本对中国的侵略，还是 1999 年美国轰炸中国驻南联盟大使馆，或是 2001 年“中美撞机事件”，上述每一起事件使得中国的短期认知不断累积，从而引发或转化为持久的情感形式，我们称之为长期认知。

其次，反过来说，长期认知也能使行为体倾向于做出特定的短期反应。简而言之，当人们对于某物或者某事感觉强烈时，这些事物就成为了能激发起强烈情绪反应的来源。急性或短期的认知情况与长期的认知背景情感紧密相连，后者是前者的影响因素。通常，急性情绪的程度与行为体之前赋予某项行动或者某一象征物的背景情感是成正比的。因此，尽管短期认知与长期的心理认知有所区别，却也相互联系。

身份怎样影响国际关系？尽管诸多学者致力于这一研究问题，但只是隔靴搔痒，并未触及关键。其中重要的一点就是忽略了行为体对于身份的认知因素，身份影响国际关系，但身份的影响如何发

① R. Collins，Interaction Ritual Chains，Princeton Univ Pr，2004，p. 81. He argues that this consolidation is made possible by symbols. Evocative symbols，in this account，are prolongations of emotional energy from acute responses repeated over time.

挥作用，必须通过国家决策者的认知过程。不管我们采用何种研究方法，使用何种手段来测量身份，都离不开我们对身份的主观认知。因此，最合理的测量身份的方式抑或方法，是将具体方法与特定条件中行为体的实际认知相结合，而不是回避认知因素。

从某种意义上讲，之前的诸多学者习惯性忽视了从认知角度来解读身份也是不足为奇的，因为深入分析决策者的认知过程是一项艰巨的任务。当然，外交文件中决策者的认知过程也是记录得不完整的，最佳期望就是从浩瀚的历史材料中得出一个一般意义上的带普遍性的观点，之前学者们的努力方向是用各种复杂的方法评估身份与行为体行为的关系，这样的努力不是不具有意义，从中可以得出当时整个国际体系的发展形势。但这样的研究方法无疑具有弊端，这些指标并未把握住战前大国身份平衡的各种动态影响因素。尽管基于篇幅，我们不难穷尽所有案例来进行说明，但评价者对身份的认知存在种种差异却是显而易见的事实，这足够证明之所以对于身份理论的分析没有获得结论的关键原因在于测量方法本身的问题，而不是身份作为解释国际关系中的变量缺乏解释力。

在提出研究假设之前，笔者在这里有必要阐述一下研究假设的三个前提假定：前提假定之一，国际行为体是有限理性的行为体。有限理性是指介于完全理性和非完全理性之间的在一定程度下的理性，由于国际环境是复杂多变的，国际行为体对于环境的计算能力与认识能力是有限的，因此，发生不对称冲突的双方，无论是弱者还是强者，都极有可能出现对于身份的错误认知。前提假定之二，国际关系结构是等级制的，并不是无政府状态。[①] 关系结构中的行为体国家的相对实力总是存在差异，不对称是国家间关系的常态，也是国际关系矩阵的一个共同特征。[②] 权力的不对称导致国家间结构呈

① Brantly Womack, "How Size Matter: The United States, China and Asymmetry," p. 126.

② Brantly Womack, "How Size Matter: The United States, China and Asymmetry," p. 126.

现的是等级制状态，而且这种关系本身也是稳固的。[①] 前提假定之三，行为体的身份在形成过程中，具有动态性与相互性，身份一旦形成并被其他行为体接受之后，行为体的身份就具有相对稳定性，根据江忆恩（Johnston）《身份的测量》（Measuring Identity）一文，行为体的身份是可以操作化的变量，身份是能够判断与衡量的。[②]

身份具有相对客观的基础，不是完全主观的因素，行为体身份的构成要素可以分为两类：一类是构成行为体身份的实体要素，即物质性要素，[③] 另一类是构成行为体身份的规范性要素。相应地，判断对身份的认知是否正确或者错误的衡量标准也主要取决于上述两方面。对国家而言，构成身份的内在构成要素是国家的人口、疆域、权力体系、行业规划、规范体系和国际地位等，这些都是可以具体计算或粗略估算的指标。如果某行为体宣称自我具有某种身份，却不具有该身份所必须匹配的上述指标，就可以认为该行为对于自我身份的认知出现错误。如某国宣称他者是自我的“敌人”，那么相对应的情况应该是自我的领土安全、权力政治体系、人民安全等受到他者可观察的威胁，如果上述指标并未受到损害，这就说明自我对于他者身份的认知出现错误。再如某国宣称自我是“全球领导者”，该身份认知正确与否的衡量指标可以大体上分为“国家硬实力大小”与“国家软实力大小”[④]，看两者是否匹配领导者的身份。

本书的研究假设：在不对称状态下，身份认知是影响行为体是否爆发冲突的关键因素。行为体对于身份的认知大体可以分为两类：一类是行为体对于身份的认知大体上符合行为体的真实身份，这不

---

① Brantly Womack，China and Vietnam：The Politics of Asymmetry，p. 18.

② Rawi Abdelal，Yoshiko M Herrera，Johnston，Measuring Identity，Cambridge：Cambridge University Press，2006，p. 17.

③ ［美］亚力山大·温特著，秦亚青译：《国际政治的社会理论》，上海世纪出版集团 1999 年版，第 282 页。

④ “国家软实力的测量”，参见：秦亚青：《观念、制度与政策：欧盟软权力研究》，世界知识出版社 2008 年版，第 30—60 页。

是本书的研究领域，另一类是行为体对于身份的认知发生错误，这就会导致了双方陷入不必要的冲突的困境之中，如中越战争中的越南，伊拉克战争中的美国。对于无意图的实体而言，其身份是由他人来确定的，其本身无法认知。对有意图的实体而言，情况就截然不同。有意图的实体可以在某种程度上对自己的身份进行认识和确认，而这种对个体身份的领悟和确认，决定了有意图实体对自己利益及动机的理解和联想，由于行为体认知能力的有限性、客观世界的复杂性与行为体多重身份干扰的存在，导致身份认知错误的产生，这主要分为三种类型：错误认知个体身份、错误认知类属身份、错误认知角色身份。这三种身份的认知错误都能导致行为体的反常行为。本书的研究领域设定为双边冲突领域，不考虑错误认知有可能导致合作的极稀少案例。因此，得到下图3—2。

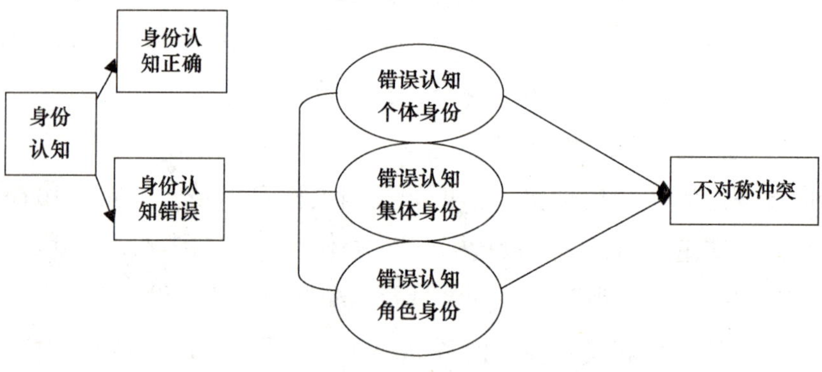

图3—1　身份认知与不对称冲突

首先，错误认知个体身份。个体身份是由行为体的内在构成要素建构起来的。对个人而言，构成个体身份的内在构成要素是肉体和精神；对国家而言，个体身份是指国家的物质要素与精神要素，个体身份既包括自我身份也包括他者身份；就物质要素与精神要素而言，错误认知个体身份主要分为错误认知构成自我个体身份的物质、精神要素与构成他者个体身份的物质、精神要素。在国际关系中，最常见的情况是倾向于高估自我的物质、精神要素或者低估他者的物质、精神要素。例如，马岛战争前的阿根廷将自身的个体身份定位为“军事实力强劲与民族感情高涨的国家”，而将他者（英国）的个体身份定位为“实力日渐衰落与缺乏战斗精神的国家”，正是在个体身份认知错误的作用下，导致了双方的矛盾升级并最终引发了马岛战争。

其次，错误认知集体身份。集体身份意味着在互动者之间已经实现了某种认同。[①] 任何实体，包括国家，在具有个体身份的同时，还属于某一个集体，或者说，有自己的同类，并认同自身作为其中的一员，这是一种重要的身份。集体身份也包括自我的集体身份与他者的集体身份。错误认知集体身份主要是指错误地将自我与他者划分为截然不同、甚至敌对的两类集体身份，在不对称状态下，对于集体身份的错误认知将导致双方冲突的迅速恶化。例如：小布什政府就错误地将自我（美国）与他者（伊拉克萨达姆政权）划分截然不同的两大阵营，即“解放者阵营”与“邪恶阵营”（邪恶轴心国）的对立导致双方冲突持续恶化。

最后，错误认知角色身份。角色身份是指行为体在社会分工体系和关系结构中所扮演的角色。[②] 与个体身份相比，角色身份更加依赖于社会关系结构中“他者”的存在，所以，角色身份的社会性程度更高。根据亚历山大·温特（Alexander Wendt）的理解，“敌人”与“朋友”表示了角色身份。[③] 敌人之所以是敌人、朋友之所以成为朋友，并不是由行为体的先天类别特征就能决定的，它是由自我和他者共处的关系结构所决定。决策者根据经验知觉，倾向于把行为体分为各种层次，从而形成各种身份意象。玛尔塔·科塔姆（Martha L. Cottam）的调查显示，美国决策者通常按照其认知意象把

---

① Alexander Wendt，Social Theory of International Politics，Cambridge：Cambridge University Press，2003，p. 229.

② Alexander Wendt，Social Theory of International Politics，p. 227.

③ Ibid，p. 228.

其他国家划分为“敌对国”、“霸权国”、“敌对国的依附性盟友”、“中立国”、“盟友”、“美国的依附国”以及“傀儡”等七类身份。[①] 理查德·赫尔曼（Richard K. Herrmann）和迈克尔·菲斯凯勒（Michael P. Fischerkeller）也认为决策者存在着四种不同的身份：“敌人身份”，即把他者视为对自我的重大威胁；“殖民身份”，把他者看成实力弱小和文化上低劣的国家；“帝国主义身份”，即他者尽管实力强大到威胁自我，但他者在国内是独裁者，其国内文化低劣于“自由与民主”的自我；“盟友身份”，即自我认为加强与他者的联盟与合作对双方最为有利，自我与他者的关系是长期的、可预期的，自我可以信赖他者，即使双方在实力上存在着巨大差别。[②] 其中，“敌人身份”常被简化为决策者首要的心理意象。[③]

对于朋友、竞争者和敌人的身份认知，如果他者实际上是自我的朋友或者是竞争者，而错误将他者的角色身份定位为敌人，这将导致双方冲突的强度无限放大，正如中国与越南关系中的越南和美国与伊拉克关系中的美国，它们都错误地将他者的身份定位为自我的“敌人”并导致了后续冲突的迅速升级。温特还具体总结出“敌人身份”对国家政策产生了四个方面的影响：一是总是试图摧毁或征服敌人，因为面对敌人的威胁，最终结果不是杀死敌人就是被敌人所杀；二是决策往往作最坏的打算；三是军事实力是国家生存的关键，要生存就要积极备战；四是战争一旦爆发，必须利用一切手段置敌方于死地，即使战争尚未爆发，也必须准备先发制人。[④]

---

① Martha L. Cottam，Foreign Policy Decision Making：the Influence of Cognition，Colorado：West view Press，1986，pp. 61—108.

② Richard K. Herrmann and Michael P. Fischerkeller，“Beyond the Enemy Image and Spiral Mode：l Cognitive-Strategic Research after the Cold War，” International Organization，Vol. 49，No. 3，Summer1995，pp. 415—450.

③ 刘新华：“威胁认知：美国对中国发展的错误知觉”，载《现代国际关系》，2006 年第 6 期，第 29 页。

④ 赵伟明、杨明星：“美伊核博弈的建构主义分析”，载《现代国际关系》，2005 年第 7 期，第 22 页。

通过对一战前俄国实力的详尽研究后发现，大国对于俄国实力的认知存在差异。对于一战前俄国的整体实力，法国、英国、意大利三者都高估了俄国的实力，德国与奥匈帝国低估了俄国的实力。对于当时俄国实力的认知，英国的决策者是最积极的，而法国的决策者相对没那么乐观，而德国（包括俄国自身）都比奥匈帝国更质疑当时的俄国实力。在大多数情况下，行为体的认知差异与执行的不同政策路线相关。对于英国来说，一个强大的俄国意味着欧洲大陆均势，英国无需直接干预。对于法国来说，俄国必须有足够的实力以支撑俄法协约，但不能强大到引起欧洲军事格局的变动。对于德国来说，俄国的暂时势弱是为了配合其备战的需要。

定量分析者没有掌握行为体认知的差异，通过分析认知差异，可以揭示出更多的战争爆发的前兆。事实上，俄国被它的对手看作是弱者，而被它的盟友看成是强者，双方的决策者似乎都觉得自己占据优势。因此，毛奇与康拉德基于他们在 1914 年 7 月的一系列行为认为同盟国相对于协约国仍然具有优势，而俄国外交部长萨佐诺夫却认为与英国站在一起，能够彻底击败德国。1914 年，国际关系中的权力分配是接近于平衡的，但各大国的决策者基于同一个俄国，却得出了完全不同的结论。其实，我们很难说协约国在一战中占有绝对优势，事实证明，直到美国强大经济实力的介入后，才使协约国取得了决定性的胜利。

（三）身份认知错误的表现特征

战争中的认知研究既受益于又拓展了传统的危机管理理论。霸权稳定理论者认为，国际关系中的 5 年或 10 年的实力差异并不重要；而与之不同，危机管理理论的支持者认为战争的爆发是决策者在特定时间进行特定决策的结果。通过对这些决策进行分析，很多战争就是源于决策者对他者缺乏某种认知，即认知波动、多变，导致了战争爆发。大多数学者承认，对身份进行太短期的、或是过于长期的考察都是错误的，这都会引起错误认知。

首先，自我优越。在自我与他者的互动过程中，自我不断地夸大与他者之间的差异，将他者视为自我的对立面，从而衬托出自我优点的行为，这就是典型的自我优越。如以西方世界为例，西方世界的文化内涵和自我认同是在与非西方社会的比较中日渐清晰和深化的。长期以来，西方以一种与“自我”不同的“他者”形象不断叙述和认知非西方的历史身份，借以获得更为明确的自我意识。西方对非西方的历史想象体现出话语霸权的意味，它不断重申着西方优越论的集体观念。这种自我优越在西方历史上自古有之，希腊人文化上的优越意识就集中体现于他们称呼外族人为“野蛮人”（barbarian）。

从“中国崩溃论”到“中国威胁论”，再到今天出现了所谓的“中国文化威胁论”、“中国软力量威胁论”等，这些对中国的错误认知都与“美国意象”直接相关。“美国意象”归根到底来自于“美国例外论”。一方面，“美国例外论”赋予了美国人在处理国际关系与外交事务时有一种强烈的道德优越感，而这种优越感驱使着美国总要展示甚至炫耀“美国榜样”。与欧洲相比，美国认为自身不仅更加自由和民主，而且在美国的领土上没有出现过独裁者与叛国贼，美国本土也没有经历过大的战争，因此，美国就是“全世界最纯洁政治”的天然代言人。[①] 另一方面“美国例外论”又使美国人拥有基于“天定命运观”之上的“美国使命感”，于是，“那些在国际上依照权力政治规则行事的美国政治家都免不了时而谈及美国对外干涉是出于‘追求纯洁与高尚’”。[②]

其次，刻板印象。刻板印象一词最早出现在李普曼（Lippman）所著的《公众舆论》一书，刻板印象是人们基于过去的经验或主观

---

① Michael H. Hunt，Ideology and U. S. Foreign Policy，New Haven：Yale University Press，1987，p. 35.

② 周琪：《美国人权外交政策》，上海人民出版社 2001 年版，第 39 页。

臆想的认识，对他人或群体产生的固定态度与情绪指向，导致刻板印象的成因多种多样。[①] 自 20 世纪 70 年代以来，学者们大多考察刻板印象形成的结果，关注它所产生的负面影响，更多将之与偏见、不公正等社会问题联系在一起。如行为体对于他者的刻板印象一旦形成，就很难改变或修正，并且在刻板印象的基础上对他者的行为进行解读，这就使得自我很难对他者产生一种正确的认知。

在国际关系中，刻板印象的例子很多，比如所谓的"伊斯兰恐怖主义圣战者"，这种印象的形成除了与极少数极端恐怖主义分子的行为有关，更多归因于西方大国的话语建构，有关伊斯兰的书籍和文章沿袭着中世纪和文艺复兴时期所形成的强烈的反伊斯兰情绪，甚至美国哥伦比亚学院在 1975 年为本科生开设的《阿拉伯语课指南》中相关汇编词汇的解释都与暴力行为联系在一起，该书指出，阿拉伯语可以反映出阿拉伯人头脑中顽固的好斗性。再如，在中东欧国家与俄罗斯的交往史中，中东欧国家对俄罗斯有恐惧感，俄罗斯对中东欧有不信任感，俄罗斯认为中东欧国家是"不可靠的人和忘恩负义者"。[②]

最后，愿望思维。罗伯特·杰维斯（Robert Jervis）认为，人们在接收信息时，总是希望接收到自己期望听到与看到的事情，总是趋于回避自己不愿意听到与看到的事情，这就是心理学上的愿望思维。[③] 在行为体对身份的认知过程中，愿望思维是指行为体根据自己的期望与喜好定位自我或者他者的身份特征。例如，在第二次世界大战爆发前，英国某些人士出于自身躲避战争与贪恋和平的愿望思维，鼓吹希特勒本质上是个"保守主义者"，会见好就收。所以，当

---

① ［美］沃尔特·李普曼著，阎克文、江红译：《公众舆论》，上海人民出版社 2006 年版，第 69—74 页。

② 高歌："冷战后中东欧国家与俄罗斯的关系"，载《俄罗斯研究》，2007 年第 1 期，第 56 页。

③ ［美］罗伯特·杰维斯著，秦亚青译：《国际政治中的知觉与错误知觉》，世界知识出版社 2003 年版，第 374 页。

张伯伦从慕尼黑回伦敦时，他们相信张伯伦为英国赢得了一代人的和平。

第一次世界大战前，范·埃弗拉认为他提出的六种错误认知模式十分符合德国，对于俄国权力增长的错误认知导致了德国试图发起一场先发制人的战争，这也满足了吉尔平关于争霸战争爆发的条件因素，也就是说“德国畏惧俄国实力的过快增长，双方实力增长的不平衡，导致了德国先发制人以避免劣势”。[①] 此外，如苏哈托统治时期，中国与印尼的关系长期陷入中断状态，即使在亚洲乃至世界各国纷纷与中国建交、复交的情况下，印尼仍坚持不与中国复交，苏哈托总统的愿望思维就在其中起到了很大的作用，苏哈托个人成长和教育深受西方思想影响，对社会主义制度一直充满着敌意，认为社会主义中国具有“敌人意向”，所以，苏哈托不愿意与中国恢复外交关系，对其他国家与中国纷纷建交、复交的行为长期视而不见。

（四）“身份认知错误”与不对称冲突的案例

本书选取的检验案例是美国发动的伊拉克战争，选取的依据有三点：第一，美国与伊拉克是大小不对称的一对关系，符合本书的研究主题。第二，文献梳理后显示的是，学者选取的案例多是弱国认知错误或弱国过度偏执引发的不对称冲突，而本书研究假设认为不论是弱国还是强国，都极有可能出现身份认知错误，因此，本书选取的检验案例试图说明强国的身份认知错误也可以导致不对称冲突。第三，对于不对称冲突的传统研究仅仅关注冲突的爆发，但对于冲突爆发的具体时机、形式与强度等细化的因素缺乏研究。因此，本案例试图弥补这一缺失。

美国对于自我与他者的个体身份、集体身份及角色身份产生了错误认知。小布什政府错误地赋予了自我与他者截然对立的身份，

---

① Gilpin（fn. 80），202.

强化了“我”与“他”的身份差异，体现在国际层次上，就是敌我界限分明。“我”的身份主体是美国，错误地将自我身份定位为“解放者”与“美好的救世主”。“他”的身份主体是伊拉克萨达姆政权，错误地将他者的身份定位为“压迫者”与“邪恶轴心的重点国”。因此，这种身份认知很容易引申出一个错误的结论，即在角色身份上，“他”是“我”的敌人。正如“解放与美好”是“压迫与邪恶”的敌人一样。例如，小布什声称：“萨达姆政权是一个威胁，是我们的敌人。”[①]“你们或是和热爱自由的我们在一起，或是和我们的敌人在一起。”“在伊拉克这场新的战争中，我们采取了新的战略，在敌人能够攻击我们之前，我们正在打击敌人。”美国对身份认知的错误具体表现为如下三个方面：

首先，自我优越。小布什政府将美国（自我）的个体身份基本定位为“解放者”（liberator），重点突出美军到伊拉克不是征服，不是占领，而是给伊拉克以民主和自由。例如，“美国不是寻求征服和统治，我们总是寻求解放和自由”，是“和平卫士”。[②] 对于美国（自我）的个体身份属性定位为“伟大的”、“光荣的”、“道德的”等，例如，“美国是强大的、勇敢的，一定能获得胜利。”[③] 小布什总统声称：“很明显，他们不喜欢美国这个社会，认为美国这个社会太自由、太民主，他们痛恨我们的自由。”[④]“在新世界的黎明，美国是自由事

---

① 白宫官方网站的美国国家安全档案：George W. Bush，Remarks by the President in Terrell for Senate and Louisiana Republican Party Luncheon，December 3，2002，http：//georgewbush-whitehouse. archives. gov/news/releases/2002/12/20021203－3. html。

② 白宫官方网站的伊拉克档案：George W. Bush，President Signs Iraq Resolution，October 16，2002 http：//georgewbush-whitehouse. archives. gov/news/releases/2002/10/20021016－1. html。

③ 白宫官方网站的美国国家安全档案：George W. Bush，President Salutes Sailors at Naval Station Mayport in Jacksonville，February 13，2003，http：//georgewbush-whitehouse. archives. gov/news/releases/2003/02/20030213－3. html。

④ 白宫官方网站的伊拉克档案：George W. Bush，President Bush Outlines Iraqi Threat，October 7，2002，http：//georgewbush-whitehouse. archives. gov/news/releases/2002/10/20021007－8. html。

业的领导者。”[①] 与此相反，将萨达姆政权（他者）的身份定位界定为：“邪恶轴心国的代表者”。

其次，刻板印象。萨达姆政权有使用大规模杀伤性武器镇压本国平民的历史，萨达姆政权在历史上曾两次入侵邻国：在 1980 年 9 月入侵伊朗以及在 1990 年 8 月入侵科威特。因此，美国对于萨达姆政权形成了负面的刻板印象。根据上述刻板印象，美国对于萨达姆（他者）的个体身份基本定位是“独裁者”、“杀人恶魔”、“暴君”、“压迫者”等。[②] 例如，“伊拉克的大规模杀伤性武器正在被一个谋杀成性、曾经使用化学武器杀了几千人的暴君所控制”。小布什政府直接形容萨达姆为“邪恶、野蛮的独裁者与杀人恶魔”。[③] 在伊拉克战争爆发前，小布什政府将萨达姆政权视为希特勒。小布什总统在演讲中指出：“萨达姆是一个危险、残暴、希特勒似的的人。”[④] “萨达姆像希特勒一样，他曾经对无辜的伊拉克人民使用这些致命的武器，使数以千计的人死亡、变成瞎子、面目全非。”[⑤] “萨达姆像希特勒，他曾经入侵过科威特，因此，我们必须在危险到来之前采取行动。美国各大媒体充斥的也全是针对萨达姆的“希特勒说”，这种带有强烈感情色彩的报道框架恰恰更能在受众中产生共鸣。

---

① 白宫官方网站的美国国家安全档案：George W. Bush，President Salutes Sailors at Naval Station Mayport in Jacksonville，February 13，2003。

② 白宫官方网站的伊拉克档案：George W. Bush，President Bush Outlines Iraqi Threat，October 7，2002，http：//georgewbush-whitehouse. archives. gov/news/releases/2002/10/20021007－8. html。

③ 白宫官方网站的伊拉克档案：George W. Bush，President Bush Discuss Iraq with Congressional Leaders：Remark by the president on Iraq，September 26，2002，http：//georgewbush-whitehouse. archives. gov/news/releases/2002/09/20020926－7. html。

④ 白宫官方网站的伊拉克档案：George W. Bush，President Bush Discuss Iraq with Congressional Leaders：Remark by the president on Iraq，September 26，2002，http：//georgewbush-whitehouse. archives. gov/news/releases/2002/09/20020926－7. html。

⑤ 白宫官方网站的美国国家安全档案：George W. Bush，President Delivers “State of the Union，” January 28，2003，http：//georgewbush-whitehouse. archives. gov/news/releases/2003/01/20030128－19. html。

最后，愿望思维。在伊拉克战争和战后重建问题上，愿望思维的证据也十分明显：首先，美国认为通过伊拉克战争，伊拉克战后将建设成为真正的中东民主政治的模范国家，作为其他中东国家的楷模；其次，通过推动伊拉克的政权更迭将推动中东和平进程。这一系列愿望思维的逻辑链条是：在伊拉克实现民主—中东和平—大中东地区的民主化。然而，对比伊拉克和中东目前的混乱状况，小布什政府在战前和战后初期所做的设想和评估显得特别的悖谬。[①] 至于为什么小布什总统个人对于萨达姆政权具有如此刻骨的仇恨，暗杀老布什的事件也许能够部分说明原因。在 2002 年的一次筹款会议中，小布什总统为了证明打击伊拉克的必要性，就提及了“暗杀事件”，他说：“萨达姆那家伙差点杀了我父亲。”[②]

美国对于自我与他者的个体身份、集体身份与角色身份产生了认知错误，具体表现为：强烈的自我优越感、对伊拉克萨达姆政权的刻板印象与改造伊拉克的愿望思维[③]。此外，美伊的“敌人身份”还在于两国间长期的恶性互动。在美伊两国的社会互动中，当一方把另一方确定为敌人后，另一方就会采取相应的敌视言行与政策。而“对方是敌人”的心理一旦从对方的行为中得到证实后，反过来又会被己方不断强化，使得双方的敌视与对抗加剧。这种恶性互动导致两国敌对关系与“敌人身份”不断强化和升级，从而影响了伊拉克战争爆发的时机、强度与战术选择。

首先，身份认知错误与伊拉克战争的时机。美国发动伊拉克战争的最重要理由为伊拉克拥有联合国决议所禁止的大规模杀伤性武

---

① 薛晨：“社会心理、错误知觉与美国安全观的转变及实践——以‘9·11’事件和伊拉克战争为例”，载《世界经济与政治》，2006 年第 12 期，第 14 页。

② CNN 档案：Bush calls Saddam “the Guy Who Tried to Kill my Dad”, September 27，2002。

③ 白宫官方网站的美国国家安全档案：George W. Bush，President Bush Commends Military in Speech at Fort Stewart，Georgia，September 12，2003，http://georgewbush-whitehouse.archives.gov/news/releases/2003/09/20030912－3.html。

器，在所有的国家安全战略文件都把恐怖主义与大规模杀伤性武器的结合作为首要威胁时，它似乎构成了一个充分的开战理由，结果却在战争之后始终没有找到相关的证据。正如前文所述，“诱发定势”与身份认知错误，虽然在事实上，伊拉克与“9·11”事件并不存在必然的联系，但“9·11”事件的爆发与全球反恐战略的确定，由“9·11”事件所造成的美国社会的巨大挫折感以及由此产生的攻击冲动，至少是促使美国政府走向战争的重要动因之一。正如美国所宣称的，伊拉克已成为“基地”组织的庇护国，威胁到了美国的安全，所以，美国要对伊发动“先发制人”的打击。可以说，就此次伊拉克战争而言，直接导火线是“9·11”事件。[①] 除“基地”组织外，伊拉克萨达姆政权也是“9·11”恐怖袭击事件的“责任人”这也是为什么从 2002 年 9 月开始，小布什总统在涉及恐怖组织时很少再提到本·拉登，而是将矛头指向伊拉克的原因。例如，他认为，“萨达姆政权继续支持恐怖分子压迫自己的平民”。[②] “一些基地组织的头目逃到了伊拉克，我们获悉伊拉克在训练基地组织如何使用致命的毒气。”[③]

其次，身份认知错误与伊拉克战争的强度。既然他者的身份是“压迫者”与“邪恶的敌人”，那么自我就可以采取任何手段来谋求对他者的胜利，并且在战争过程中，为了免遭“邪恶敌人”的“暗算”，自我应该尽量保护自身的安全。在身份认知错误的引导下，2002 年 7 月 8 日，小布什在白宫新闻发布会上说，要用“一切可利用的手段”推翻伊拉克萨达姆政权，这是美政府的“既定政策”。为了防止萨达

---

① 杨少华：《当代不对称冲突研究》，中国社会科学出版社 2001 年版，第 119 页。

② 白宫官方网站的伊拉克档案：George W. Bush，President Discusses Growing Danger posed by Saddam Hussein's Regime，September 14，2002，http：//georgewbush-whitehouse. archives. gov/news/releases/2002/09/20020914. html。

③ 白宫官方网站的美国国家安全档案：George W. Bush，President Bush Outlines Iraqi Threat，October 7，2002，http：//georgewbush-whitehouse. archives. gov/news/releases/2002/10/20021007－8. html。

姆政权这个“邪恶敌人”威胁自我的安全，先进军事技术起到了关键的作用。从战争准备到战斗打响，美国的无人机都扮演了重要角色，不但突破了传统的侦察领域、拓宽了监视取样、核查评估、电子对抗通信指挥等作战使用范围，还具备了攻击能力，真正加入到作战装备的行列中。[①] 无人机之所以能在兵器排行榜上扶摇直上，是因为无人机具有得天独厚的“无人优势”，试图达到自我的“零伤亡”以及最大程度地销毁他者。除无人机外，精制导弹的频繁使用是伊拉克战争的另一大特点。2003 年 3 月 20 日，美、英对伊开战，在最初的一半小时内，美军从红海的战列舰、驱逐舰上就已经向伊拉克目标发射了 45 枚巡航导弹。而第二天在对伊拉克首都巴格达以及巴士拉等目标的攻击中，从潜艇、驱逐舰发射了大约 400 枚巡航导弹以及数百枚从飞机上投掷的精确制导炸弹，对于有效目标的摧毁效能总量则相当于 1999 年科索沃战争 70 天的总和。[②]

最后，身份认知错误与伊拉克战争的战术选择。美国认为，他者（萨达姆政权）的身份是“压迫者”，相对于自我来说，他者是“邪恶的敌人”，那美军就可以采取一切具有威慑力的战略战术去攻击“敌人”，美军采取的战略战术主要包括“先发制人”、“斩首行动”、“震慑行动”和“闪电出击”等。[③] 美军在这次对伊战争中，把“先发制人”的攻略发挥到了极点，战前就在海湾屯兵 30 万。[④] 当小布什总统获得萨达姆和他的两个儿子及一些高级军政官员正聚集在巴格达南部一栋名为多拉农庄大楼开会的情报后，小布什总统立即下令提前行动，并把这次行动命名为“斩首行动”。“斩首行动”后就立

---

① 张伟、杨雷：“伊拉克战争中无人作战机使用及启示”，载《电脑开发与应用》，2006 年第 7 期，第 44 页。

② 高晓颖：“从伊拉克战争看制导技术发展历程”，载《航天控制》，2005 年第 10 期，第 92 页。

③ 张艳茹、王秀春：“伊拉克战争中的信息战及启示”，载《现代雷达》，2004 年第 5 期，第 1 页。

④ 李成刚：“伊拉克战争综述”，载《军事历史》，2007 年第 5 期，第 50 页。

即发动了命名为“震慑行动”的大规模空袭，空袭强度达到了自第一次海湾战争以来美国实施空袭强度最大的一次。“闪电出击”是美军在伊拉克战争中使用的又一战术。美国国防部长拉姆斯菲尔德上任后一直强调“新战争要有新思维”，他的“21 世纪战争的新理念”就是“用一支相对小型的地面部队，配合强大的空中炮火和一流的情报系统直插敌人心脏”。

既然自我的身份是“美好的救世主”，自我就负担起所谓的“拯救”他者这一光荣的任务，而使用先进的网络技术，无疑更能体现自我相对于他者的优越感。纵观伊拉克战争，美军对其新的作战思想、理论、技术和武器装备的试验或检验都与网络密不可分，并以网络为基础，实现了以“信息优势”为基础的“全频谱优势”。[①] 首先，在每轮空袭之前，美军利用互联网对伊实施了网络心理战并攻击了伊拉克的重要目标。其次，对伊实施全程的网络心理战，美国具有强大的网络攻击能力，如美国情报机构不断对伊拉克具有影响力的阶层发放说服或逼迫的电子邮件、破坏伊拉克现有的网络系统等。[②]

基于错误认知自我与他者的个体、集体与角色身份的作用下，在 2003 年 3 月 30 日，以美国为首的联军发动了伊拉克战争，至今仍深陷伊拉克战争的泥潭，造成了伊拉克无数贫民的流离失所，也导致了布什政府自身威望的下降并最终下台。当然，这也许只是解释伊拉克战争的一种视角，对于伊拉克战争而言，不同的理论范式都有各自不同的解释，正如李少军所说的，由于国际体系原本就具有多元的属性，因此我们需要有多元的解释。

综上所述，不对等关注固然重要，但对于身份的认知错误才是导致不对称冲突的直接原因。由于实力差异导致关注不对等关注，

---

① 周金泉、胡华平：“伊拉克战争中美军基于网络的作战样式”，载《国防科技》，2004 年第 2 期，第 70 页。

② 同上书，第 71 页。

这是国际关系的常态，但只要某方不产生身份认知错误，就能避免不对称冲突的爆发。身份认知错误的提出具有极强的理论意义，在过程建构主义理论中，如果说要衡量一个行为体是否具有关系理性，身份认知正确是最基本的衡量标准，也是确保该行为体在社会关系中能够获得生存与发展的基本条件，此外，身份认知错误的提出也具有极强的现实指导意义，尤其在当前国际形势下，不同的身份定位指向不同的国家责任，身份认知错误将导致国际责任的分配不均，从而引发国家间的冲突。

身份具有“主体间性”，在不同的国际环境中，行为体具有不同的身份。在当前的国际格局中，行为体具有多重的身份，国际环境变化，身份也必须随之变化。国际环境的动态性与前瞻性导致了身份认知的易错性与滞后性。而通过上述检验分析，身份认知错误是导致行为体过度反应并影响双方冲突具体表现形式的重要因素。因此，我们必须予以足够的重视。

三、恐怖主义规范与恐怖主义共同体研究

在分析了身份认知理论的基础上，我们接下来介绍一项较新的研究，即恐怖主义规范与恐怖主义共同体研究。规范是指行为体之间被共享的信念或准则，根据这一概念界定，恐怖主义是一种特殊类型的规范，其生成与演化的过程，需要借助于社会学与传播学的理论。本书认为，恐怖主义规范具有自身独特的内涵与特点，恐怖主义者通过互动过程组成恐怖主义共同体，再通过“同类教化”（四个阶段）与“社会标签”（三种途径），恐怖主义规范得到传播，恐怖主义共同体得以扩大。

自从出现了“恐怖主义”一词以来，对于“恐怖主义”的研究一直是国际关系学者关注的重要领域。一方面，各种关于“如何打击恐怖主义?”、“如何应对恐怖主义?”抑或“如何治理恐怖主义?”

的文献数不胜数，但这样的文献多是从具体的政策操作层面来研究恐怖主义问题，将“恐怖主义”等同于一个政治问题而不是一个学术问题来进行分析；另一方面，真正从理论视角深入地解读、分析恐怖主义的文献却不多见，但正如迈克尔·霍洛维兹（Michael C Horowitz）在 2010 年《国际组织》（International Organization）中指出的那样：“在当前国际恐怖主义愈演愈烈的形势下，再探讨怎样政策应对恐怖主义只能是‘治标不治本’，从理论视角来研究‘恐怖主义’才是学者应该深入思考的重要课题!”① 这就成为了本书的研究主题。

（一）恐怖主义规范研究的提出

如何从理论视角来分析恐怖主义？本书认为应该借助建构主义规范研究的视角。当前学界对于“规范”的定义基本可以分为两类：第一类是指较为初步的涉及规范概念的研究者，往往坚持对规范进行狭义界定，即主张将规范与规则等其他行为准则分开探讨，分别加以界定和区分；第二类是对规范概念的研究较为深入的建构主义学者的观点，他们坚持对广泛进行广义界定的方式，认为规范本身包含了其他形式的行为准则。② 规范是主体间的行为准则，不必然与“积极”、“正确”相联系。安德鲁·肖特（Andrew Schotter）认为：规范就是行为体之间被共享的信念或准则，它允许行为体估计群体内部其他行为体会采取何种行为的概率，并举例说明在盗窃集团内部也存在自身的“群体规范”（“小偷之间的荣誉”）。③ 从这一概念界定来看，“恐怖主义的演化”也可以视为一种特殊类型的规范，其生成与演化的过程，应该视为建构主义规范研究的领域。

① Michael C Horowitz，“Nonstate Actors and the Diffusion of Innovations：The Case of Suicide Terrorism”，International Organization，Vol. 64，No. 1，2010，pp. 33—35.

② 高尚涛：《国际关系的权力与规范》，世界知识出版社 2008 年版，第 69 页。

③ ［美］安德鲁·肖特著，陆铭、陈钊译：《社会制度的经济理论》，上海财经大学出版社 2003 年版，第 33 页。

在笔者整理建构主义的规范研究成果中，发现当前建构主义规范研究存在显著的“良好规范研究”的偏好（nice norm bias）[①]。既不涉及其他类型的规范，更未探讨其他类型的规范是否得以生成、传播等问题，而把规范研究的本质就等同于西方主导的“良好规范”的研究。建构主义学者对于世界上其他类型的规范的总体态度不是避而不谈就是一笔带过，但在国际社会中，显然还存在着其他类型的非西方规范，也许不是“良好规范”，但却已生成，且传播的尤为迅速。以“塔利班化”[②]（Talibanization）规范为例，为何高举“圣战”旗帜的“塔利班化”愈演愈烈？这就从一个侧面证明了规范的研究不能再只关注西方主导的民主、人权等规范的研究领域，必须投入更多的努力研究其他类型的规范，如果这一规范是恐怖主义规范，研究该规范的生成与演化机制就能为中国外交建言献策。

---

① 参见：Ryder Mckeown，“Norm Regress：Revisionism and the Slow Death of the Torture Norm”，International Relations，Vol. 23，No. 1，2009，p. 7。本书的研究主题是“恐怖主义规范”研究，并不具体界定何为“良好规范”，根据麦基翁的界定，“良好规范”就是指西方社会所倡导的“民主、人权、安全共同体”等规范。例如：玛莎·芬尼莫尔（Martha Finnemore）主要研究的是“人权规范”。杰弗里·切克尔（Jeffrey T. Checkel）的主要研究领域是“欧盟规范”。马库斯·科恩布若斯特（Markus Kornprobst）主要研究了“领土妥协规范”，分析的案例是爱尔兰放弃了对北爱尔兰的领土要求。阿米塔·阿查亚（Amitav Acharya）主要研究的是“共同安全”与“人道主义规范”。杰弗里·勒格罗（Jeffrey Legro）研究的是“新思维”与“民主规范”。

② “塔利班”与“塔利班化”这两个概念的界定不同，“塔利班”是极端主义派别，“塔利班化”（Talibanization）：在中文语境中是个新词，是指塔利班的演化过程，即塔利班的根源、发端、生成及现阶段的蔓延与影响。根据现阶段“塔利班化”的演变特点：自杀性爆炸袭击、毒品交易、大量的平民伤亡及巴基斯坦塔利班试图造成巴基斯坦国家分裂，可以将“塔利班化”视为一种向“恐怖主义化”的过程。衡量标准有三点：第一，袭击对象，现阶段无论是阿富汗塔利班还是巴基斯坦塔利班，袭击对象伤亡率最大的都是平民，军人的伤亡率低于平民的伤亡率；第二，极端暴力（自杀性爆炸袭击），《古兰经》禁止自杀，但自从美国占领阿富汗以来，尤其是2004年以来，“自杀性爆炸袭击”的案件呈现直线上升趋势；第三，毒品交易泛滥，《古兰经》明确禁止吸食毒品与进行毒品交易，可当前在阿富汗、巴基斯坦境内推广罂粟种植与进行毒品交易成为塔利班的经济支柱。因此“塔利班化”的演化是一种走向“恐怖主义化”的过程。

（二）恐怖主义规范的内涵

恐怖主义行为究竟始于何时何地？在人类历史的记录中已经很难准确地追根溯源。在古希腊，一些思想家认为暴君政体是邪恶的政体，因此可以使用包括暗杀暴君（这可以视为具有恐怖主义的特征）等种种手段。亚里士多德（Aristotle）指出，暴君政体是对理想统治形式的危险的背离，这样的统治者会由于其滥用权力与压迫其臣民而最终毁灭于自己制造的苦果中。[①] 在古罗马，西塞罗（Marcus Tullius Cicero）对待暴君的态度比古希腊思想家更为直接，他说，"诛杀暴君是一种美德，应当把暴君从人类社会中抹去"，因为"就像我们身体的某些部位会因出现贫血和失去知觉并感染身体其他部分而被截掉一样，这些徒具人类外表的冷酷的牲畜应当从人类中删除"。[②] 暗杀行为带有明显的恐怖主义特征，因此，恐怖主义的源起至少可以回溯到古希腊、古罗马时期。

恐怖主义演化为跨国规范。伴随着信息技术的普及与发展，恐怖主义也出现了新的形式，当代恐怖主义的组织已经构成了一个国际网络，如果说以往的恐怖主义结构是等级式的"垂直"（自上而下）组织形式，那当代恐怖主义的组织形式则是一种新型的网络结构，在这种网络结构中，不再有唯一的核心领导，向散漫与分权式的组织体系演化，由于现代信息传播超越国界限制，沟通与交流都是通过跨国与全球的网络作为载体，正是借助于信息全球化的便利条件，恐怖主义的跨国网络获得了极大的发展空间。

恐怖主义者以极其隐秘的方式，以制造恐怖效应为目标，以微小的能力对他人造成巨大的损害，典型特征是不事前宣布就突然地对本国与他国政府与民众发起暴力袭击。恐怖主义是"看不见的敌

---

① Martha Crenshaw，Terrorism in Context，Pennsylvania State：The Pennsylvania State University Press，1995，p. 29.

② Ibid，p. 29.

人”，任何建筑、任何人都可能成为恐怖分子袭击的目标，任何场地都可能成为恐怖分子的藏身所，任何一个国家即使实力超过恐怖主义势力数以千倍，也难以打赢这样一场战争，恐怖主义已经演化成为一种跨国规范。罗伯特·基欧汉（Robert·Keohane）认为：“恐怖主义已经演化成为了一种特殊的全球化势力，恐怖组织利用跨国网络进行运作，从地球的某一个遥远角落控制着地球另一端的暴力行为，全球化以多维作为特征，恐怖主义的全球扩展同样是全球化的一个典型案例。”①

在规范研究的领域中，规范的核心要素主要包括：规范的倡导主体、规范的生成途径与规范的传播工具。据此，与西方学者所倡的民主、人权等规范相较，本书认为“恐怖主义规范”具有显著的特征，主要表现在如下三个方面如图 3—3：

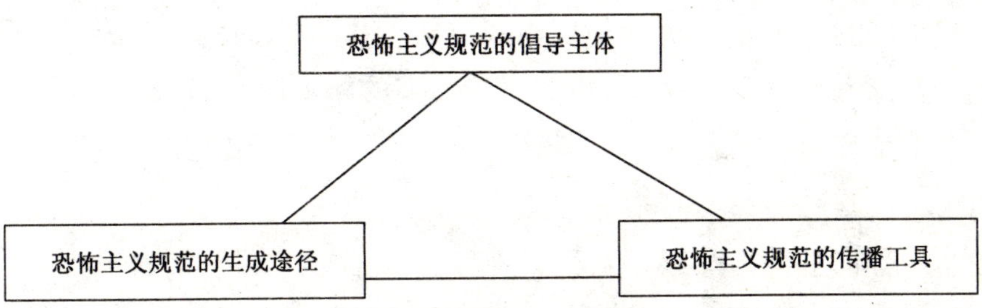

图 3—2　恐怖主义规范的特征

第一，倡导主体的区别：西方所倡的民主人权等规范的倡导主体较为明确，主要是确定的国际组织或西方民主国家，“恐怖主义规范”的倡导主体较为模糊与复杂，可以是“基地”组织的头目，可能是撰写恐怖主义经典教材的作者，甚至也可能是参加过宗教学校的学生抑或被“基地”组织军事武装培训的人员。

第二，规范生成途径的区别：“制度规定”与“组织教化”是西

① ［美］罗伯特·基欧汉著，门洪华译：《局部全球化世界中的自由主义、权力与治理》，北京大学出版社 2004 年版，第 310 页。

方所倡的民主人权等规范生成的重要途径，具有明确的“组织性”与“制度化”特点，而“恐怖主义规范”的生成途径就是扭曲的“言传身教”，具有多样性与随机性的特征，因此我们就可以理解当今恐怖主义行动为何多种多样、日新月异，恐怖主义网络为何纷繁复杂，恐怖主义领袖为何权力分散的特点。

第三，规范传播工具的区别：在“恐怖主义规范”的生成与传播过程中，民族与宗教被“绑架”沦为权力争夺的工具，恐怖主义具有煽动性与欺骗性，经常与民族分裂主义、宗教极端主义联系在一起。恐怖主义规范的生成演化与西方所倡的民主人权等规范生成演化过程有明显区别，比如在体系层面，国际组织的“教化”是民主、人权等规范生成与传播的重要途径，而且在规范“教化”过程中，往往借助于明确的制度规定或者具体的教化机制，但在恐怖主义规范的生成与传播过程中可能就没有明确的教化主体，也就不存在明确的制度限定与机制约束，却也能产生并广为传播，因此，我们需要深入地进行研究，以开拓规范研究的新天地。

如前文所述，恐怖主义需要实施包括自杀性袭击在内的极端暴力行为，这需要参与者极大的勇气。恐怖主义不是无源之水、无本之木，恐怖主义将民族、宗教、种族、部落等“绑架”为平台，号召本民族、本种族、本部落的人士与普通教众参与恐怖活动。例如，车臣的恐怖主义者同时也是民族恐怖主义者，还打着宗教的旗号。同样，阿尔及利亚的宗教极端势力同时也是国际恐怖主义势力。此外，中东的宗教恐怖主义势力与民族恐怖主义势力结合后，共同形成恐怖主义。

极端民族恐怖主义、极端种族恐怖主义、极端宗教恐怖主义势力都是恐怖主义的重要表现形式。但必须着重指出的是，没有任何一个民族、种族或任何一种宗教奉行恐怖主义活动，尽管事实上当代国际恐怖主义活动大都有民族、种族或宗教的背景。对于具有民族、种族、宗教背景的这类组织或势力，可以称为民族、种族恐怖主义、宗教恐怖主义势力，但是这种极端主义势力并不能全权代表相关民族、种族与相关宗教教义，民族恐怖主义势力并不是它所依托的民族的全权代表，极端宗教恐怖主义的特征也并不能代表它所在宗教的基本特性。民族恐怖主义、种族恐怖主义、宗教恐怖主义、贩卖毒品等大规模犯罪活动交织发展，促成了恐怖主义规范的生成。

（三）恐怖主义共同体与规范传播

世界上当然还存在着其他类型的规范，也许不是“良好规范”，但为何产生且传播的尤为迅速？在社会学领域，这就是常见的案例，如“暴民袭击了闯入者”与“群众发了狂”。[①] 例如：30 个抗议商场价格过高的群众决定冲击商场，把货架上的商品都扔掉，扰乱商场的正常营业秩序，其余 50 个保持消极沉默的人无意中支持了这一行为，另外 20 个试图公开表示反对意见的人因为惧怕遭到支持者的起哄和质问也只能加入支持者的行列，那么支持者就从 30 个发展为 100 个，成为这一个小群体的“新兴规范”。[②]

斐迪南·滕尼斯（Ferdina Tolinies）是著名的社会学家与哲学家，他的著作《共同体与社会》被普遍认为是学界研究“共同体”的里程碑。他认为：人的意志在很多方面都处于相互关系之中，是由促进、方便和成效组成的，它们相互间有来往，通过这种积极关系而形成族群，只要被理解为统一地对内和对外发挥作用的人或物，它就叫做一种结合，关系本身即结合，或者被理解为现实的和有机的生命——这就是共同体的本质。[③]

在滕尼斯的基础上，温格（Etienne wenger）于 1998 年在《实践共同体：学习作为一种社会系统》（Communities of Practice：Learning as a Social System）一文中对于“实践共同体”做出了具体的阐述，

---

① ［美］戴维·波普诺著，李强等译：《社会学》第 10 版，中国人民大学出版社 1999 年版，第 599 页。

② 同上，第 601 页。

③ ［德］斐迪南·滕尼斯著，林荣远译：《共同体与社会》，商务印书馆 1999 年版（根据德国科学图书公司 1991 年版译出），第 52 页。

他指出：事实上，“实践共同体”到处都存在，我们每个人都是其中的一员，在你的学校中、工作中、家庭中、兴趣中都存在“实践共同体”，有些“实践共同体”有名称，而有些没有名称，一个“实践共同体”不等于由于某个短暂的工作目标，而把具有共同利益的人简单相加在一起。在“实践共同体”中，个体之间共享价值理念以及建立长效的相互联系更为重要，而谋取利益不是一个共同体的首要考虑。[①] 此后，阿德勒（Emanuel Adler）在《安全共同体》（Security Communities）中又进一步完善了对实践共同体的研究。他明确指出了实践共同体的四大构成要素：共同的外部威胁、经贸上的互相交流与互相支持、共同的历史记忆、更新换代的能力。这几大构成要素是共同体得以存在的关键。[②]

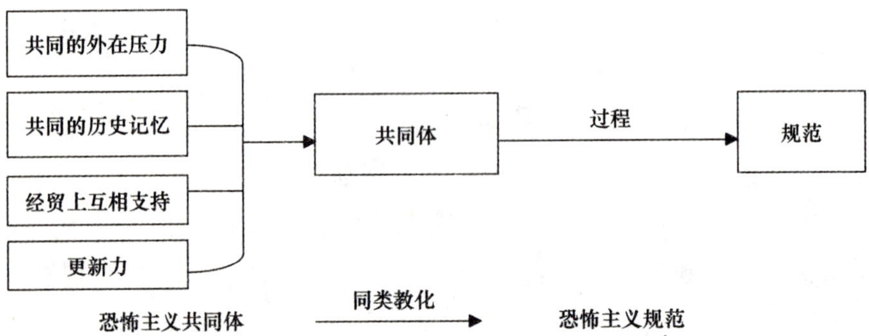

图 3—3　恐怖主义共同体

使用“共同体”的概念来分析“恐怖主义共同体”。如上图 3—4 所示，恐怖主义者组成了恐怖主义的实践共同体，共同推进了恐怖主义规范的生成。

第一，共同的文化历史记忆方面，以被占民族为例，被西方大

① Etienne. Wenger，“Communities of Practice：Learning as a Social System” The Systems Thinker，1998，Vol. 9，No. 5，p. 2.

② Emanuel Adler，Security Communities，Cambridge：Cambridge University press，1998，p. 38.

国侵略及长期占领的历史，是其难以磨灭的历史记忆，激发了他们对强大的西方大国及在侵略面前“无用”的民族国家的种种不满，同样，被压迫宗教教众也对强势宗教有着强烈的愤懑，民族极端主义者与宗教恐怖主义者就巧妙地利用了这一点，利用共同的历史记忆将普通民众与广大教众网罗到极端主义的阵营中，实施恐怖主义活动。

第二，恐怖主义者面对共同的外在压力，大多数情况下，都面对西方大国与本国政府的联合压制与打击。

第三，恐怖主义者在恐怖主义袭击中互相配合，相互共享军事基地、分享情报、分享恐怖袭击的利益所得与共同培训人员。

第四，恐怖主义者具有更新力，具有传承性与更新性。根据“实践共同体”的概念：当新成员加入群体后，成熟且具有丰富实践经验的老专家会向新成员“传授”经验，实践共同体也就具有了“可更新性”或者“再生产性”，久而久之，这些新成员就可以取代老专家的作用，“传授”经验给其他的学员。这就不难理解恐怖主义为何层出不穷、屡禁不止的深层根源。恐怖主义势力正是基于以上特点，组成了共同体，共同推进了恐怖主义的生成与演化，因此，我们在国际社会中通常能看到极端民族活动与极端宗教自杀性爆炸袭击交织出现的现象。

恐怖主义势力具备组成实践共同体的内在条件，但最终一个实践共同体要生成或传播规范，就离不开互动过程，要参与互动过程，就离不开相互学习和模仿。这两种路径与恐怖主义规范的生成、演化密切相关，以恐怖主义规范为例：一方面，通过恐怖主义者之间的相互学习，共享军事袭击的经验与配合进行恐怖袭击的操作；另一方面，通过模仿，导致了恐怖主义暴力袭击事件像竞赛式的花样翻新、层出不穷，通过相互学习与模仿这两种社会化的路径，恐怖主义实践共同体逐步深入推进，并在此过程中实现了恐怖主义规范的生成与传播。

相较其他共同体而言，“恐怖主义共同体”具有鲜明的特点，主要在于如下三点：第一，非正式群体；第二，历史塑造性；第三，长时间的延续性与跨代的传递性，越来越多的青年人加入这一群体中。

第一，恐怖主义共同体的性质目前仍然是非正式群体。正式的组织有明确的制度规定，具有明确的某种目标，成员申请加入也需要对其进行细致的审核并履行相关的准入手续，团体内部成员之间分工明确。而当前的恐怖主义者共同体仍然缺乏明确的规章制度制约，还是依靠非正式的控制手段即某种信仰、兴趣与习俗等，成员按自身对于共同体的理解而行事。“9·11”事件以来，恐怖主义组织的“恐怖主义共同体化”的趋势日趋明显，这一趋势与恐怖主义的当代发展形式密切相关。进入新世纪，恐怖主义的组织形式更加多样化，愈来愈多的恐怖主义组织通过多种多样的联系方式（经济上互相支援、协调恐怖主义行动、互相培训恐怖主义人员，以及精神传教等形式）或松或紧地联系在一起，组成了一个庞大的恐怖主义网络。

第二，历史塑造性。恐怖主义共同体也有自己演化的历史，当今世界战乱频繁，民族、宗教发生矛盾与冲突交织，甚至有的民族被其他国家长期暴力占领，有的宗教被其他宗教长期挤压、排斥。历史上恐怖主义者与当权者形成的长期恩怨与仇恨的跨代传递，成为恐怖主义深层的历史根源。在当今国际社会中，民族、宗教恐怖主义问题与历史怨恨问题相互交织，使得我们更加难以应对，如中东的巴勒斯坦问题、印巴的克什米尔问题，以及普什图尼斯坦问题，这些都是历史原因导致的结果。

第三，长时间的延续性与跨代的传递性。由于恐怖主义共同体具有延续性与传递性，恐怖主义共同体的新成员倾向于接受该共同体内部的行为模式，每一个新加入者也倾向于将该共同体内部的情感作为自己的情感，这就产生了仇恨的跨代传递，恐怖主义共同体的延续时间比之前零星的、松散的恐怖主义形式的持续时间更长、影响规模更大，它经常演变为集体性的、长时间的、广范围的、大规模的冲突。

(四) 恐怖主义规范的传播途径

据建构主义理论，规范的意义要得到巩固需要得到主体间的认可。规范的传播有两种途径：一种是“同类教化”，另一种是“社会标签”。“同类教化”是将其他人教化为自我同类的过程，也是传播自我所认同的理念的过程，如果说“同类教化”是主体有意识实施的行为，那“社会标签”就是其他主体的行为客观上巩固了新规范。因此，如果说“同类教化”的路径是“自我”→“他者”，那么“社会标签”的路径就是“他者”→“自我”。通过上述两种途径，恐怖主义规范得到传播，恐怖主义共同体的成员得到扩大，新加入的行为体内化为恐怖主义者。

1. 同类教化

“同类教化”理论的依据主要出自于埃德温·萨德兰的《类别交往理论》。该理论认为：个人若是与从事犯罪或不良行为的人交往，就会学会从事这类活功的方法与技巧，并会对这些行为形成自己合理的解释，将其价值置于其他的传统行为之上。不过，单纯的接触并不会产生罪犯或少年犯，交往的程度、强度与连续性，以及个人与那些罪犯或少年犯的感情联系，决定了一个人是否最终会变成罪犯。[①]

“同类教化过程”是一种社会化过程，是通过社会化的机构及其执行者实现的，这些针对个体的国内社会化机构，可以是家庭、学校、社会团体、社团组织与传播媒体，也可以是法院、监狱与拘留所，执行者就是上述这些机构的组织者。例如，恐怖主义共同体传播恐怖主义规范，必须多方营建教化氛围，即通过极端伊斯兰主义者，运用各种社会化组织，当然这些社会化组织本身并没有问

① 范明强：《社会学视野中的恐怖主义》，解放军出版社2005年版，第125页。

题，只是他们被动成为了伊斯兰极端主义者的利用工具来对穆斯林，尤其是年轻的穆斯林进行教化。这些社会化组织包括：伊斯兰大家庭、极端宗教学校、各种极端伊斯兰组织、极端伊斯兰社团与伊斯兰部落会议等。

表 3—2　同类教化的四个阶段

<table>
<tr><td>第一阶段</td><td>自我宣传阶段</td><td rowspan="4">“自我”
↓
教化
将“他者”教化为“自我的同类”</td></tr>
<tr><td>第二阶段</td><td>接触感染阶段</td></tr>
<tr><td>第三阶段</td><td>教化劝服阶段</td></tr>
<tr><td>第四阶段</td><td>系统培训阶段</td></tr>
</table>

“同类教化”认为，人所处的社会环境特别是他的交往类别会对他的社会行为有至关重要的影响。如果一个人长期与暴力恐怖分子为伍，就会“近墨者黑”，通过沾染、学习和模仿，总有一天自己也可能成为恐怖分子。“同类教化”是个复杂的过程，可以分为以下四个阶段：即“自我宣传阶段”、“接触感染阶段”、“教化劝服阶段”与“系统培训阶段”。通过这四个阶段，一个年轻的穆斯林就被成功教化为了一个恐怖主义者，恐怖主义共同体得到扩大。

在第一阶段中，恐怖主义共同体可以通过各种媒体手段宣传与美化自我的形象，如在互联网站发放语音与视频、聊天室甚至博客都可以作为同类教化的场所，迅速发展的互联网络，使得交流与转移变得如此便捷，也使得恐怖主义共同体更容易指挥操作，获得恐怖袭击的经验、金钱与爆炸装置，越来越多的恐怖主义者使用网络传递重要信息或者集结支持力量，分享极端战争理念、经验，使之传播得更广，选择微博等网络媒体在于网络相较电视与报纸而言，政府更加难以监管，而且信息传递得更为快捷，且对于恐怖主义共同体来说成本较低。“自我宣传阶段”是通过传递各种信息，反映西方的残酷无道与阿拉伯世界的悲苦无助，激起年轻人对于阿拉伯世界的同情，即宣传自我（伊斯兰）的纯洁美好与对方的暴虐邪恶，以达到刺激年轻人加入自己队伍的兴趣。

第二阶段，“接触感染阶段”。格式塔·勒朋（Gustave Le Bon）最早用“感染论”来分析集群行为，他的核心观点是：第一，“传染”（contagion），即新的思维迅速蔓延，像传染病传播一样。第二，“易受感染性”（suggestibility），即在集群行为中，人们的思维会降到较低的水平上，并且毫不怀疑地接受与模仿集群中领袖的行为与态度。[①]

恐怖主义共同体一般是派遣“优秀”的恐怖主义者通过暗地里接头与私人会谈等形式以达到“接触感染”的目的，见面地点一般是私人会所等隐蔽场所。要想“感染”一个人，光靠文字与图片是不够的，必须亲自见面接触才能使人信服，在这一阶段中，重点“教化”广大对穆斯林身怀同情的年轻人这样的论调：如面“对西方的强大，我们要拯救自身的命运只有通过暴力攻击！这是唯一的方式，我们别无选择，与西方和谐相处是痴人说梦”；再如“我们要发动对西方的圣战，这是真主的教导，我们必须遵从，为真主而献身是我们的义务，我们是伊斯兰的英雄，将来能达到天国”。

第三阶段，“教化劝服阶段”。经历了“接触感染阶段”的年轻穆斯林已经初步认同了恐怖主义共同体的理念，但是这一理念要得到内化并使之为之献身必须通过较长时间反复的教化与巩固，这就是第三阶段，即“教化劝服”阶段的意义所在。这一阶段的教化场所主要是通过宗教学校、清真寺、经文学校等教化机构，让学员们进行系统的理论学习。学习的内容主要是学习恐怖主义的教义，坚定拥护极端伊斯兰教意识形态的理想信念，使学员们也坚定认为：“极端暴力活动是真主的旨意，使用极端暴力能使我们将来进入天国，施暴对象包括平民以及拒不归顺我们而讨好西方的穆斯林”。

第四阶段，“系统培训阶段”。光靠理论学习是不够的，实施恐

① ［美］戴维·波普诺著，李强等译：《社会学》第10版，中国人民大学出版社1999年版，第598页。

怖袭击需要掌握相应的技能。因此，这一阶段的目标是军事与新技术培训，使学员们成为恐怖主义共同体中乐意为恐怖主义事业献身的人。一方面，学员们在这一阶段中学习使用与装配轻型武器、发射迫击炮、火箭筒，以实行包括自杀性爆炸袭击在内的恐怖袭击。进行高难度的特殊军训练是达到最大规模的杀伤力与破坏性的必然要求，训练的重要项目包括如何使用诱饵手机制造地铁爆炸，以及如何在远处用遥控装置引爆宾馆前的汽车炸弹，除了爆破技术以外，还要求学员学会使用各种新型的军事枪械；另一方面，现阶段的新学员必须掌握高端技术，要与西方“斗争”，光靠蛮力是不行的，必须要掌握技术和拥有智慧，因此，学员们还需要学习如何使用电脑与互联网等现代联络工具，以达到恐怖主义共同体杀伤力与破坏性的最大化。

通过“同类教化论”，在意识形态上诱导年轻的穆斯林成为与自我同类的极端宗教分子。第一，教唆他们接受片面曲解的真主理念；第二，教化他们树立为恐怖主义事业献身的理念，并将其内化为自己的行为准则；第三，诱导年轻的穆斯林走向极端激进分子，使原本正处朝阳的年轻人放弃自己的生命，并实施恐怖行为残忍地剥夺其他无辜者的生命。

这一教化的结果使得在某些特定群体中，产生了崇尚恐怖主义手段的“恐怖主义文化”。这种文化的表现在于越来越多的个体认同诉诸恐怖主义的方式并且将其作为一种文化而传播，在“恐怖主义文化”的传播过程中，“暴力恐怖主义活动是光荣的事业”这一价值观念为越来越多的个体所接受。也就是说，在国际社会的大众认同中，恐怖主义尽管被视为丧失人性、野蛮暴力的行径，而在坚持“恐怖主义文化”的价值体系的群体中，恐怖主义行为反而会被视为“神圣”的“崇高事业”，而“恐怖主义分子”会被群体中的其他人当作“英雄”来效仿。

2. 社会标签

正如前文所述，教化的另一种途径就是“社会标签论”。根据

“社会标签论”，大部分人都会偶尔犯错，但是一般都比较秘密，很少会面临负面的社会后果。但是，那些被抓甚至被错误指控的行为体，则会从最初的越轨行为（偶尔、秘密的犯错）发展到进一步的越轨行为（针对他人对其最初越轨的反应而持续采取的行动）。[①] “犯错者”一旦被多数人认定为一个坏人，久而久之，就真的变成了一个坏人，用“越轨理论”来分析，就是生成了一种“越轨文化”，其结果就是支持人们去违反法律，由于对人的标签分类导致的“自我”与“他者”概念的极端区分，增加了成为一个“越轨者”的可能性，因为行为体别无其他选择，“越轨者”也逐渐成为行为体一种特殊的社会身份。

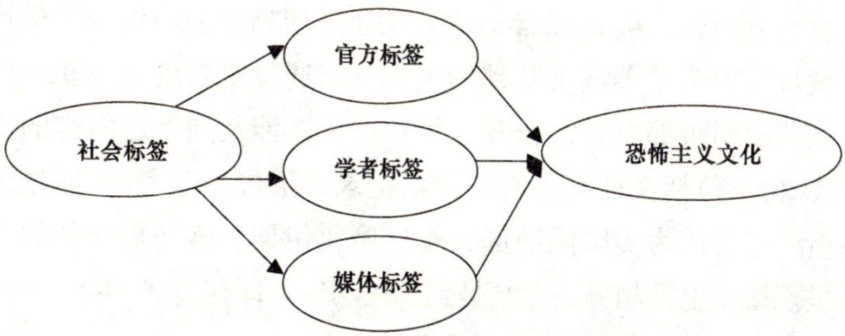

图 3—4 “社会标签”与恐怖主义规范传播

用“社会标签论”也能够解释恐怖主义共同体的扩大，穆斯林青年接受极端暴力与恐怖主义规范的原因。因为除了存在恐怖主义共同体有意图的教化作用之外，恐怖主义规范之所以得以广泛传播，恐怖主义者之所以越来越多，还离不开西方政府与学者固定的“社会标签”，这种“社会标签”来自团体外部，往往能让接受者留下更深刻的印象。由于美国等西方国家对伊斯兰教和穆斯林一直持有偏见，西方政府与学者对穆斯林的描述，多是为了证明伊斯兰教的好

① 范明强：《社会学视野中的恐怖主义》，解放军出版社 2005 年版，第 125 页。

战和暴力，这客观上就扩大了恐怖主义共同体的影响力。从这个意义上讲，社会评价对恐怖主义与恐怖主义规范的传播起到了重要的影响。

根据“社会标签理论”判断一种暴力活动是否是恐怖主义活动，判断一个人是否是恐怖主义分子，并不取决于该事件是否真实是恐怖主义事件，而取决于社会评价体系如何“标签”，其中最为重要的评价者就是政府，如果被西方政府贴上了“恐怖主义者”的标签，他就被附加上了“恐怖主义者”的身份，从此之后，他就会感受到国际社会的压力，而他自己也会在此过程中逐渐接受并认同这一“标签”，按照“恐怖主义者”的身份去行事，破罐子破摔，更加疯狂地从事恐怖主义活动。

就官方而言，从 2002 年以来，关于“伊斯兰教与塔利班恐怖主义”就日渐成为了美国国防部的关键词，通过笔者统计 2002—2010 年，在美国国防部发表的公开文献数据中，涉及到上述内容的文献共计 48 份，包括文件类型有：会议记录、报告与发言。[①] 通过统计与分析，笔者认为美国国防部关于妖魔化伊斯兰教与穆斯林的文献统计呈现逐年上升趋势。尤其是到了近两年，即在 2009 年与 2010 年分别到了 9 次与 10 次，将近每月提及一次。

表 3—3　美国国防部关于“伊斯兰与恐怖主义”的文献统计

年份	次数	文献时间	文献类型
2002	3	2 月 19 日、3 月 6 日、6 月 26 日	会议记录
2003	3	9 月 9 日、11 月 13 日、11 月 14 日	会议记录、发言
2004	3	2 月 13 日、8 月 10 日、9 月 28 日	会议记录、发言、报告
2005	5	2 月 3 日、6 月 27 日、10 月 7 日 11 月 7 日、12 月 15 日	会议记录、发言、报告

① 详情可检索美国国防部：http：//www. defense. gov/default. aspx。

续表

年份	次数	文献时间	文献类型
2006	5	2月2日、2月3日、3月16日 8月26日、8月28日	会议记录、发言、报告
2007	5	3月30日、5月10日 5月22日、6月3日、10月2日	会议记录、报告
2008	5	3月26日、4月3日、5月24日 10月7日、12月17日	会议记录、报告
2009	9	2月3日、2月5日、4月3日 6月12日、10月1日、10月6日 11月10日、11月17日、12月3日	会议记录、发言、报告
2010	10	2月3日、4月1日、4月12日 5月21日、6月14日、6月18日 6月30日、9月15日、9月21日、9月30日	会议记录、报告

资料说明：统计的文献包括“美国国防部”的会议记录与发言，所有文献来源于美国国防部官方网站，统计与制表过程由笔者独立完成，http：//www.defense.gov/default.aspx。

其次，就学者而言，学者评价也是社会评价的一部分，妖魔化伊斯兰教与穆斯林这一倾向在西方国家的学者之中也颇为盛行。如著名中东学者伯纳德·路易斯（Bernard Lewis）在《中东：自基督教兴起至二十世纪末》中写道：“伊斯兰教好战的观念，在中东地区并不是新鲜事。”① 如果西方知名学者愿意查阅普通的阿拉伯语的字典或者向懂阿拉伯语的穆斯林进行请教，就绝对不会如此误读伊斯兰。

甚至是欧洲著名的学者们，也不愿意耗费精力去查阅任何一本《阿拉伯字典》抑或是原始版本的《古兰经》。荷兰著名伊斯兰教研究专家A.J.文辛克（A.J.Wensinck）在他的著作《早期圣训手册》（A Handbook of Muhammadan Early Tradition）中，并没有试图认真分析

① ［英］伯纳德·路易斯著，郑之书译：《中东：自基督教兴起至二十世纪末》，中国友谊出版公司2004年版，第238页。

伊斯兰教的教义，而是简单解读伊斯兰崇尚“战争”，他在《伊斯兰百科全书》（Enyclopaedia of Islam）中的解释更为极端，“暴力活动是所有穆斯林的信仰，就是使用武力手段强制推广伊斯兰教”①。也就是说，他认为：伊斯兰教不单只是偏好“战争”，而且试图通过武力形式在世界传播。克莱因（Klein）在他的著作《伊斯兰的信仰》（The Religion of Islam）中也持相似的观点：“伊斯兰针对异教徒的暴力，目标是赢得他们加入伊斯兰教抑或消灭拒不加入伊斯兰教成为穆斯林的人，通过这种暴力形式获得伊斯兰教广为传播的目标，被每个穆斯林国家视为最为神圣的职责。”②

第三，就媒体而言，西方媒体的报道是一个最重要的社会标签，它凭借其影响力与先进的传播手段，直接影响国际社会公众对于伊斯兰教与穆斯林的印象，它通过铺天盖地的报道，建立了伊斯兰教与恐怖主义者之间的联系，扭曲了伊斯兰教的教义，成为恐怖主义规范传播与恐怖主义共同体扩大的推波助澜者，形成了一种恐怖主义文化。

表 3—4 CNN 关于“伊斯兰与恐怖主义”的报道次数统计

年份	总计次数	网络报道次数	其他报道次数
2010	108034	108000	34
2009	101045	101000	45
2008	97138	97100	38
2007	76255	76200	55
2006	68070	68000	70
2005	56557	56500	57
2004	53160	53100	60
2003	29161	29100	61

① Wensinck，Enyclopaedia of Islam，Oxford：Oxford University Press，1967，p. 6.

② F A Klein，The Religion of Islam，London：Routledge press，1985，p. 7.

续表

年份	总计次数	网络报道次数	其他报道次数
2002	30273	30200	73

资料说明：所有数据来源于 CNN 官方网站，统计与制表过程由笔者独立完成。详情可检索：http：//edition. cnn. com/。

恐怖主义规范是一种特殊类型的规范，其内涵与特征、生成机制与传播机制与其他规范，尤其是建构主义偏好的民主、人权规范的机制不同。“恐怖主义共同体”与“恐怖主义规范研究”是对建构主义规范理论研究的拓展与延续，也是用理论视角分析恐怖主义的积极尝试。

在国际关系领域中，学者们对于非理性因素研究的兴趣在不断增长。我们认为聚集所有可用的学识以进行国际政治中的非理性研究的时刻已经到来。通过寻求跨学科的理论资源以及借用其他的研究方法，学者们能够对非理性因素影响国际政治的一系列主题展开深入研究，这些主题包括：外交谈判、人道主义援助、国家安全、集体暴力、金融危机与国际贸易。关于这些主题的新闻报道与时事评论，通常表现出强烈的情感倾向，但作为学者，我们通常习惯将非理性因素搁置一旁，而使用抽象的研究模式分析政治行为。

下　篇

走向理论创新——理论发展与非西方主流社会的贡献

此篇是理论创新，讲的是新的理论范式，尤其是长期被边缘化的非西方主流社会（如中国、俄罗斯、中东国家等）的理论思想新研究。当前，国际关系处于活跃期和变动期，国家行为体和非国家行为体都在构建新的国际关系理论，20世纪在国际关系理论界拥有主导地位的霸权稳定论、中心—边缘依附理论已失去了昔日的光彩，而代表广大发展中国家愿望和意志的新理念正在登上国际关系理论的舞台。在本篇笔者要阐发的是：国际关系理论的价值观基础将开始在真正意义上突破西方文明一统天下的进程，中华文明、俄罗斯文明、伊斯兰文明等将对国际关系理论的价值观基础带来实质意义上的变革。

第四章

俄罗斯国际关系理论及其影响

俄罗斯国际关系理论研究的蓬勃发展主要在于以下三个方面的原因：一是和当时俄罗斯亟待解决的与政治利益密切相关的国际关系问题有关，这些问题使学者们把大家最关注的国际关系事件作为主要研究对象。二是由于历史发展、意识形态和物质利益等各方面的原因使俄罗斯学者密切关注国际关系研究的发展趋势。三是受到美国等西方发达国家国际关系理论、政治思潮的影响。

同西方学者相比，俄罗斯国际关系学者关注更多的是当代的国际秩序的特点，而不是纯学术理论的建构。冷战结束后，随着俄罗斯社会的急剧转型，在政治民主化的俄罗斯，传统的以马克思主义为核心的基本理论逐渐退出历史舞台，不同学派的思想和主张竞争激烈，并不同程度地影响着当代俄罗斯的外交战略。

一、当代俄罗斯国际关系理论的分类

如前文所述，对于当代俄罗斯国际关系理论的主要流派，俄罗斯学术界存在不同的分类标准。比较常见的一种是将俄罗斯的国际关系理论流派分为自由主义、现实主义、欧亚主义以及新马克思主义，另一种是分为自由主义、现实主义、新马克思主义和后现代主义，此外还包括一系列焦点性的问题领域，如全球化、国际政治经济学以及地缘政治学等。[①] 俄罗斯学者认为当前俄罗斯国际关系理论界出现了新的研究方向，这就是多元化的发展道路，[②] 但如同西方国际关系理论一样，在当代俄罗斯国际关系学中，占主要地位的是现实主义和自由主义两大流派。

俄罗斯国际关系理论的现实主义流派主要以俄罗斯科学院、美国与加拿大研究所的沙科列伊娜以及世界经济与国际关系研究所的博格多罗夫，以及霍卢斯塔耶夫、阿尔巴多夫、可克申、契什科夫、维诺格拉多夫等为代表。[③] 从其主要的理论观点来看，俄罗斯现实主义者认为，必须要以实际的利益来定义俄在欧亚大陆上的外交政策，强调要抵制内外威胁，保障国家安全。目前对俄罗斯国家安全的最大威胁是深层次的内部危机。因此，俄罗斯首先要完成国内改革，积累必要的资源来修复内外的不稳定。从外部看，要有选择地发展同外部国家的关系：近国外—苏联国家—东欧、中东、远东—西方。[④]

从不同的角度来对自由主义进行划分，可以将自由主义划分为“激进的自由主义”、“温和的自由主义”、“本土特色的自由主义”以及“现实主义的自由主义”。“激进的自由主义”指自由主义学者坚决拥护自身的主张，对于与自身主张不同的意见，予以坚决地抨击，例如，激进自由主义者毫不掩饰自己对普京掌权持怀疑态度，认为这是民主的一种倒退。“温和的自由主义”指立场不明确，容易妥协的自由主义派别，温和的自由主义作为俄罗斯社会、经济和政治生

---

① Andri P. Tsygankov and PavelA. Tsygankov, “New Directions in Russian International Studies: Pluralization, Westernization, and Isolationism,” Communist and Post-Communist Studies, Vol. 37, No. 1, March, 2004, pp. 1—18.

② AndriP. Tsygankov and PavelA. Tsygankov, “New Directions in Russian International Studies: Pluralization, Westernization, and Isolationism,” pp. 1—18.

③ A. G. Arbatov, “Interesy Rossiyi v SNG,” Mezhdounarodnayazhizn, No. 9, 1994; E. Kochetov, Geoekonomika IStrategiya Rossiyi, Moskva.

④ 刘军、强晓云：“俄罗斯国际关系学的理论流派与发展趋向”，《世界经济与政治》，2005 年第 11 期，第 23 页。

活的组织原则具有较大的软弱性。温和的自由者认为当前俄罗斯建立民主的世界秩序的过程充满了希望。“本土特色的自由主义”指存在着一种俄罗斯特色的自由主义，即将西方自由主义与俄罗斯文化内涵相结合。本土特色的自由主义者认为我们不能盲目倒向西方或者东方，而是应该走东西结合的道路。“现实主义的自由主义”指某些自由主义学者的观点中带有现实主义的成分，试图将自由主义与现实主义相互融合，他们一方面承认联合国等国际机制的作用，另一方面又认为美国不能一直担当霸主，因为美国无力单独承担使国际关系适应新的现实所必需的所有开支，美国必须考虑包括俄罗斯在内的其他大国的利益，如中国、日本、英国、德国、法国和印度。

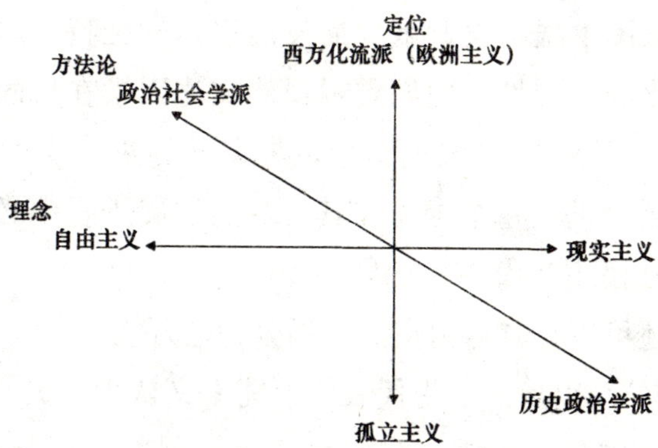

图 4—1 俄罗斯国际关系理论

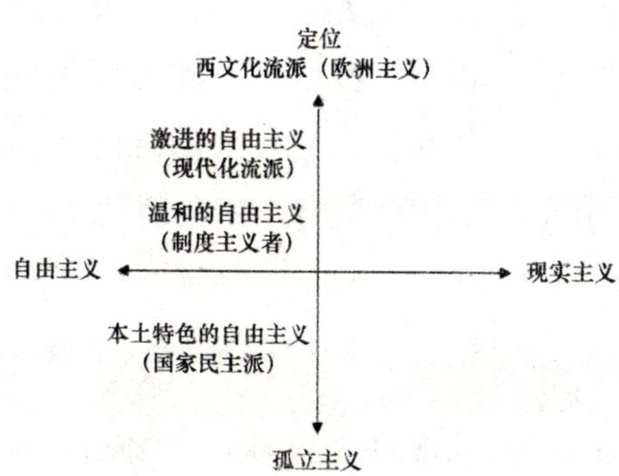

图 4—2 俄罗斯自由主义国际关系学派

与现实主义相比，俄罗斯国际关系理论中的自由主义提倡用多边国际体制保证国际体系的稳定，俄罗斯自由主义的发展有明显的阶段性，自由主义内部也有相当大的分歧与区别，主要表现为三大流派：现代化流派、制度主义者流派、国家民主派。[①] 现代主义者（如盖达尔、科济列夫）曾在90年代初俄罗斯内政与外交中占据主导地位，他们强调俄罗斯要接受西方文明价值观，崇尚西方民主与市场经济，想让俄罗斯完全成为西方一部分，认为苏联的解体是积极的，有利于俄罗斯的发展。制度主义者强调要成为当代国际组织的成员，同样认为世界发展进程的统一化趋势正在不断增长，但对现有的国际制度持批评态度，认为各种国际体制和制度急需健全和完善，否认苏联解体是积极的，强调要加强与独联体以及苏联国家的一体化。国家民主派则强调俄罗斯发展道路的独特性以及在世界政治中本土文化的重要性，他们重视民族文化因素在巩固世界民主体制中的作用。[②] 国家民主派把整个世界划分为进步文明和落后文明的作法是欠妥当的，每个国家在其自身的发展进程中必须充分重视和利用本国在民主建设中所积累的经验。

此外，还可以将“自由主义”划分为“万能主义”、“理想主义”与“国际主义”。以特列宁为代表的万能主义认为，美国在当今世界的领袖地位是国际关系进一步向民主化发展的前提与保障。因此，同美国保持良好的双边关系有利于俄罗斯实现民主政治。以阿达米申为代表的理想主义则主张建立世界政府，认为只有通过建立“绝大多数国家支持的新的国际行为准则”，才可以彻底根除这些“人类社会的结构性危机”。以大卫多夫为代表的国际主义则主张提高国际法和国际组织在国际关系中的作用。在全球化的今天，单凭一国的

---

① 刘军、强晓云：“俄罗斯国际关系学的理论流派与发展趋向”，《世界经济与政治》，2005年第11期，第23页。

② PavelA. Tsygankov and Andrei P. Tsygankov，“Dilemmas and Promises of Russian Liberalism,” Communist and Post2 Communist Studies，Vol. 37，No. 1，March 2004，pp. 53—70.

力量已经难以应付新的挑战，因此必须完善国际法体系，充分利用国际组织来协调各种冲突。[①]

俄罗斯的现实主义与自由主义之间存在相当大的争论。在世界秩序的问题上，对俄罗斯现实主义者来说，国际秩序是当前国际关系的一种体系，具有较大的稳定性。国际体系的原则、规范和内容不仅取决于国际体系的结构，还维系着国际安全机制，也就是说，对于现实主义来说，世界秩序是指已经建立起来的体系，而在自由主义者看来，世界秩序则是管理世界的手段。现实主义者认为，世界秩序首先指的是国家间关系，而自由主义者则认为国家间关系只是世界政治的一个组成部分。[②] 对于俄罗斯现实主义者而言，世界秩序首先意味着一种和平机制，而在俄罗斯自由主义者看来则是维护和平的方法，强调世界秩序主体的扩大。

关于国家利益与主权问题。自由主义者认为全球化以及全球市民社会的出现可以使国家利益次之，这样可保护个人的权利与自由。俄罗斯应该减弱主权，进行跨国合作，与国际组织合作。但是现实主义者却持完全相反的观点。[③] 在外交政策方向问题上，自由主义者认为，俄罗斯应该放弃大国幻想，承认目前状况，向西方靠拢，否则就会处于边缘化。但是现实主义者认为仅仅同西方合作对俄罗斯是不利的。

关于市场和安全问题，自由主义者认为，俄罗斯最大的任务是完成民主与市场的改革。俄罗斯获得安全的途径是加强多边机制，避免出现权力政治回归的情况，北约东扩不会威胁俄罗斯安全，俄罗斯应该积极加入北约。但是现实主义者强调市场化改革带来的负

---

① 刘军、强晓云："俄罗斯国际关系学的理论流派与发展趋向"，《世界经济与政治》，2005 年第 11 期，第 24 页。

② CM：Цыганков А.П，Цыганков.П.А.Дилеммы и обещания российского либерализма.c156—157，转引自：李晓华："当代俄罗斯国际关系学的现实主义系统——历史学派研究"，《外交学院学报》，2009 年第 1 期，第 10 页。

③ 同上，第 24 页。

面结果，强烈反对北约东扩，强调的是俄罗斯的欧亚地缘政治地位，把独联体看作其重大利益所在，积极倡导实现独联体一体化，强调优先发展与独联体国家的关系以平衡北约东扩的压力。

对于在维护世界和平过程中使用何种手段存在着不同的解释。现实主义者认为，要加强俄罗斯的国家实力，使用包括武力在内的一切手段维护世界和平，武力是和平的前提和基本条件。现代主义认为，当代世界有能力维护世界和平的只有美国，要依靠美国保护世界不受边缘国家和恐怖主义的侵害。制度主义强调国际组织和法律规范在维护国际和平中将发挥不可替代的作用。

当然，简单地依照西方的习惯将俄罗斯的国际关系理论分为自由主义、现实主义等流派并不能完全反映俄罗斯国际关系研究的现状，应当结合其他的方法区别，对俄罗斯国际关系理论流派进行系统分析。如从俄罗斯国际关系理论研究的发展存在着两种相互排斥倾向的视角进行分析，可以分为西方化学派和孤立主义学派。当代俄罗斯自我认同在此基础上以相互竞争的形式表现出来，形成了俄罗斯学派的两个理论阵营。

“西方化”是指部分俄罗斯学者积极支持西方的理论概念和观点，它深受西方自由主义范式影响，西方化意味着对西方主流理论概念及知识模型的依赖。而“孤立主义”则是对俄罗斯国际关系理论研究中的西方化的一种回应，以地缘政治研究为阵地进行反击。地缘政治同国际关系理论息息相关，在俄罗斯国际关系学者中特别盛行以地缘政治作为研究领域。茨冈科夫父子在《国际关系社会学》一书中指出了“西方化”与“孤立主义”倾向各自的弊端。“西方化”会导致俄罗斯学术界对西方学术思想与观点以及西方文化价值观和政治意识形态的依附。因此，“西方化”有可能削弱甚至扼杀认识论发展的内部动因。[①] 而“孤立主义”会延缓本已迟滞的对俄罗斯认同

① ［俄］茨冈科夫著，刘再起译：《国际关系社会学》，武汉大学出版社 2007 年版，第 35—45 页。

的探索，并相应地延缓俄罗斯国际关系理论的发展，还可能使苏联时期的宣传与教条重返俄罗斯学界，扼杀任何有创新性的思想。[①]“西方化”有利于俄罗斯的国际关系研究与西方的社会科学研究相一致，而“孤立主义”也许更注重从俄罗斯自身的文化、内涵等方面推进俄罗斯的国际关系研究。

根据研究方法的不同，俄罗斯国际关系理论还可以分为历史政治学派和政治社会学派。历史政治学派主要由地方院校历史系出身的学者组成。他们主张从历史的角度来分析各种国际政治现象。该流派在莫斯科国际关系学院、俄罗斯科学院世界经济与国际关系研究所等研究国际关系的科研机构中占有主导地位。[②] 政治社会学派运用社会学的研究方法来分析当代国际关系和世界政治经济局势，强调应当从现实的角度出发，在综合思考当今世界政治特点的基础上来制定俄罗斯的对外政策。主要由莫斯科大学社会学、经济学专业出身的学者组成。该学派的代表人物是秋林、梅里威利、茨冈科夫、谢尔古宁等。[③]

在经历了早期的多元化争论后，国际关系研究经历了一场从马克思主义占主要地位到多范式剧烈的转换，当前俄罗斯国际关系理论界呈现出纷繁复杂的局面，但俄罗斯国际关系理论界仍然形成了一些共识，即俄罗斯大多数学者认为，发展俄罗斯的国际关系理论研究应当从外部世界获得新的推动力，但仅靠这些显然是不够的，俄罗斯必须首先依靠自己丰富的社会、历史与思想传统，同时加强同西方和非西方国家同行的对话，以扩大自己的研究视野。[④] 结合自

① 钮菊生、王前：“俄罗斯国际关系学理论的新视野”，《国外社会科学》，2009年第6期，第1页。

② ［俄］茨冈科夫著，刘再起译：《国际关系社会学》，武汉大学出版社2007年版，第36—40页。

③ 刘军、强晓云：“俄罗斯国际关系学的理论流派与发展趋向”，《世界经济与政治》，2005年第11期，第23—24页。

④ ［俄］茨冈科夫著，刘再起译：《国际关系社会学》，武汉大学出版社2007年版，第25—45页。

身文化、借鉴并批判性地接受西方理论的过程，正是社会学方法在理论研究中的应用，而且这种趋势在进一步加强。

二、俄罗斯现实主义代表人物及思想

正如前文所述，俄罗斯现实主义并非是一个统一的流派，而是一个复杂的团体，许多历史学家、哲学家、社会学家等都以现实主义的理论来发展自己的学派，现实主义中又有系统—历史学派、结构主义学派、地缘政治与地缘经济学派等分支，其中系统—历史学派发源于苏联时期的七八十年代，所有苏联时期的国际关系理论都在很大程度上与此流派相关。俄罗斯结构主义是现实主义中相对较新的一个分支，他们关注的核心问题与西方国际关系中的结构主义有很大差别。地缘政治和地缘经济学派则是现实主义各流派中观点最为激进和最保守的一支。

正如普里马科夫所说，“俄罗斯走上了市场改革和政治多元化的道路，意识形态及其教条主义诠释已不再在社会上占统治地位，人民轻而易举地甚至没预料到会这样轻而易举地摆脱了它的束缚”。[①] 可以说，相对宽松的学术氛围为俄罗斯现实国际关系理论的发展创造了基本条件。总体上而言，在俄罗斯，苏式马克思主义的垄断地位已经宣告结束，当代俄罗斯国际关系研究呈现出了多元化的趋势，各种流派和观点都试图填充意识形态与理论的真空，它们之间展开激烈竞争，西方化与本土化、现代性与传统性，既相互融合、共生，又相互排斥、博弈，呈现出“百家争鸣”的繁荣景象。[②] 一方面，从苏联时期到当代俄罗斯的国际关系研究，从

① ［俄］普里马科夫著，焦广田等译：《大政治年代》，东方出版社 2001 年版，第 183 页。

② ［俄］别尔嘉耶夫著，雷永生、邱守娟译：《俄罗斯思想》，三联书店 1995 年版，第 2 页。

方法论以及理论渊源来看，学科的传承性并没有完全消失，如今日俄罗斯系统历史学、地缘政治学研究都具有这样一种学科上的延续性；另一方面，地缘经济学、结构主义的新研究在俄罗斯开始发展壮大。

当前俄罗斯现实主义者研究的主要问题关于世界结构、“极”以及俄罗斯对外战略问题，其中争论的焦点问题是：第一，当前演变的世界秩序特点是什么？第二，俄罗斯应采取何种对外战略与对外政策？正是在回答上述问题的基础上，俄罗斯现实主义学派产生分化，出现了既有以系统历史学和地缘政治学为代表的传统现实主义学派，又有新生的地缘经济学和结构主义学派共同争鸣的局面。

表 4—1　俄罗斯现实主义流派现状与代表人物

系统—历史学派	波兹特尼亚科夫、 博加图洛夫、 沙克列伊娜
地缘政治学派	亚历山大·杜金
地缘经济学派	科切托夫、 特科申科、 马佛西西扬
结构主义	赖斯内尔、 西蒙尼亚、 切什科夫

1. 系统—历史学派

系统—历史学派早在苏联时期就突破了当时官方占垄断地位的马克思主义，引领了当时国际关系学研究，为推动国际关系理论研究在当时的“合法化”做出了不懈努力。在当代俄罗斯现实主义系统—历史学派的主要代表人物中，大多都是历史学出身，且大部分来自于科学院的世界经济和国际关系研究所、美国和加拿大研究所以及国际关系学院等当时国际关系研究的权威部门，具有长期从事思想活动和影响公共政策的传统。苏联解体之后，在新的历史条件下，摆脱了意识形态束缚的学者们公开支持西方现实主义思想，对国际关系中的一些核心概念重新审视和解读，提出了"现实主权"的理论思想，并就当代世界秩序和俄罗斯的外交战略等问题进行了深入的思考，丰富着当代俄罗斯的国际关系学研究的理论和实践。①

国际关系系统方法研究有两种类型：（1）以抽象的国际关系系统的范畴、机制、发展、类型研究为特征；（2）着重于运用系统方法研究客观实存的国际关系具体历史进程。② 在苏联时期，谈起系统—历史方法，一般指的是第二类即用系统的方法对国际关系史进行研究的方法，而在当代俄罗斯，系统—历史方法的划分范畴则相对宽泛。在具体的理论思想上，他们信奉西方现实主义者所遵循的"大力发展军事力量"、"权力至上"、"弱肉强食"等游戏规则，竭力追求俄罗斯的大国地位，主张用实力保障利益，保障国家安全而不是国际安全。出于对俄罗斯地缘政治利益的考虑，他们一般主张积极外交，大力支持欧亚大陆权力制衡的原则。20 世纪 90 年代，系统—历史学派的主张逐步获得了国家强力部门和亲政府私营部门的支持，在俄罗斯外交政策发挥着重大作用。这一流派的主要代表人物有波兹特尼亚科夫、博加图洛夫和科科申等，部分学者是俄罗斯半官方组织俄罗斯外交和国防政策委员会的成员。③

---

① Поздняков. Э. А. Системный подход и международные отношения. М.: Наука, 1976г., Философия，转引自：李晓华："当代俄罗斯国际关系学的现实主义系统——历史学派研究"，《外交学院学报》，2009 年第 1 期，第 19 页。

② 冯绍雷："苏联当代国际关系理论的发展"，倪世雄主编：《世纪风云的产儿：当代国际关系理论》，浙江人民出版社，1989 年版，第 102 页。

③ Поздняков. Э. А. Системный подход и международные отношения. М.: Наука, 1976г., Философия，转引自：李晓华："当代俄罗斯国际关系学的现实主义系统——历史学派研究"，《外交学院学报》，2009 年第 1 期，第 15 页。

表 4—2　俄罗斯系统—历史学派代表人物与核心观点

代表人物	代表作	核心观点
波兹特尼亚科夫	《国家利益：理论与实践》、《世界政治中的均势：理论与实践》、《地缘政治：理论和实践》、《民族主义：理论和实践》	国家的地缘政治位置决定解决国家外交战略问题的手段和方式。
博加图洛夫	《当代稳定理论》、《太平洋上的大国：二战后东亚国际关系历史和理论》	系统结构——行为体行为。 静态稳定、动态稳定、垂直型结构、空间型结构。
科科申	《当代世界政治体系中的现实主权》	"现实主权"

波兹特尼亚科夫是俄罗斯系统—历史学派的奠基人，他先后出版了《国家利益：理论与实践》、《世界政治中的均势：理论与实践》、《地缘政治：理论和实践》、《民族主义：理论和实践》等系列丛书，在他看来，国家的智慧就在于认清自己在世界上所处的位置、扮演的角色和生存的权力，坚决捍卫自己的国家利益。权力是保护和实现民族—国家利益的重要手段，国家的地缘政治位置决定着解决国家外交战略问题的手段和方式。1994 年，波兹特尼亚科夫出版了两卷本专著《政治哲学》，他引进哲学方法国际关系理论学者"重新找到了自己的历史地位"，波兹特尼亚科夫正是在这本书中重新找到了其现实主义的思想定位。①

博加图洛夫是莫斯科国际关系学院系统—历史学派奠基人兹洛宾的学生和学术继承人，是继波兹特尼亚科夫之后俄罗斯现实主义学派中的一位杰出代表。在《当代稳定理论》和《太平洋上的大国：二战后（1945—1995 年）东亚国际关系历史和理论》一书中，博加图洛夫主要运用系统结构的方法对亚太地区的一段国际关系史进行分析，提出了自己对稳定理论的看法。他分别建立起两种稳定类型

① 倪世雄：《当代西方国际关系理论》，复旦大学出版社 2006 年版，第 21 页。

和两种地区稳定结构。稳定类型包括静态稳定和动态稳定。[①] 静态稳定特点是：大量明显的冲突频繁存在，冲突强度的升级引起国家间关系的动荡。动态稳定的特点是：虽然国家之间也存在大量的摩擦，但由于大量共同利益的存在，国家间会产生互动机制以调节矛盾。虽然动态稳定并不是绝对和平，但它及时地摆脱了国家间关系过度紧张的状态，降低了爆发冲突的危险。

同时，博加图洛夫还分解出两种类型的地区稳定结构：一种是建立在大国影响基础上的“领导”型垂直权力类型，“领导”（美国或者苏联）将自己的意愿施加给下属，领导国家具有无可争议的优势，其他国家难以发挥关键作用；另外一种类型则是空间结构。博加图洛夫在构建这类结构时，充分考虑到了中小国家在地区政治中的作用。在这种结构中，“领导”不能有效地对局势施加决定性影响，其他中小国家能够组成组织来应对某个“极”（美国或者苏联）的意图。

科科申是俄罗斯系统历史学派的当代代表，也是俄罗斯国内著名的战略稳定和反导问题专家，主持俄罗斯科学院国际安全问题研究所的工作。20 世纪七八十年代美苏争霸激烈时期，他提出的“两极平衡”理论引起世界军事理论和国际问题研究界的瞩目，并因此而名声鹊起，多次作为重要成员参加苏美谈判。[②] 在《当代世界政治体系中的现实主权》一书中，他全面阐述了“现实主权”概念的内涵。他认为，一方面，民族国家及其主权确实受到了全球化的深刻影响；另一方面，民族国家及国家主权在国内和国际政治生活中仍处于核心的地位。

2. 地缘政治学

俄罗斯地缘政治学派是俄罗斯国际关系研究中最为激进、最为保守的一个派别，其该学派的奠基人是亚历山大·杜金，他特别强

---

① 李晓华：“当代俄罗斯国际关系学的现实主义系统——历史学派研究”，《外交学院学报》，2009 年第 1 期，第 18 页。

② ［俄］科科申著，杨晖译：《战略领导论》，军事科学出版社 2005 年版，第 2 页。

调欧亚俄罗斯的大陆性，把俄罗斯的大陆文化与西方的海洋文化对立起来。[①] 他认为，大陆文化和海洋文化的矛盾不可调和，整部世界历史可以看作是是两种文化（海洋文化和大陆文化）之间的对立与斗争，在任何一个历史阶段，不是海洋文化要试图战胜大陆文化，就是大陆文化试图战胜海洋文化，因此，未来世界基本上是两极的世界——海洋国家联盟和陆地国家联盟之间的斗争，俄罗斯是大陆文化的代表国，它与海洋文化代表国之间是绝对对立的。除此之外，地缘政治学派还认为，每个民族都有其特殊的使命，精神革命不是进步的革命，而是保守的革命，他们支持俄罗斯应该对外实行“保守主义革命”与展开地缘政治的扩张，并认为传统的民族国家已经陷入了危机，它们需要俄罗斯的拯救，其宗旨是恢复宗教精神传统、否定社会的自由主义价值。[②] 在外交战略层面，他们具有反西方的倾向，主张建立一个包括伊朗、德国、日本和中国在内的更为广泛的联盟轴心，以抗衡美国与欧洲的影响。同时，他们还认为俄罗斯的社会制度具有优越性，西方的社会制度完全不适应俄罗斯的国情，因此，完全没有必要建立市场经济和民主政治。

3. 地缘经济学与结构主义

与许多西方国际关系理论流派划分的不同，在俄罗斯国际关系理论流派中，地缘经济学、结构主义一般都属于俄罗斯现实主义阵营中的一员。随着全球化时代的来临，经济在国家以及整个国际社会中的作用不断增强，地缘经济学的研究也开始在俄罗斯逐渐发展起来，学界开始对这一问题加以关注，其主要代表人物除了科切托夫之外，还有特科申科、登金、马佛西西扬等知名学者。[③] 当前俄罗

① 冯绍雷：《制度变迁与对外关系———1992 年以来的俄罗斯》，上海人民出版社 1997 年版，第 27—35 页。

② 李兴耕：“俄罗斯的新欧亚主义思潮与欧亚党”，《俄罗斯研究》，2003 年第 2 期，第 25 页。

③ A. Dynkin，“Is Russia a global economy?” Proet Contra，No. 2，2002，pp. 42—67.

斯学者在这一问题上的主要争论在于：到底是倡导国家融入世界经济？还是要求俄罗斯经济的相对自治？同时也相应地形成了两大派别：一类学者倡导与他国展开经贸合作、俄罗斯经济改革应该具有持续性；另一类学者则认为要有利于工业发展，必须在出口环节征收特殊税收，并进行资源的集中再分配，强调发挥国家的作用。①

结构主义是俄罗斯现实主义中相对较新而保守主义色彩较少的学派，该学派在对当代国际结构进行描述时，所用的核心概念与西方的现实主义流派不同。② 在分析世界发展的基本规律与趋势时，他们将世界视为统一的整体，并划分出不同世界组成成分之间各种不同的互动机制和冲突类型，在俄罗斯的外交战略层面，受俄罗斯文化传统的影响，他们关注的核心问题是俄罗斯能否顺利融入整个世界结构？这一学派的主要奠基人物是赖斯内尔与西蒙尼亚，近年来，切什科夫等学者的作品也进一步丰富了这一流派的内容。而在美国等主流西方的结构现实主义学者看来，国际体系结构决定国家行为，结构可以简单分为单极、两极、多极，美国结构现实主义的代表人物沃尔兹认为两极体系结构最为稳定，国家是国际关系的主要行为体，国家是理性行为体，国家通过追逐权力获得安全。③

总体而言，俄罗斯现实主义的外交思想和主张具有以下三个特征：一是以维护国家利益为目的，注重传统地缘政治因素和经济的发展，而不是意识形态的特征；二是强调军事力量，特别是核力量的作用；三是主张均势外交，实行积极的外交政策。

首先，俄罗斯现实主义认为，国家应以维护国家利益为目的，注重地缘政治因素的作用，而不是意识形态的特征。俄罗斯的外交政策应该取决于国家安全利益，在当今世界中，冲突与矛盾是不可

---

① Stanislav L. Tkachenko, "The Study of International Political Economy in Russia," Communist and Post-Communist Studies, Vol. 37, No. 1, March 2004, pp. 111－120.

② Stanislav L. Tkachenko, "The Study of International Political Economy in Russia," Communist and Post-Communist Studies, Vol. 37, No. 1, March 2004, pp. 115－120.

③ 秦亚青：《权力、制度、文化》，北京大学出版社 2005 年版，第 5 页。

避免的，各方的行为都在于维护自身的利益不受侵害，波兹特尼亚科夫是英国地缘政治学家麦金德“心脏地带”理论的拥护者，他以这个理论为依据来看待俄罗斯的地缘政治地位，并指出俄罗斯的地理位置是独特的，它在世界地图上处在中心位置，因此，地缘政治利益对俄罗斯来说，是国家利益中最基础的部分。当然，俄罗斯国家安全的基础不仅仅在于政治秩序的稳定，还取决于经济的繁荣和社会的发展，因此，俄罗斯现实主义学者不仅关注传统的地缘政治因素，还特别强调经济因素在维护俄罗斯国家安全中的重要意义。

其次，俄罗斯现实主义代表人物强调军事力量，特别是核武器在国家安全中产生的影响。在科科申看来，核武器在很大程度上不仅是军事或军事—政治手段，还是国家地位的重要象征，它决定着国家在世界等级秩序中的位置。阿尔巴托夫也认为，俄罗斯应该成为主要的核大国，因为在拥有一流的核能力的前提下，俄罗斯才能保证免受东西方国家的威胁，维护自己利益和安全，即使北约东扩，也能给独联体可能的盟友提供安全保障。

第三，俄罗斯现实主义代表人物主张俄罗斯积极外交。俄罗斯现实主义学者们奉行灵活、务实的外交战略，其主要表现在：(1) 主张实行积极的外交政策，既不与西方矛盾，又不反对东方。(2) 把独联体国家放在优先考虑的位置，对该区域内不同国家区别对待。阿尔巴托夫认为，[①] 为了提高俄罗斯在独联体地区的地位，俄罗斯应该采取不同的策略，发展国家间互利的双边关系。如俄罗斯和波罗的海国家发展正常互利的经济、文化、科技关系，与一些国家（如白俄、亚美尼亚、哈萨克斯坦、吉尔吉斯）在双方安全利益的基础上建立可能的军事—政治联盟或者军事—技术合作。

当然，一方面，由于俄罗斯国际关系学目前尚处于成长期，其现实主义国际关系理论的发展尚不完善，学界尚无统一的认识，个

---

① 李晓华：“当代俄罗斯国际关系学的现实主义系统——历史学派研究”，《外交学院学报》，2009 年第 1 期，第 15 页。

别学者前后学术著作理念也有差异；另一方面，某些俄罗斯学者在分析某个国际问题时会采用多种分析方法、涉及多个领域和学科，不同的学科之间的研究边界也相互交叉，所以上述分类方式并不完善。

三、俄罗斯国际关系理论对俄外交的影响

（一）叶利钦时期俄国际关系理论对外交的影响

俄罗斯第一任外长科济列夫一上任就表示："在放弃乌托邦思想后，我们开始推行实用主义，……人们很快就认识到，地缘政治正在取代意识形态。"[①] 俄罗斯总参军事学院的皮鲁莫夫教授指出："研究地缘政治进程中的初步工作已证明，地缘政治观点对更好、更深刻地理解当今世界所发生的事件，以及对实现新的、现实的地缘观点，并在此基础上建立新的俄罗斯安全体系极为重要。"[②] 1994年以后，俄罗斯调整对外战略的重要内容之一，就是要根据现实主义，对俄罗斯的地缘安全状况重新予以关注，把阻止俄罗斯地缘安全环境的进一步恶化作为俄罗斯外交的重要任务。

这个时期俄罗斯外交的突出特点有四：一是强调对外政策的独立性，外交姿态明显较前主动、强硬；二是明显加大了同西方国家抗争的力度，在一系列问题上展开激烈的角逐；三是强调俄罗斯在独联体地区拥有特殊利益；四是积极介入亚太事务。独立两年来，俄罗斯的国际地位急剧下降，外交环境不断恶化。一方面，西方国家在处理重大国际事务时，往往撇开俄罗斯；另一方面，西方在援助俄罗斯问题上一直雷声大、雨点小，明显缺乏诚意，严峻的现实促使俄罗斯决策集团对亲西方外交是否符合国家利益进行重新考虑。

① ［美］布热金斯基：《大棋局：美国的首要地位及其地缘战略》，上海人民出版社1998年版，第129页。

② 叶自成：《东扩：克林顿与叶利钦》，东方出版社1999年版，第283页。

1994年2月24日，叶利钦在总统国情咨文中明确宣布，俄罗斯外交“应结束有缺陷的单方面让步，应永远符合俄罗斯的大国地位”。[①] 此后，有关俄罗斯应致力“恢复大国地位”、推行独立的大国外交的提法和观点迅速充斥于俄罗斯领导人的讲话和官方文件中。科济列夫在其《落后的伙伴关系》一文中指出“俄罗斯注定要成为强大国家，不可能成为美国的小伙伴，而只能是平等伙伴”。[②] 俄国防部长帕格拉乔夫则直言不讳地声称，世界将会看到“大俄罗斯的复活”，它将在大国行列中取得自己的地位。

与此同时，俄罗斯外交部门和议会中的一些研究机构从不同角度对“大国外交”思想进行理论论证和阐述。例如，俄罗斯科学院世界经济和国际关系所尼·科索拉波夫的文章《新俄罗斯和西方战略》、俄罗斯杜马国家安全和军控委员会主席亚·尼科诺夫的文章《俄罗斯的戴高乐主义》、俄罗斯半官方机构“外交和国防政策学会”的研究报告《俄罗斯的战略》和俄罗斯地缘政治和军事预测中心主任阿·阿尔巴托夫的文章《俄罗斯不会在北约获平等地位》等。[③]

根据俄罗斯领导人和俄罗斯学者的论述，关于外交战略的目标。即在国际舞台上发挥大国作用，恢复俄罗斯“在世界上受人尊重的大国地位”。具体而言：要确保俄罗斯成为与美国等西方大国平起平坐的世界大国，要确保俄罗斯成为以独联体为其势力范围的大国，要确保俄罗斯成为在亚太发挥重要作用的亚太大国。谋求与美国、欧盟平等的大国地位是俄罗斯战略目标的定位，从1994年起，俄罗斯在继续争取西方经济援助的同时，更加强调西方应该取消对俄罗斯的歧视性政策，使俄罗斯享有平等参与国际经济活动的权利。叶利钦在俄美总统莫斯科会晤后举行的联合记者招待会上明确宣布：

---

① ［俄］叶利钦：“战略目标是建立繁荣的国年家”，《俄罗斯报》，1994年2月25日。

② ［俄］科济列夫：“落后的伙伴关系”，《外交季刊》，1994年5月6日。

③ 学刚、姜毅：《叶利钦时代的俄罗斯——外交卷》，人民出版社2001年版，第32页。

俄罗斯将不再谋求得到人道主义援助，而是要求美国取消对俄罗斯出口商品的贸易限额，开放技术市场。切尔诺梅尔金总理谈到俄罗斯对外经济政策时也指出："西方不要像对待穷亲戚那样对待我们，俄罗斯不需要恩赐，只要求在贸易中得到平等的机会。"①

俄罗斯争取平等参与国际经济活动的努力还表现在反对美国垄断国际军品市场，反对美国以防止武器扩散为由阻止俄罗斯。俄罗斯决心重振武器出口大国地位，为此采取了改进管理体制、加强广告宣传、降低销售价格、完善售后服务等一系列措施，使俄罗斯在中东、东南亚及南美国家的军火市场有所恢复和发展。除积极抗争、维护自己的战略利益和大国尊严外，俄罗斯大幅调整对地区热点的政策，由消极应付变为积极参与，由完全追随西方到提出自己的独立主张，以展示其大国形象。

到 1995 年底、1996 年初，绝大多数俄罗斯政治家和国际问题专家在俄美关系问题上取得了基本一致的看法。这些看法包括：美国并不准备把俄罗斯当做一个平等的合作伙伴来对待，实际上美国正在通过北约东扩和阻止独联体一体化进程等做法损害俄罗斯的地缘政治和安全利益。尽管俄美经贸关系是重要的，但是美国不可能向俄罗斯提供大量的经济援助和投资来帮助其解决经济困难，俄罗斯的经济问题只能主要依靠俄罗斯自己来解决。由于科济列夫多年来所执行的对美和对西方政策未能有效地维护俄罗斯的利益和尊严，俄国内强烈要求重新制定同美国建立伙伴关系的原则并要求罢免科济列夫的外长职务。

普里马科夫在担任外长后指出，俄美关系必须建立在完全平等的基础之上。他认为奉行同美国建立战略同盟关系的方针不符合俄罗斯的利益，因为它会使俄罗斯失去对外政策的独立性。俄罗斯对美政策的进一步调整主要体现在以下三个方面：

---

① 学刚、姜毅：《叶利钦时代的俄罗斯——外交卷》，人民出版社 2001 年版，第 38 页。

首先，强调俄罗斯是和美国平等的大国。其主要表现是更坚决地反对北约东扩并要求建立合理的欧洲安全新体系。俄罗斯尤其强烈地反对波罗的海三国加入北约。在叶利钦致美国总统克林顿的信中警告说，波罗的海三国为加入北约而采取的任何步骤都将被看作是“对俄罗斯民族利益的直接挑衅”，并强调这三个国家加入北约绝对不能接受。[①] 俄罗斯还坚决反对美国想要把北约变成新的欧洲安全的体系轴心的企图，强调保障欧洲安全的最佳模式是欧洲安全与合作组织，并拒绝美国提出的关于分阶段部署美国反导弹防御系统的建议。

其次，坚决反对美国建立单极世界。普里马科夫指出，冷战结束后世界已不再分成两个阵营并出现了多极化，但是“在这个过程中总有人力图建立一个单极世界，使其他国家的利益服从某一个超级大国的利益，避免这种现象是俄罗斯外交的主要目标之一”。[②] 为此，他提出了“向新的世界秩序过渡”的四个条件：一是不能允许新的分界线代替旧的对抗战线，因此，俄罗斯坚决反对北约东扩的主张并反对把北约变成新的欧洲安全体系核心的企图；二是消除“领导者”和“被领导者”的心态，因为这种心态助长了建立单极世界的倾向；三是使国际经济关系民主化，不能再利用经济手段来达到自私的政治目的；四是国际社会在解决一些重大国际问题时，例如调解冲突、裁减军备等，应采取一致行动。[③]

再次，更积极地推行“全方位”外交。尽管从 1994 年开始俄罗斯一直表示要实行“全方位”外交并取得了一定的积极效果，但总的来说，俄罗斯外交并没有完全摆脱以美国为中心的亲西方倾向。普里马科夫担任外长后强调，俄罗斯作为一个大国要奉行“多方面、

---

① 学刚、姜毅：《叶利钦时代的俄罗斯——外交卷》，人民出版社 2001 年版，第 37 页。

② ［俄］普里马科夫：“俄罗斯不会扮演傀儡机的角色——普里马科夫阐述俄罗斯对外政策原则方针”，《劳动报》，1996 年 6 月 26 日。

③ ［俄］普里马科夫：“多极世界出现在地平线上”，《独立报》，1996 年 10 月 22 日。

全方位”的外交。他认为俄罗斯的外交有许多重点，而美国只是其中之一。叶利钦1996年6月致俄罗斯联邦会议的国家安全咨文也强调，俄罗斯“不打算单方面依赖任何国际力量中心”。[①]

另一方面，俄罗斯仍希望同美国保持平等的伙伴关系，而不希望同美国发生对抗。由于经济上始终没有摆脱危机状态，俄罗斯不但没有实力同美国对抗，而且在获得新的贷款和延期偿还外债等方面对美国等西方国家仍有很大的依赖性。1995年，俄罗斯从国际货币基金组织获得68亿美元贷款。这笔贷款弥补了俄罗斯当年预算赤字的一半左右。1996年3月，国际货币基金组织又允诺在3年内再向俄罗斯提供102亿美元贷款。[②]

在叶利钦的第二届总统任期内，俄罗斯越来越明确地把“多极化”思想作为新的外交战略的指导思想。在这一思想指导下，俄罗斯继续调整外交政策，更积极推行全方位、多样化外交，积极参与地区及国际事务，扩大国际影响，力争使俄罗斯在未来多极世界格局中成为有重要影响的一极。叶利钦总统明确把推动世界多极化作为俄罗斯外交战略的目标。1996年5月12日，叶利钦在外交部发表专题演讲，题为《俄罗斯在多极世界形成时期的地位和作用》，首次系统地阐述俄罗斯的“多极化”外交思想。在1997年3月的《国情咨文》中，叶利钦指出，俄罗斯外交政策的目标是建立以多极世界为原则的国际关系体系。在1998年2月17日的《国情咨文》中，叶利钦再次指出，俄罗斯对外政策的实质，就是坚决捍卫俄罗斯的国家利益，增强俄罗斯在世界事务中的作用，确立多极世界的模式。在1997年4月叶利钦总统批准的《俄罗斯联邦国家安全构想》中，也明确提出了俄罗斯在国际领域推行“多极化外交”的原则方针。[③]

---

① 学刚、姜毅：《叶利钦时代的俄罗斯——外交卷》，人民出版社，2001年版，第88页。

② 同上书，第49页。

③ 学刚、姜毅：《叶利钦时代的俄罗斯——外交卷》，人民出版社2001年版，第58页。

“多极化外交”决定了俄罗斯外交政策将更加突出全方位性。为实现俄罗斯的大国目标，确保俄罗斯的安全利益，俄罗斯把继续加强与独联体的一体化作为自己“一极”地位的战略依托，同时，将对各大国实行“平衡接近”的伙伴外交方针，努力改善俄罗斯与世界各力量中心的关系，加强俄罗斯与国际和地区一体化组织的联系，扩大外交空间，提高俄罗斯的地位，牵制和削弱美国的霸权，推动世界向多极化发展。与世界主要大国建立稳定的伙伴关系是俄罗斯多极化外交战略的核心内容之一。叶利钦指出：俄罗斯不打算同任何国际力量中心对抗，也不打算单方面依赖任何国际力量中心。在最近几年内，俄罗斯对待这些国际力量中心的战略将是“均衡”接近。[①]

首先，致力于与美国发展友好关系。俄罗斯将继续在安全、经济等领域谋求与美国合作，但同时明确强调要发展平等关系和保持外交独立。一方面，在防止大规模杀伤性武器扩散、打击国际恐怖主义、裁军、维护地区安全与稳定等领域，俄罗斯与美国有共同利益。俄罗斯为维持俄美战略平衡，确保自身安全利益和地位，继续围绕削减战略武器条约、试验和部署反导系统等方面与美国既合作又抗争。另一方面，俄罗斯继续积极谋求加强与美国的经济合作关系，特别是力图借助美国加入世界经济组织。从 1996 年至 1997 年底，俄美政府间经贸技术合作委员会共举行七次会议，签署了一系列促进双边经济合作的文件。

其次，谋求对独联体国家的传统影响力。1995 年俄罗斯总统叶利钦签署了《俄罗斯联邦对独联体国家战略方针》（以下简称《方针》），使俄罗斯对独联体政策进一步系统化。[②]《方针》提出俄罗斯对独联体政策的主要目标是将独联体建成在国际社会中享有应有地位的政治经济一体化的国家联合体，主要任务是加快独联体国家一

---

① 学刚、姜毅：《叶利钦时代的俄罗斯——外交卷》，人民出版社 2001 年版，第 49—58 页。

② ［俄］叶利钦：“俄罗斯联邦对独联体国家战略方针”，《俄罗斯报》，1995 年 9 月 23 日。

体化进程，增强俄罗斯在独联体国家关系中的主导作用，鼓励各国在共同利益和共同军事政治目标的基础上建立防御联盟。在新的政策指导下，俄罗斯积极参与独联体活动，大力推动独联体一体化进程，推动各国向俄罗斯靠拢，突出俄罗斯在独联体的首领地位和特殊作用。

政治上，俄罗斯制定规范各成员国行为的法律文件和协调各成员国行动的执行机制，增强独联体的政治凝聚力；经济上，建立多边合作机制，促进独联体经济一体化进程，重建遭到破坏的苏联统一经济空间。这样做的结果是维持或改善了俄罗斯与独联体各国的关系，一定程度上牵制了美国等西方国家对独联体地区的渗透。但是俄罗斯对独联体外交今后将面临更严峻的挑战，北约东扩得手后，独联体地区成为继中东欧之后西方与俄罗斯争夺的第二战场，美国等西方国家加大了对独联体地区的渗透力度，不排除少数独联体国家退出独联体或加入北约的可能性。

第三，寻求与欧洲的长期稳定关系。早在 1993 年，俄罗斯外交政策构想就已明确指出，俄罗斯参加欧洲组织的重要性越来越大。因为俄罗斯需要通过加入这些组织来弥补可以利用的政策资源的严重不足。早在 1993 年夏季，俄罗斯就提交了相当数量的建议，这些建议旨在提高欧洲安全与合作会议在欧洲的功能和作用。1994 年在布达佩斯峰会的准备阶段，俄罗斯提交了一份旨在扩大欧安会影响力的草案。这个草案要求会议通过一项政治宣言，来保证欧安会在维护欧洲大西洋地区的和平与稳定中发挥中心作用，此外，俄罗斯还提议要建立一个欧安会执行委员会。但是，许多欧洲安全与合作组织的参与国都不情愿接受俄罗斯关于建立一个与联合国安理会相类似的欧洲安全与合作组织执行委员会的想法，这降低了俄罗斯对提高其在泛欧框架体系中形象的期望。[①]

---

① 学刚、姜毅：《叶利钦时代的俄罗斯——外交卷》，人民出版社 2001 年版，第 59 页。

第四，在俄罗斯的对外政策中，中国一直占有十分重要的地位，而且随着俄罗斯对外政策的调整，中国的地位越来越重要。中俄建交以来，两国关系的发展连续上了三个台阶：从“友好国家”到“建设性的伙伴关系”，然后又到“战略协作伙伴关系”。1997—1999年，尽管俄罗斯国内不断爆发政治经济危机，但是这并没有成为中俄关系的障碍。一方面，两国领导人交往实现制度化和机制化，1997年一年内，两国元首举行了两次会晤，一次是在4月江泽民主席访俄，举行两国元首第四次会晤，另一次是11月叶利钦总统访华，举行两国元首的第五次会晤。1998年，江泽民访问了莫斯科，举行两国元首的第六次会晤。1999年12月，叶利钦访问北京，两国元首举行第七次会晤。[①] 另一方面，中俄在解决边界问题上取得了重大突破。1997年叶利钦总统访华时，中俄双方宣布，中俄国界东段勘界的所有问题已得到解决，中俄发表了《关于中俄边界问题的联合声明》，指出“中俄国界西段勘界工作野外作业已经结束。至此，中俄东、西两段勘定的边界在两国关系史上首次在实地得到准确标示”。[②] 1999年12月，中俄双方签署了《关于对界河中个别岛屿及其附近水域进行共同经济利用的协定》。

第五，发展俄日关系是俄罗斯推行“新亚太政策”重要的一环。日本对俄罗斯的战略价值表现在，它可以提供大量的经济援助、投资和先进技术，帮助俄罗斯开发西伯利亚和远东地区。1996年3月，俄罗斯、日本外长在莫斯科会晤时，俄方表示将在领土问题上遵守1993年《东京宣言》。双方还为促进经济合作成立了政府间经贸合作委员会，就日本援助俄罗斯和加强同俄罗斯远东地区的经济关系进行磋商。同年4月，叶利钦总统和桥本首相在参加莫斯科核安全问题首脑会年议期间举行了会晤，这是来日本首相第一次访俄。

---

① 学刚、姜毅：《叶利钦时代的俄罗斯——外交卷》，人民出版社2001年版，第222—258页。

② 同上书，第222—258页。

第六，巩固发展俄罗斯与印度的关系。苏联解体后，由于俄罗斯将外交工作的重点集中于与西方国家改善关系，导致俄印关系也出现了某些滑坡现象。俄罗斯国防部副部长科科申在 1995 年 8 月会见印度国防部官员后说："俄罗斯与印度正在建立战略伙伴关系，印度已恢复作为俄罗斯战略盟国的作用。"[①] 1998 年 12 月，俄罗斯总理普里马科夫访问了新德里。他在记者招待会上提出，俄罗斯、印度和中国应该建立三角战略伙伴关系。

第七，增加对于朝鲜半岛的影响力。独立初期，出于意识形态和经济因素的考虑，俄罗斯改变了苏联在朝鲜半岛南北方的政策重点，使得俄罗斯在那里的传统影响遭到极大削弱，结果导致朝、韩双方对俄罗斯在解决半岛问题上的作用不屑一顾。1994 年，俄罗斯、朝鲜在莫斯科恢复了中断四年的副外长级磋商。是年 9 月，副外长帕诺夫赴朝向金正日转达了叶利钦关于愿与朝鲜发展正常关系的信件。1995 年 8 月，俄罗斯外交部将俄朝关系新条约草案提交朝方，以取代《苏朝友好条约》。1996 年 4 月，俄罗斯副总理伊格纳坚科访问平壤，给朝鲜领导人金正日带去了叶利钦总统表示愿加强两国关系的口信，并与朝鲜方面举行了政治磋商。此后，两国先后举行了政府间经贸与科技合作委员会第一、二次会议，其宗旨是促进俄罗斯和朝鲜实业界联系在经历了漫长的衰退期后重新活跃起来。[②]

（二）普京时期俄国际关系理论对外交的影响

2000 年普京总统批准的《俄罗斯联邦军事学说》明确提出，当前俄罗斯军事安全面临的主要外部威胁包括：在俄联邦及其盟国边境和毗邻海域建立（增强）并加强军队集团；有损于俄联邦军事安

---

① ［俄］科科申："俄罗斯：90 年代的国家安全"，《世界经济与国际关系》，1994 年第 3 期，第 25—40 页。

② 俄通社一塔斯社，1995 年 2 月 28 日，转引自：学刚、姜毅：《叶利钦时代的俄罗斯——外交卷》，人民出版社 2001 年版，第 182—208 页。

全的军事集团和联盟的扩张；某些国家违犯联合国章程，在与俄联邦毗邻的国家和与其友好的国家派驻军队；对俄联邦的领土具有野心等。[①] 此外，新军事学说强调，为建立和维护稳定，保证在外部威胁出现的初期阶段能够做出反应，俄联邦武装力量和其他军队的一些有限的兵力可在联盟集团或国家集团及独立基地编成内部署在俄罗斯联邦境外的某些重要的战略地域。这充分体现了现实主义的重要影响力。[②]

2000 年 1 月，俄罗斯制定了《俄罗斯联邦国家安全构想》，它体现了一种全新的战略理念，明确了今后较长一段时间内俄罗斯外交的指导思想。其基本内容可分为基本目标、政策原则、优先方面和对外活动的主要方向。[③]

（一）基本目标

1. 确保国家安全，维护和加强其主权、领土完整；2. 在国际社会中确立牢固和权威的地位，这种地位应在最大程度上符合俄罗斯联邦作为一个大国、当今世界的一个势力中心的利益；3. 建立以公认的国际法准则及平等的伙伴式国际关系为基础的稳定、公正和民主的国际秩序，致力于建立能够真实反映当今世界及其利益多样性的多极国际关系体系；4. 为俄罗斯内部发展创造有利的外部条件；5. 在俄罗斯周边建立睦邻带，促进俄罗斯联邦周边地区紧张和冲突策源地的消除，并防止出现新的紧张和冲突；6. 与外国和国际组织寻求共识和共同利益，在此基础上建立有利于改善国际合作条件与规模的伙伴和同盟关系体系，以解决俄罗斯国家优先方向所确定的任务；7. 全面保护俄罗斯公民和侨胞的权益；8. 帮助世界正面认识俄罗斯联邦，推动俄语和俄罗斯民族文化在外国的普及。

---

① 陆齐华：《欧洲俄罗斯和安全》，中央编译出版社 2001 年版，第 36 页。
② 同上书，第 37 页。
③ 同上书，第 42—49 页。

（二）政策原则和优先方面

1. 政策原则。首先，应成为世界进程的积极参与者。作为联合国安理会的常任理事国，由于在生活的各个领域拥有相当大的潜力和重要手段，同世界上的主要国家保持着紧密联系，俄罗斯能够对新型国际秩序的建立发挥重大影响。其次，化解不利趋势所产生的威胁。尽管存在上述有利趋势，同时一些不利于俄罗斯的趋势也在发展，包括：美国建立单极世界的趋势正在加强，这削弱了联合国安理会的作用；世界经济的全球化，也加剧了俄罗斯联邦的经济体系和信息空间依赖外部影响的危险性等等。第三，奉行独立自主和建设性外交政策。第四，既面向西方，又面向东方。

2. 政策的优先方面。首先，建立国际新秩序。俄罗斯希望建立基于平等、相互尊重和互利合作原则之上的稳定的国际关系体系。其次，加强国际安全。俄罗斯主张进一步降低武力因素在国际关系中的作用，为此，它奉行下列政策：将坚定不移地履行现行的限制和削减军备条约和协定所规定的各项义务，继续恪守与其他国家共同参与防止核武器和其他大规模杀伤武器、这类武器的运载工具以及有关材料和工艺扩散的方针。第三，保证对外经济安全。在国际经济关系领域，俄罗斯外交政策的优先方面是促进国家经济的发展，其任务主要是：创造有利的外部条件，在使俄罗斯与世界经济进一步一体化的同时，力争将风险降低到最低限度。

（三）对外活动的主要方向

1. 重点发展与独联体国家的睦邻关系和战略伙伴关系。在与独联体国家发展关系时，将考虑到合作的相互开放性。2. 优先发展与欧洲国家关系，包括重点加强与欧盟的合作以及与北约保持建设性合作关系，同时强调俄罗斯与北约只有在认真考虑双方利益和无条件地履行各自承担的义务的基础上，才有可能进行积极和建设性的合作。3. 维护与美国的关系。力争消除最近与美国关系中出现的重大困难，维护花了将近十年时间建立起来的俄美合作的基础。4. 加强与亚洲国家的关系。包括：积极参与亚太地区一体化机构的工作，在双边关系上，首先是发展与中国和印度的友好关系，同时，积极发展与日本、伊朗等国的关系且积极参与解决朝鲜半岛紧张局势。5. 积极促进中东和平进程，在世界上这个富有和对于俄罗斯至关重要的地区，恢复和加强俄罗斯的地位。6. 加强与非洲、中美洲和南美洲国家的对话与协作，扩大经济往来。①

美国《华尔街日报》记者对普京采访后总结出他的五个特点："理智、务实和灵活、没有明显的自命不凡、神秘色彩十足、现实主义。"② 当叶利钦的改革失败，科索沃战争爆发，俄罗斯陷入前所未有的国际和国内的政治、经济困境时，这些曾经被不少学者专家研究过的问题，使俄罗斯再一次陷入思想危机之中。历史的发展证明了这样的事实，只有在一整套以简单明了的形式反映革命领袖或革命政党思想的口号吸引和掌握了人民群众，并成为一种强大的思想武器之后，革命才能取得成功。苏联解体而造成的意识形态的真空状态，是俄罗斯文明定位发生困惑的直接原因。③

俄罗斯重振大国地位的基本思路较清晰地反映在普京的外交部长伊戈尔·伊万诺夫的新作《俄罗斯新外交》（2002）中。伊万诺夫将俄罗斯新外交取向定义为双重性：一是为国内改革创造最佳条件；二是不使俄罗斯的国际地位受到削弱。伊万诺夫最佩服的是沙俄时期的著名外交家亚历山大·哥察柯夫亲王。哥察柯夫在俄国1853年克里米亚战争失利后，曾向沙皇积极建议，俄国的外交应

① 姜毅：《重振大国雄风：普京的外交战略》，世界知识出版社2004年版，第42—49页。

② ［俄］罗伊·麦德维杰夫著，王晓玉、韩显阳译：《普京——克里姆林宫四年时光》，社会科学文献出版社2005年版，第235—236页。

③ ［俄］罗伊·麦德维杰夫，徐葵等译：《俄罗斯往何处去——俄罗斯能搞资本主义吗?》，新华出版社2000年版，第344页。

为国内的改革与发展服务。具体来说，伊万诺夫认为新俄罗斯外交应首先着眼于多边关系，只有多边外交才能解决俄罗斯的防务安全问题。对单边主义要积极加以抵制，任何地区性的组织，如北约，都不应在没有联合国安理会授权的情况下动用武力解决国际争端。其次，莫斯科不愿看到"第三者"投入独联体国家。再者，俄罗斯应建立一系列双边的"战略关系"。与欧盟的战略关系居首位，其次是华盛顿、北京和新德里。[①]

伊万诺夫的基本思路是尽管俄罗斯已被迫放弃帝国利益，但还不至于，也不应该沦为一个"地区性大国"，而要极力保住和加强其全球性大国的地位。用著名国际问题专家、俄罗斯杜马成员安德烈·科科申的话说："俄罗斯尽管不是超级大国，仍能影响世界各个角落的同际关系进程……俄罗斯尚未沦落为地区性大国。以各种实际指标为基准，它是个全球性的大国。我们如果能创造一个先进的经济实体，正确地使用和发展'人力资本'，就一定能保住这个地位。"[②]

表现在外交上，普京彻底摈弃了苏联时期以意识形态为标准、以经济和军事援助为杠杆的"传统"做法。上台后仅用了一年的时间就建立起以俄罗斯为中心，可以称之为"俄罗斯圈"的友好国家集团。尽管俄罗斯目前已经失去了可与美国竞争的经济实力，但在军事上仍然可以依靠自己所拥有的唯一竞争能力——提供武器来争取更多的外交空间。俄罗斯利用这一手段已经成功地将自己影响力渗透到包括大多数第三世界国家在内的亚洲等地区，并逐步地在建立友好国家集团方面取得成功。[③]

普京彻底抛弃了这种僵化的理论框架。重新建立起以国家利益

---

① Igor Ivanov，The New Russian Diplomacy，Washington，DC：The Nixon Center，2002，pp. 1—15.

② Andrei Kokoshin，"What is Russia：a Superpower，a Great Power or a Regional Power?"，International Affais，Moscow，No. 6，2002，p. 187.

③ 汪宁：《普京的俄罗斯新思想》，上海教育出版社 2005 年版，第 245 页。

为中心的新的外交学说。普京强调的是务实，是讲究实效，现实有用。标准只有一个——国家利益，目标是恢复俄罗斯在国际事务中的大国地位和作用。在这种务实思想的驱动下，普京不辞劳苦地坚持出现在各种外交场合，只要涉及到俄罗斯的国家利益，就不惜做出最大的努力，哪怕是重大让步。他上任后频频出访，尤其是与中国和美国这两个大国之间的关系，曾京更是不遗余力，与江泽民主席的会见常常是一年两次。美国小布什总统上台后，大力推销他的导弹防御系统。为了拉近与美国的关系，表明俄罗斯反对美国的导弹防御计划的态度，在半年的时间里，普京与小布什的会见就多达四次。[①] 这些事实证明，今天俄罗斯对外政策已经不再像 20 世纪 90 年代前期那样，成为尖锐的国内政治斗争的目标，而是发生了根本性的逆转，对外政策已同国务活动领域。围绕着这个领域俄罗斯国内已经形成广泛的共识，外交的最终目的必须为国家利益服务。

鲍威尔在赞扬普京总统对美国领导打击恐怖主义的国际努力所做的迅速支持时，不惜使用了大量溢美之词。美国报刊对普京的评价极高，认为“9·11”事件可能实现了彼得大帝、叶卡捷琳娜女皇和叶利钦总统都无法实现的梦想：近千年来，俄罗斯国家首次昂然屹立在西方。这些事件粉碎了美国作为单一超级大国可以单枪匹马缔造全球稳定和繁荣的观点，可能就此消除了俄罗斯最终与西方实现融合的最大障碍。[②]

普京呼吁，“9·11”惨案表明，现有的安全体系已经不能确保安全，“我们对业已形成的局势感到担忧，但是，只要我们联合起来，至少包括同欧盟联合起来，就能解决这个问题”。北约正处在发生转变的进程，俄罗斯“不应当处在这个组织的扩大进程之外”，俄罗斯和北约准备“从性质上改变我们的相互关系”。[③] 对此，美国国务卿

① 汪宁：《普京的俄罗斯新思想》，上海教育出版社 2005 年版，第 246 页。
② 《纽约时报》，2001 年 9 月 30 日。
③ 汪宁：《普京的俄罗斯新思想》，上海教育出版社 2005 年版，第 252 页。

鲍威尔也做出同样的回应，认为在“9·11”，恐怖袭击之后，美国与俄罗斯的关系出现了“具有历史意义、地震一般的剧变”，俄罗斯最终加入北约并非“不在考虑之中”，“如今没有什么事情不在考虑之中”。[①]

整个20世纪90年代，俄罗斯国内生产总值下降了50%，仅相当于美国的1/10，中国的1/5。在1998年经济危机之后，俄罗斯的人均国内生产总值降至3500美元，还不到七国集团的平均水平的1/5。[②] 因此，俄罗斯外交的最大特点就是确立了外交为经济发展服务的思想，用普京的话来说，就是“要建立起这样一种在国外推进和保护我们的经济利益的体系，使之能保障为俄罗斯经济做出最大贡献，把我们和世界经济一体化的各种途径的风险降低到最小程度”[③]。为经济发展服务，要求俄罗斯外交从两个方面开展工作：第一，要保证国家外部环境的安全与稳定；第二，要根据经济发展的需要而开展活动。这一点用普京的话说，就是国内目标高于国外目标，他进一步解释说：“我们对外政策的基础是务实、经济效益、国家利益至上。[④] 在国内目标高于国外目标的原则下，今后相当长一段时间内，俄罗斯对外政策将会紧紧扣住保障国家安全和服务国家经济发展这两个主题，为内部发展创造有利的外部环境。

这包括以下四个方面[⑤]：首先，俄罗斯将确保国家内部安全，确保领土完整和市场统一，为经济发展创造安全、稳定的环境。其次，将会加强独联体区域内的经济合作，从建立双边或多边自由贸易区入手，逐步推进区域经济共同体建设。如进展顺利，独联体各国经济的一体化将会由此而展开。第三，开展经济外交，积极寻求与其他国家、国际资本的经济合作，吸引外资。第四，在对外活动中讲

---

① 《纽约时报》，2001年9月30日。

② ［俄］普京：《普京文集》，中国社会科学出版社2002年版，第2—3页。

③ 同上书，第252页。

④ ［俄］普京：“俄罗斯国家：强国之路”，俄新社，2000年7月8日。

⑤ ［俄］伊万诺夫：《俄罗斯新外交》，当代世界出版社2002年版，第146页。

求经济效益。即避免那种徒耗国力、没有实际经济效益的国际政治行动，如俄罗斯人认为向波黑派驻维和部队就属于此类浪费资源的行动。

利用一切契机在国际事务中发挥大国作用。显然，俄罗斯的目的就是要在国际社会中发出一个大国的声音，不愿意处于只能充当三流角色的地位。在对待北约东扩问题上的忧虑也更多的是缘出于此。对俄国的历史、文化、外交部有着深刻理解的乔治·凯南曾经做过深刻的分析："对俄国人来说科索沃很大程度上是一个威信问题。确切地说因为他们现在已经没有巨大的军事力量，因此他们害怕世人忘记了他们是一个伟大的民族。的确，不仅从军事来说，他们在许多方面都是一个伟人的民族。"[①]

普京在五点声明中说："俄罗斯与反恐怖行动参与者还可能有另一些更深入的合作形式。合作的深度和性质将取决于我们与这些国家关系，以及在打击国际恐怖主义范围内的相互谅解的总体水平和质量"。[②] 普京发表了五点声明之后，在加紧与西方沟通，争取协调行动的同时，在至关重要的中亚地区还采取了一系列重要措施：驻扎在塔吉克斯坦的俄罗斯摩托化步兵师进入高度战备状态；启动了对阿富汗的人道主义援助，通过塔阿边界把第一批物资空运至目的地；在车臣战场上重创非法武装集团，并要求其立即停让与国外恐怖分子和组织的接触，与联邦政府代表谈判解除武装等问题。

普京第二任期的俄罗斯大国实用主义强势外交战略。普京曾明确指出："俄罗斯唯一现实的选择是选择做强国，做强大而自信的国家。"[③] 普京上台后的施政也深刻地表现了对俄罗斯大国地位衰退的拯救，十分鲜明地提出强国意识和民族复兴。他在《千年之交的俄罗斯》一文中开宗明义地指出："俄罗斯过去是，将来也还会是一个

① 龚洪烈："俄罗斯外交：历史与现实协"，《东欧中亚研究》，2000 年第 2 期，第 1 页。

② 汪宁：《普京的俄罗斯新思想》，上海教育出版社 2005 年版，第 254 页。

③ ［俄］普京：《普京文集》，中国社会科学出版社 2002 年版，第 78 页。

伟大的国家。它的地缘政治、经济和文化的不可分割的特性决定了这一点。”[①] 普京上台之后，俄罗斯的外交一直遵循的是灵活务实，在与西方的外交关系中基本上处于守势状态。2007 年前后，随着俄罗斯国内经济增长、政治的稳定、能源竞争力的加强以及国际局势新变化，俄罗斯的外交战略也做出了相应的修订。普京的强势外交不能简单地理解为对抗型外交或者是普里马科夫时代的大国遏制外交的回归，它是俄罗斯在维护国家政治稳定和安全的同时，在国内经济恢复和能源竞争力的增强前提下巩固自己在西方市场地位的一种尝试。

遵从现实主义的思维，俄罗斯应该成为强大的国家，因为这有利于应对外部安全威胁，维护国家利益，叶利钦—普里马科夫时期和普京时期都坚持巩固政治稳定和俄罗斯力量的复兴。现阶段，俄罗斯仍然是普京领导，其具体外交战略特征表现为如下四个方面：其一，在国家的基本外交战略定位方面，在力求避免同外部世界发生对抗的前提下，更加强调俄罗斯作为世界大国的地位，更加坚定地维护俄罗斯基本的国家利益，尤其是经济利益。其二，在不寻求军事战略均势的同时，采取力所能及的措施极力阻止俄罗斯战略安全环境的进一步恶化，对北约东扩仍持警惕态度。其三，避免冷战时期的“阶级斗争”理论和避免同外部世界直接尖锐冲突的同时，强调发扬俄罗斯的合理遗产和复兴俄罗斯的外交传统。其四，在继续实行面向美国、西欧为代表的西方外交的同时注重发展与世界上其他重要国家和地区（如东亚、伊朗等）的交往与合作。

① ［俄］普京：《普京文集》，中国社会科学出版社 2002 年版，第 9 页。

第五章

国际关系理论的中东研究

笔者认为国际关系理论的中东研究具有如下意义：追求和平是伊斯兰教的基本宗旨之一。“伊斯兰教”阿拉伯语意即“顺从”、“和平”，这与“战争”、“仇恨”、“恐怖”相对，旨在强调伊斯兰教存在的意义在于反对战争，消除仇恨。“穆斯林”即“和平者”、“顺从者”，就是跟随、顺从真主的旨意，执着追求和平的人。真主美名之一就是“和平”，以表彰和平；大堂名之一就有“和平”，以寄托和平；穆斯林彼此见面首先互道“和平辞”，以互祝和平；清真寺内还有“和平门”，以崇尚和平。可见“和平”在伊斯兰教中非常重要，是伊斯兰思想中必不可少的一部分。[①] 因此，本书试图说明暴力行为与伊斯兰教本身并不具有直接联系。

《古兰经》中处处强调和平。“我派遣你，只为怜悯全世界的人。”《古兰经》（21：107）[②] 这段经文指的是真主差遣穆圣，是出于慈爱的原因，就是要通过穆圣来实现全世界的和平，达到全世界范围内的和平共处。“信道的人们啊！你们当全体入在和平教中，不要

① 中国伊斯兰教教务指导委员会：《新编卧尔兹演讲集》（第二辑），宗教文化出版社 2001 年版，第 10—15 页。

② 马坚译：《古兰经》，中国社会科学出版社 2003 年版，（括号内冒号前后数字为章和节）。

跟随恶魔的步伐。”《古兰经》（2∶208）这就是告诫穆斯林：只要你信仰伊斯兰教，就必须要谨记，伊斯兰教是讲求和平的宗教。“如果他们倾向和平，你也应当倾向和平，应当信赖真主。他确是全聪的，确是全知的。”（8：61）

“圣训”也反复重申和平，赞美和平。当年，当有人问先知穆罕穆德“穆斯林”是什么人时，他简洁明了地回答：“穆斯林是指他人能从其手和舌得到安宁（和平）的人。”[①] 即真正的穆斯林是什么人？是指从来不伤害别人，包括用言语和行为伤害他人的利益与情感，相反，穆斯林是不但在口头上，而且在行动上都致力于维护和平的人。全人类包括穆斯林与非穆斯林都是人类祖先的子孙后代，理应相亲相爱。

其他宗教，尤其是基督教中存在有关崇尚“圣战”的思想倾向。正如伯纳德·路易斯（Bernard Lewis）所说：“圣战的观念——也就是为上帝和信仰而战的观念，在中东地区并不是新鲜事。这个观念在《申命记》和《士师记》中俯拾可见，这个观念也激发了信奉基督教的拜占庭人对波斯的作战，并努力赶走阿拉伯入侵者以及后来的土耳其入侵者。”[②] 在中世纪的十字军东征中，基督教的“圣战”观念得到了进一步的强化，“圣战观念改变和神圣化了中世纪的战争和关于荣誉和骑士精神的观念，所有在十字军东征中进行战斗的人，都将获得特惠，得到免罪和升入天堂的保证；如果在战斗中牺牲，那将是为信仰而殉道，即使过去罪恶滔天，也会立即获得升入天堂的门票。”[③]

“吉哈德”一词原本并非指代极端暴力的含义，暴力化“吉哈德”只是部分极端宗教主义者有意识的建构，它遭到了大部分穆斯

---

① 马明良：“圣训与伊斯兰教的和平理念”，《回族研究》，2009 年第 4 期，第 76—78 页。

② ［美］伯纳德·路易斯著，郑之书译：《中东：激荡在辉煌的历史中》，中国友谊出版公司 2000 年版，第 308 页。

③ ［美］埃斯波西托著，东方晓等译：《伊斯兰威胁：神话还是现实?》，社会科学文献出版社 1996 年版，第 5 页。

林的坚决反对。而针对本·拉登对美国实施的“9·11”恐怖袭击及他所宣扬的成立“伊斯兰吉哈德阵线”，公开宣布对所有美国人发动“圣战”的言论，大多数教义学家都认为，这与伊斯兰教义格格不入，是别有用心地利用《古兰经》有关经文为“9·11”事件辩护。[①] 美洲伊斯兰关系协会也发表声明说：“利用‘吉哈德’的概念来为伤害无辜进行辩护的行为，在字面形式及精神实质上都与伊斯兰教义背道而驰。谴责源于这种对伊斯兰教义的歪曲所发生的任何暴力。”[②] 沙特阿拉伯大穆夫提阿卜杜勒·阿齐兹谢赫也表示，“一些人毫无根据地号召为主道而圣战……这些人是想打着圣战的旗帜把年轻人拉进他们的队伍，而不是要为真主而战斗”。[③] 在他们看来，那些从事暴力活动的极端恐怖分子只是断章取义地对伊斯兰教义进行狭隘解读与人为建构，“吉哈德”成为别有用心的恐怖分子的利用工具。因此，将恐怖主义者、极端宗教主义者与普通教众区别开来，团结温和的大部分穆斯林是防止“吉哈德”规范继续蔓延的基本原则。

一、“吉哈德主义”的传播

近年来，由于西方学者与网络媒体的不断渲染，“伊斯兰威胁论”流传的更加广泛，其中以“文明冲突论”最具代表性。他们通过人为地为伊斯兰贴上了“易恐怖主义化”的标签，以解释恐怖主义为何泛滥？这一解释无疑不具有说服力。但其中值得注意的是，这种一边倒的舆论导向势必造成思想混乱。诉诸恐怖主义的是极少数的极端分子，他们为了获得合法性依据通过话语实践与行为实践

① ［英］理查德·克罗卡特著，陈平译：《反美主义与全球秩序》，新华出版社2004年版，第91页。

② 伊卜拉欣著：《伊斯兰反恐》，蓝月出版社2005年版，第113页。

③ 同上书，第112页。

的方式将原有的宗教语言作进行扭曲，并将这一扭转意义的语言作为一种规范进行传播。需要指出的是，本书所指的实践是指人的有意识的活动。[①] 实践是任何行为体都可以进行的活动，实践既可以产生良好的影响，也可能导致恶劣的影响，与经常和“真理”联系在一起的“集体社会实践”的内涵不同，本书所指的实践主要偏向于近年“实践理论转向”以来西方哲学界所倡导的“通过个体影响集体的实践活动”，强调言语与行为、感官与身体的释放，从现实的、有生命的个体实践的视角去理解个体与集体、个体与社会结构的关系。[②]

（一）研究问题与逻辑起点

在提出本书的研究假设之前，有必要阐述研究假设的三个前提假定。本书的第一个前提假定是实践本体论。本体论是关于存在的学说。如下图5—1所示，哲学界本体论的发展带动了国际关系学界本体论的发展，实践本体超越了单纯的物质本体或精神本体的范畴，实践是动态的、第一性的，是人世界与自然世界、精神世界与物质世界的分裂与统一的基础，均在于人的活动本身，即人的实践，现实的人是从事活动的人、实践的人。由此，应该以实践为本体，构成“自然—人—社会”统一的总体世界。本书的第二个前提假定是实践活动既可以是社会实践又可以是个体实践。因此，不论是卓越的政治领导者还是是本书中所要阐述的极端主义者都可以成为实践的主体。本书的第三个前提假定与第二个前提假定相关，与传统实践理论不同，本书接受西方日常生活实践理论与个体实践理论的影响，实践活动不必然与“真理”或“正确”相联系，实践本身只是个中性的概念。实践活动所带来的或积极或消极的影响伴随实践主体的变化而变化。因此，通过极端主义者的实践活动带来了恐怖主

① MicheldeCerteau，The Practice of Everyday Life Berkeley：UniversityofCalifornia-Press，1984，p. 11.

② Ibid，p. 188.

义的蔓延发展也被视为实践活动所带来的影响。

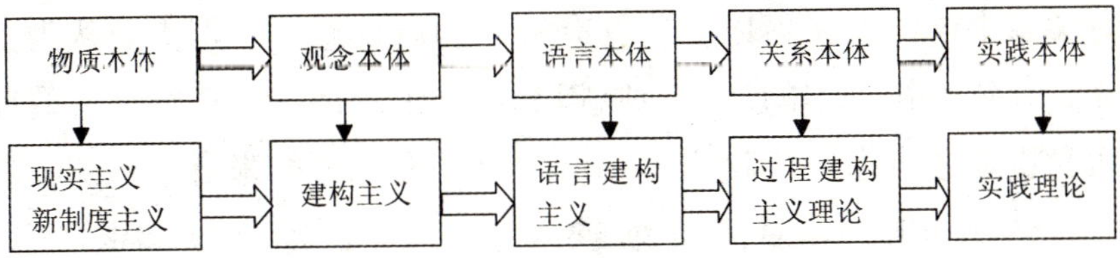

图 5—1　本体论转向（哲学—国际关系学）

如下图 5—2 所示，本书的研究假设是话语实践与行为实践重构了语言的意义，变化了的语言意义又导致了规范的传播。其中，“话语实践”与“行为实践”是自变量，“语言意义”是中介变量，“规范的传播”是因变量。在规范传播的整个过程中，“宗教文化”被动地沦为政治工具。话语是后现代主义学者着力论述的一个概念，本维尼斯特认为：语言叙述与话语（discourse）具有明显区别，前者通常以第三人称形式叙说过去的事件，多呈现为书面语形式；而话语则更多地涉及到你我之间的交流关系，呈现为书面语与言语两种形态。“话语必须在其最宽泛的意义上加以理解：即任何一种表达，只要它假定了一个说话人和一个听话人，在说话人身上有一种以某种方式来影响他人的意图。”①

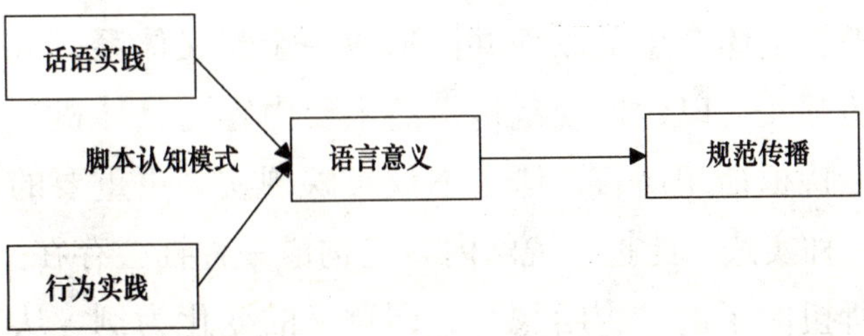

图 5—2　规范的传播机制

① Emile Benveniste，Problems in General Linguistics，Coral Gables FL：University of Miami Press，1971，pp. 208—209.

首先，实践何以导致语言意义的变化？在这方面，挪威实践理论家伊弗·B．诺伊曼（Iver B. Neumann）的实践脚本理论对于理解国际关系中语言意义何以变化具有极大的启发意义。诺伊曼认为由于实践导致了新脚本的产生与原脚本的变化，相关语言所具有的原有含义也随之演化。“脚本”（script）这个概念最初来自于认知心理学（Barelett 1932），后来逐渐进入了人工智能（Charniak 1972，Schank 1975）与语言学的研究（Fillmore 1975、1985）。由于人的社会实践活动，产生并发展了各种各样的脚本。脚本作为一种认知模式的变体，缘于框架（frame）概念的延伸。当框架间的关联延伸超过了单个句子，伸向更大的语言和认知单位时，便出现了一种更宽的框架概念模式——脚本认知模式。通过人的话语实践与行为实践建构了这一脚本认知模式，它通过人为的方式将那些社会生活实践中反复发生的因素以成因链序列的形式连接在一起，如人为地将“吉哈德”脚本与暴力极端行为联系在一起，成为一种隐性的知识结构。这一隐性的知识结构通常在语篇解读过程中首先被激活，因此，脚本的变化总是伴随语言意义与所指的变化，如“吉哈德”脚本的变化导致“吉哈德”一词含义的变化。

其次，语言意义的变化导致了新规范的传播。在规范的传播过程中，语言意义框定了行为体教与学的过程。从宏观角度看，语言可以通过叙述来框定话语的主要领域与话语主体，使规范传播过程中的教与学的主体产生关联而共同形成一个意义体系；从微观角度看，语言的意义可以建构规范传播的主要内容与具体机制。正如路德维希·维特根斯坦所言，语言不仅反映现实，更重要的是，语言本身就是一种实践，能把所说的内容建构成一种社会存在。① 以被极端主义者所扭曲了的“吉哈德”一词意义的变化为例，从宏观角度来看，“吉哈德”规范的教授主体就是极端主义的领导者，“吉哈德”

① Janice Bially Mattern，Ordering of International Politics：Identity，Crisis，and Representational Force，New York：Routledge，2005，p. 92.

规范的学习主体就是被诱导的无辜穆斯林；从微观角度来看，“吉哈德”规范的主要内容就是号召全体穆斯林展开“圣战”，“吉哈德”规范的具体传播机制就是话语实践与行为实践（类似于话语劝导与行为示范相结合的言传身教的机制）。

根据阿拉伯语的词意解释，“伊斯兰教”这个词本身具有“和平、顺从”的意义。根据《古兰经》与《圣训》的定义，译为“吉哈德”或“杰哈德”，它本身具有“奋斗”、“努力”的含义。“你们信仰真主和使者。你们以自己的财产和生命，为真主而奋斗，那对于你们是更好的”（《古兰经》61：11）。[①] 这里的“为真主而奋斗”或“为主道而奋斗”即“吉哈德”。默罕默德也并未试图将“吉哈德”用于谋求政治目标。[②] 根据《古兰经》，“吉哈德”主要体现为它的防御性质。“你们当为主道抵抗进攻你们的人，你们不要过分，因为真主必定不喜欢过分者”（《古兰经》2：190）。“被进攻者，已获得反抗的许可，因为它们是受压迫的”（《古兰经》22：39）。又说：“你们当反抗他们，直到迫害消除，而宗教专为真主；如果他们停战，那么，除不义者，你们绝不要侵犯任何人”（《古兰经》2：193）。从这里可以明显地看出，穆斯林的“圣战”并不是以暴力手段强迫非穆斯林皈依伊斯兰教，把伊斯兰教义强加给被征服者，而只是一种防御和自卫手段，是为了反抗外来敌对势力的迫害和侵犯，捍卫伊斯兰信仰，除了对少数敌对的主要人物（不义者）予以惩罚外，对一般的非信徒不做出过分的举动。《古兰经》还启示道：“战争已成为你们的定制，而战争是你们所厌恶的”（《古兰经》2：216）。这就是说，穆斯林并不希望战争，但敌对势力非要把战争强加在穆斯林头上，对穆斯林的生命和精神信仰构成了现实的威胁，那么，穆斯林在没有任何其他选择的情况下，只有以战争来反击战争，以暴力来消除暴

① 马坚译：《古兰经》，中国社会科学出版社 1981 年版。文中冒号前后数字为章和节。

② Bilveer Singh，The Talibanization of Southeast Asia，Westport，Connecticy，London press，2007，p. 16.

力，直到取得完全的胜利。

除此之外，“吉哈德”还意味着“克服”个人内心邪念的过程，或为弘扬伊斯兰教而付出的“努力”，也可以用来指称完善、净化宗教道德而采取的各种措施。[①] 它并非仅指与伊斯兰教敌人的浴血奋战，大胆地表达一种正确的见解也可以称为“吉哈德”，即所谓“舌的圣战”、“心的圣战”。[②] 所以，将“吉哈德”简单地等同于“诉诸武力”，实在是一种误解。而且，即使在“吉哈德”观念广为流行以后，仍有许多人主张“晓之以理”、“动之以情”，故把口头或心灵的“圣战”称为“大吉哈德”，而把不得已才诉诸武力称为“小吉哈德”。[③] 这在什叶派与苏菲派的文献中清晰可见。但时至今日，它是如何被扭曲利用而导致成为一种极端的暴力化规范?

（二）话语实践→语言意义

首先，“吉哈德”的暴力化。根据穆罕默德的定义，“吉哈德”主要指代非暴力方式。[④] 将“吉哈德”的暴力化，不得不提到哈桑·班纳（Hassan al-Banna），他被公认为当代伊斯兰原教旨主义理论的奠基者。在国内他主张推翻世俗政权，建立伊斯兰神权政治统治，恢复哈里发制度。他曾明确要求世俗当局，除非接受伊斯兰神权政治，全面实施伊斯兰法，否则就等待被“圣战”推翻。[⑤] 对外则引述《古兰经》、圣训和一些中世纪伊斯兰教法学家的观点，极力宣扬“圣

---

① Ahmadis Believe in Jehad，http：//www. alislam. org/jihad/ahmadisbelieve. html.

② Jacob Neusnerand Tamara Sonn，Comparing Religions through Law：Judaism and Islam，London and New York，1999，p. 202.

③ 方永，刘再起：“也论当代伊斯兰教的圣战观”，《现代国际关系》，2006 年第 5 期，第 57 页。

④ Bilveer Singh，The Talibanization of Southeast Asia，Westport，Connecticy，London press，2007，p. 16.

⑤ 陈嘉厚著：《现代伊斯兰主义》，经济日报出版社 1998 年版，第 125 页。

战”的合法性，[①] 为伊斯兰的扩张性进行辩护。他曾指出，向外扩张的爱国主义，如果这种爱国主义是开拓疆土、统治全球，那么这早已经成为伊斯兰教的定制，派遣将士出征，去进行最良好的殖民和扩张。“吉哈德”就是指以“圣战”的方式去征服敌人与推翻腐败的政府。[②]

其次，“吉哈德”的政治化。毛杜迪（Maududi）是将“吉哈德”政治化的极端伊斯兰主义者。在穆罕穆德的原本教义中，“吉哈德”的本质含义是非政治化的，即未曾将它使用于政治行为中。[③] 毛杜迪认为“吉哈德”能够成为一种抵抗西方的强有力的意识形态的政治武器。毛杜迪撰写的《伊斯兰的吉哈德》一书中就反复强调，“吉哈德”应该作为达到政治目标的一种政治武器。[④]

毛杜迪认为：“吉哈德”是一种革命的意识形态，一种革命纲领，它的目的是致力于摧毁全世界的社会制度，并按照自己的思想和纲领重新构建。我们的存在，仅此一点就是对任何一个非伊斯兰政府的公开挑战……如果说，唯有伊斯兰制度是真理，其他制度都是荒谬，那么伊斯兰战胜全球，摧毁、推翻其他一切制度，以普及自己的制度，自然是绝对势在必行的了。伊斯兰号召建立自己的制度，不言而喻，就得震动其他制度，把它们都毁坏，然后在原地建立起自己的制度。因此，伊斯兰教命令它的信徒采取一切形式的行动去实现这一目标。[⑤] 伊斯兰“吉哈德”的目的是摧毁一切与它的原则相对立的政权，并在其原地上依照伊斯兰准则建立政府。这个任务就是伊斯兰总革命，它不局限于一个国家，一个地区，而是在全

---

① Ayatullah Mahumud Taleqani，Ayatullah Murtada Mutahhari，Dr. Ali Shariati，Jihad and Shahadat；Struggle and Martyrdom in Islam，IRIS，USA，1986，p. 13.

② 陈嘉厚：《现代伊斯兰主义》，经济日报出版社 1998 年版，第 147 页。

③ Bilveer Singh，The Talibanization of Southeast Asia，Westport，Connecticy，London press，2007，p. 17.

④ Ibid.

⑤ 陈嘉厚：《现代伊斯兰主义》，经济日报出版社 1998 年版，第 182 页。

球所有地方进行的全面革命。但是穆斯林或叫伊斯兰党党员必须从改变自己所在国的政权开始这场革命，他们的最后和最崇高的目标，则是遍及全球各地的全面的世界革命。[1]

第三，“吉哈德”适用对象的广泛化。赛义德·库特卜（Sayyid Qutb）有“现代吉哈德之父”之称。[2] 他继承和吸收了班纳和毛杜迪的宗教政治思想，形成自己更激进的思想理论并将这种思想理论转化为现实斗争。他认为，“吉哈德”针对的对象应该进一步广泛化，适用对象不但包括穆斯林世界外部的西方敌人，还包括穆斯林世界内部，尤其是其中堕落、腐败与亲西方的穆斯林。他于1966年被捕，在狱中完成了他影响深远的作品《路标》。正是在他这一思想的指引下，针对穆斯林群体内部的“吉哈德”行为日趋增多。伊斯兰教的目标是全人类，不可能对非伊斯兰区不闻不问，故“圣战”必然具有进攻性；全然不承认民族国家的存在，也不承认在民族国家的基础上建立起来的现代国际关系准则。通过提倡伊斯兰的行动性，要求穆斯林主动参加“圣战”。

在库特卜看来，“为主道而奋斗”的“主道”是指真主指明的伊斯兰道路，是必须以“圣战”来实现的道路。他从反对“蒙昧主义”的原则出发，宣称近代以来许多伊斯兰学者只肯定的“自卫性圣战”的原则是在精神和理智上散布“失败主义情绪”，弘扬“主道”就要反对和摧毁一切“蒙昧主义”社会，包括共产主义社会、多神和偶像崇拜的社会、犹太教和基督教社会以及那些自称为伊斯兰的“穆斯林社会”。一切虔诚的穆斯林应当为主道而努力奋斗，推翻一切非伊斯兰政权，重新恢复真主对人间的统治。他甚至无端地宣称，“伊斯兰就其本质而言，本身就是进行圣战的理由”，因为伊斯兰是“解

---

① 陈嘉厚：《现代伊斯兰主义》，经济日报出版社1998年版，第183页。

② John L. Esposito, Unholy War: Terror in the Name of Islam, Oxford University Press, 2002, p. 56.

放人类的总宣言”。[1] 库特卜的激进思想在穆斯林世界引起巨大的影响，尤其是当代许多伊斯兰原教旨主义极端组织更是将其奉为指导纲领，诉诸行动。如暗杀萨达特的“伊斯兰圣战组织”的思想观点与库特卜的思想简直如出一辙。

上述三人都由于参加过游行示威活动而被行政当局关入监狱，因此对当代世俗政权都有着刻骨的仇恨。他们之中两人都曾做过恐怖主义组织的精神顾问，他们的书籍都被恐怖主义组织奉为精神食量，通过哈桑·班纳、毛杜迪、赛义德·库特卜等人的话语实践，“吉哈德”的原始意义被重构，伊斯兰教教义与默罕默德的原意被扭曲，伊斯兰教被误解。

（三）行为实践→语言意义

在话语实践的基础上，行为实践进一步重构了语言的意义。如果说班纳尤其是毛杜迪伊斯兰“革命”的“圣战”思想还主要是处于理论建设阶段的话，那么阿卜杜拉·阿泽姆（Abdullah Azzam）与奥马尔则是伊斯兰“革命”的实现者。阿富汗塔利班“革命”的胜利，为“圣战”思想的世界性意义提供了当代第一个成功的范例。而塔利班激进的宗教政治思想也为“圣战”思想的激进化注入了强劲的因素，起到了推波助澜的巨大作用。

首先，“吉哈德”的极端化。阿泽姆生于1941年，后加入穆斯林兄弟会，在大马士革大学教法学院获学士学位。1968年赴埃及爱资哈尔大学学习教法学获博士学位。在埃及期间，受到赛义德·库特卜的兄弟穆罕默德·库特卜的影响，成为一个极端的原教旨主义者。[2] 他和穆罕默德·库特卜同时来到位于沙特吉达的阿卜杜勒·阿

---

① 曲洪：《当代中东政治伊斯兰：观察与思考》，中国社会科学出版社2001年版，第142页。

② Walter Laqueur, No End to War: Terrorism in the Twenty-First Century, the Continuum International Publishing Group, 2003, pp. 50—51.

齐兹国王大学教书。在此期间，在该校就读的本·拉登听了他们关于伊斯兰教的课程。之后，阿泽姆来到巴基斯坦并于1984年与本·拉登共同创办了“服务办公室”。在穆斯林抗击苏联入侵阿富汗的游击战中，阿泽姆编写了一系列著述，普及和推广“圣战”思想。他一生致力于“吉哈德”运动，到巴基斯坦、阿富汗充当宗教学校的老师，并长期充当塔利班领袖奥马尔的军师。①

在阿泽姆政治生涯的行为实践中，“吉哈德”就是非协商、非对话、采取一切极端手段直接打击敌人。②“吉哈德”意味着“用神的力量去圣战”。穆斯林应该具备一种殉道精神：“生活就是不断的祈祷和斗争……死要比屈辱地活着更有意义；穆斯林没有别的出路，只有以各种形式不懈地斗争以争取荣誉和尊严。”“我们将输出我们的革命到整个世界，直到我们的呼声响遍全世界。”③

其次，“吉哈德”的系统化。塔利班领袖奥马尔（Omar Akram）1962年出生在阿富汗西南部乌鲁兹干省的一个贫困的农民家庭，奥马尔在上大学的时期，被阿富汗伊斯兰革命党领袖迈哈迈德领导的反抗苏军入侵的伊斯兰革命“圣战”深深地吸引，他立即报名参战。在战争期间，他与本·拉登并肩作战，结下了深厚的友谊。在战斗中，奥马尔身先士卒，表现勇猛，被提升为副司令。

奥马尔以“吉哈德”为精神指导，在阿富汗建立了极端的塔利班政权。在他的塔利班政权中，“吉哈德”不再只是代表“圣战”的含义，还包括了更为丰富完整的意义：首先，“吉哈德”是每个穆斯林的义务，意味着对伊斯兰教的绝对服从；其次，“吉哈德”意味着从世俗政权中分裂出来，建立自己独立的政治、经济、文化政权；

---

① Bilveer Singh, The Talibanization of Southeast Asia, Westport, Connecticy, London press, 2007, p. 23.

② Ibid.

③ Ayatullah Mahumud Taleqani, Ayatullah Murtada Mutahhari, Dr. Ali Shariati, Jihad and Shahadat; Struggle and Martyrdom in Islam, IRIS, USA, 1986, p. 25.

第三，“吉哈德”意味着使用一切手段来维持伊斯兰教的纯净。通过奥巴尔的行为实践，“吉哈德”具有了丰富的政治内涵，沦为恐怖主义的标签。

（四）语言意义→规范传播

通过上文可知，原始的脚本认知模式通常将“吉哈德”与积极向上的行为联系起来，相应地，“吉哈德”的原本词意也接近于“奋斗”、“拼搏”的含义。通过哈桑·班纳、毛杜迪、赛义德·库特卜等人的话语实践与阿泽姆、奥马尔等人的行为实践，人为篡改了脚本认知模式，将“奋斗”的含义逐步极端化并演变成为了“奋斗到底”的“圣战”含义。[①]“吉哈德”被重构，“吉哈德”被赋予了暴力化、政治性、针对对象广泛化、极端化等新意义。如下图 5－3 所示，正是在这一变化了的新意义的指引下，“吉哈德主义”作为一种恐怖主义规范得以广为传播。

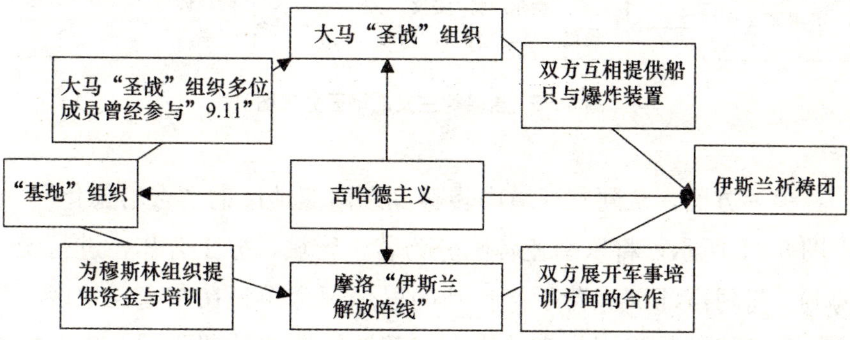

图 5—3　吉哈德主义的组织联系网络

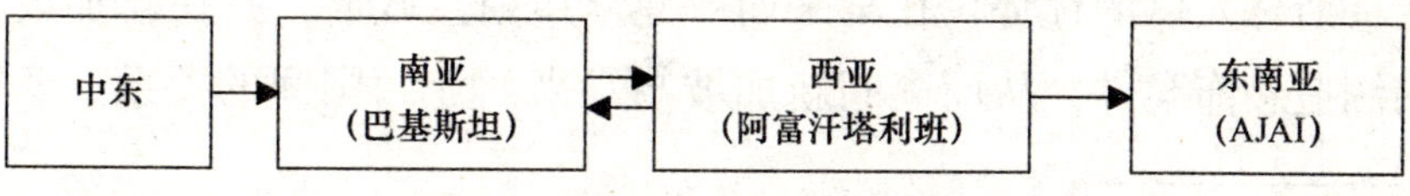

图 5—4　吉哈德主义的蔓延区域

① 感谢外交评论编辑吴文成对笔者的启发。

如上图 5—4 所示，当前“吉哈德主义”的传播进入了一个新的阶段。一方面，从阿富汗境内反馈回巴基斯坦境内的“吉哈德化”。从 2008 年以来，巴基斯坦境内，尤其是巴基斯坦西北边境省地区不断“吉哈德化”。主要表现为极端主义、武装暴力与群众参与事件频发，其主要后果是严重影响到巴基斯坦国内政局的稳定。巴阿边界巴基斯坦一侧的部落地带，特别是普什图人聚居的联邦管辖部落地区，是塔利班分子的天然家园。进，可以抢夺阿富汗国内政权，扩大声势和影响；退，可以坐拥大批虔诚而激进的宗教学生的支持，并得到部落长老和清真寺的庇护。[①]

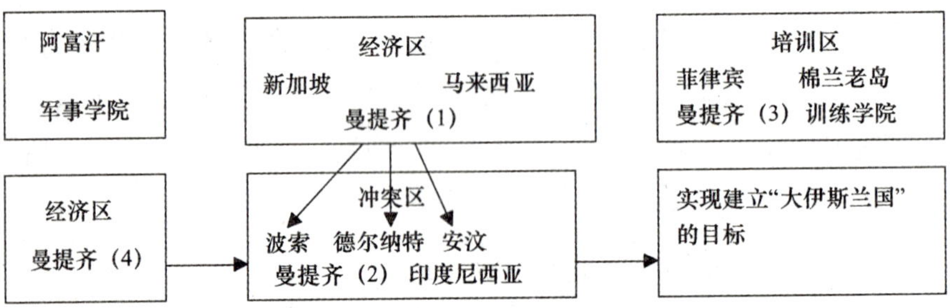

图 5—5 吉哈德主义的地区分工图[②]

另一方面，从阿富汗境内转移到东南亚地区的“吉哈德化”。如上图 5—5 所示，将东南亚各国分为若干区域，分工合作，进行统一协调。将阿富汗训练营所接受到的思想理念作为在东南亚地区“为安拉而圣战”的思想指南，建立与基地组织的长期联系；将新加坡与马来西亚作为经济区，即募集资金的重要区域，试图利用马来西亚穆斯林人口的优势，在马来西亚建立伊斯兰政府，并在新加坡境内制造恐怖案件，从而离间新加坡与马来西亚两国间的关系；菲律

① 王联：“论巴基斯坦部落地区的塔利班化”，《国际政治研究》，2009 年第 2 期，第 113 页。

② 柳思思：“论伊斯兰祈祷团的结构及应对措施”，《东南亚研究》，2011 年第 1 期，第 1 页。

宾南部，尤其菲律宾的棉兰老岛地区成为培训新成员的中心；而印度尼西亚则成为冲突区域，即实战区域，利用伊斯兰教势力在印度尼西亚政治与经济中的传统影响力，渗入到印度尼西亚的各大伊斯兰组织、商业领域，甚至部分警察部门中。

二、阿富汗公众情感引导研究

“公众情感”是国际关系的重要研究对象。现有的研究成果涉及了情感因素，但对公众情感的重视程度不够。结合冷战后情感政治的发展，笔者试图提出“情感引导”的分析框架，以丰富国际关系的理论研究。[①]“情感引导”是某行为体（个人或组织）向公众传授情感规则，让公众知道如何辨认情感的过程，它能使情感引导者与公众之间建立联系。“情感引导”从情感层面主要由“引”与“导”两部分组成：“引”注重的是情感吸引，行为体能够吸引公众的基础在于“形象塑造”；“导”注重的是情感导向，行为体能否以情感人、以情动人，以多种策略进行“情感传递”是“导”的关键所在。通过比较美国、塔利班两者对阿富汗人的情感引导实施情况，笔者认为，在引导公众情感的具体过程中，引导者如何对公众实施“形象塑造战略”与“情感传递战略”是导致引导效果出现差异的重要因素。

在当今国际关系中，任何行为体都无法忽视公众情感发挥的重要作用，现阶段公众情感浪潮席卷阿富汗社会，具体表现为2012年以来阿富汗民众一系列的群众性反美事件。2012年2月，全国多个城市爆发抗议示威活动，示威者挥舞棍棒、焚烧轮胎、高呼反美口

---

① 本节部分内容笔者首发于《世界经济与政治》2013年第2期“公众情感引导机制研究”一文。

号，并封锁了部分公路。塔利班也呼吁民众“报复驻阿美国军队”。[①] 5月，抗议者愤怒地冲击美国驻军基地，还袭击了联合国驻阿援助团办公楼。10月，数万阿富汗民众在首都喀布尔抗议美国的反伊斯兰电影。据现场目击者称，数万人高喊“美国去死”、“北约去死”等口号，还高呼“伊斯兰万岁”。基于上述背景，本书拟就如下问题展开探讨：为什么阿富汗公众会对美国爆发出如此强烈的情感反应？[②]

从媒体关于上述事件的新闻报道中，我们不难发现“愤怒”、“仇恨”、“痛苦”、“悲哀”等强烈的情感词汇。然而，作为国际关系学者，我们仍然缺乏成熟的研究工具来分析国际关系中的情感现象，至于国际关系理论，无论是将人类视为“编程计算器式”的理性主义理论，还是主要研究语言与规范的建构主义理论，都习惯性地忽视了人类的情感因素。但情感研究对于国际关系来说，其重要性不可或缺，根本原因在于：人类不仅在思考世界，而且在感性地感知整个世界。情感是人的一种体验，也是人类本质上之所以能够区别于计算机的原因。例如，纵然计算机能够下棋，但它永远无法感受到赢棋的喜悦或者被对手欺骗的愤怒，人类无时不刻不在感受这个世界——不仅通过激情，也可以通过更微妙的情感形式：喜爱、憎恶与欲望。[③]

尽管越来越多的国际关系学者已经开始关注国际关系中的“情感”研究，但就分析情感或者解读情感现象而言，我们的研究仍处于起步阶段。传统的认知心理学集中于从个体层面分析情感，比如

---

① “New Afghanistan Koran protests leave eight dead”，http：//www. bbc. co. uk/news/world-asia-17137338.

② 情感反应就是情感所唤起的各种生理反应与心理反应，它们主要受自主神经系统的支配，意志对它们的调节和控制作用是非常有限的。

③ R. McDermott，“Experimental Methods in Political Science,” Annual Review of Political Science，Vol. 5，No. 1，2002，pp. 1－2.

重要领导人的情感、情绪与国际冲突爆发之间的关系，[1] 但却忽略了对“公众情感”的研究。人类是社会性的存在，个体是以群体的形态参与社会政治生活的，自从人类开始从事政治活动起，也一定伴随着公众情感现象，各个时代、无论何种种族与文化都是如此。因此，本书试图以“公众情感”为研究主题，并以美国、塔利班针对阿富汗公众的情感引导过程进行比较分析，指出引导者采取的“形象塑造战略”与“情感传递战略”是影响公众情感取向的关键变量，理解公众情感塑造及变迁过程的背后动力，有利于我们更好地把握国际关系中情感研究的趋势，从而为中国更好地制定阿富汗战略提供一定的启示。

（一）既有研究及不足

总体来说，对于公众情感研究，尤其是阿富汗公众的情感研究，学界没有直接的理论成果。理性主义学者对此关注不多，与情感研究最相关的理论是认知心理学与建构主义的规范认同理论。总结起来，现有的文献可以概括为如下两类观点。

一是认知心理学中涉及情感研究。情绪与情感研究在不同的心理学流派中地位不一，比如精神分析学派过于强调情绪、情结；行为学派把情绪简单还原为刺激—反应模式；传统的认知心理视情感为理性认知的对立面，或者是类似于人脑的计算机系统的信息加工过程中的干扰因素；新近的认知心理学肯定了情感与认知之间的相互依赖关系，并提出了情绪易感性的概念。[2] 认识心理学研究人的高级心理过程，主要是认知过程，如：知觉、注意、记忆、表象、思维和语言等，但认知心理学中的情感研究方法是遵循个体主义的分析路径，这是基于以下理论逻辑：决策者首先是个体的人，既然是

---

① R. McDermott，“The Feeling of Rationality，” Perspectives on Politics，Vol. 2，No. 4，2004，pp. 691—706.

② 尹继武：《社会认知与联盟信任形成》，上海人民出版社 2009 年版，第 3 页。

个体的人就会受到各种情感的影响，这些情感能影响个体的信仰、风险承受力、认知、决断力，以及与直接政策相关的目标。[①] 传统上的认知心理学通常关注个体层面，因为表面上看来，这些具体的心理、情绪与情感似乎都是个体层面的现象，这种分析框架以“个体主义”为中心，使用多种心理学与神经学的方法来进行研究。这些有影响力的个体包括：恐怖主义组织的头目、叛军的首领、社会运动的领袖，还有最重要的个体——国家决策者。

使用认知心理学分析阿富汗的文献不多。具体可参见：斯坦顿·皮尔（Stanton Peele）关注于阿富汗战争双方的心理问题，他指出阿富汗战争的走向与当政者的心理因素有关，而时至今日，阿富汗战争就像越南战争一样，已经使得美国、塔利班双方领袖身心疲惫，它的结束也主要取决于美国奥巴马总统的个人心理取向。[②] 肯·艾索尔德（Ken Eisold）关注于卡尔扎伊在阿富汗乱局中的作用，他指出卡尔扎伊的理念与认知，将决定美国与阿富汗政府的关系，阿富汗战争的战局也取决于美国怎样理解与认知它的盟友——卡尔扎伊。[③] 金·森谷普塔（Kim Sengupta）指出阿富汗乱局的走向部分取决于盟国领导人的心理认知，法国新任领导人上台之初就执行了与美国完全不同的政策，奥朗德对于阿富汗战争以及阿富汗在法国战略部署中地位的心理认知决定了法国做出提早撤军这一决定，这在一定程度上也决定了阿富汗战局的发展走向。[④]

---

① Brian Ripley，“Psychology，Foreign Policy，and International Relations Theory，” Political Psychology，Vol. 14，No. 3，1993，pp. 403－416；Janice Gross Stein，“Psychological Explanations of International Conflict，” in Handbook of International Relations，ed. Walter Carlsnaes，Thomas Risse-Kappen，and Beth A. Simmons，Thousand Oaks，CA：Sage Publications，2002，pp. 293－298.

② Stanton Peele，http：//www. huffingtonpost. com/stanton-peele/.

③ Ken Eisold，“Our Allies in Afghanistan：How to understand our relations with Hamid Karzai” Hidden Motives，Vol. 3，No. 3，2010. pp. 1－3.

④ “French election throws Afghan exit into disarray”，http：//www. independent. co. uk/news/world/europe/french-election-throws-afghan-exit-into-disarray-7627532. html.

上述研究成果虽然有一定的解释力，但多集中于个体的认知心理层面（美国总统奥巴马、阿富汗总统卡尔扎伊、法国新任领导人奥朗德的心理），而忽略了集体的情感心理因素，也就是过于强调个体主义分析路径。相较于强调个体主义分析方法的认知心理学而言，情感具有社会性维度，情感更注重自我与他者的互动，情感是一种社会现象，比如自我对于他者的情感判断，到底是“喜爱”还是“厌恶”，并不是由自我单方面的心理认知因素就能决定的，而是由于自我与他者之间的多次互动形成的。

二是规范认同理论与阿富汗的情感研究。建构主义从根本上挑战了理性主义的本体论基础，规范认同成为其研究的一个核心议程。使用规范认同理论分析阿富汗的文献主要是关于“塔利班化”的研究。“塔利班化”（Talibanization）一词最早于 1999 年 11 月 6 日的波士顿《环球报》出现，泛指宗教团体或宗教运动模仿塔利班推行严厉的宗教政策，实行着与塔利班当权时期类似的政治制度、宗教法律和生活方式的政治与社会进程。在“塔利班化”一词广为流传之前，曾有人称其为“塔利班综合症”（Taliban Syndrome）。近年来，在国际报道中，主要侧重于用“塔利班化”一词指称塔利班宗教极端主义的蔓延趋势。[①]

目前关于“塔利班化”的研究成果尝试从规范本身的视角进行梳理，但在具体的研究过程中却过于重视规范的特质，注重研究塔利班的制度规范本身，以及从伊斯兰教视角分析塔利班规则的伊斯兰化因素，而忽视了阿富汗群众接受或者不接受塔利班规范的根本性情感动力驱动。实际上，阿富汗公众是否接受塔利班的规范，主要取决于阿富汗公众对于塔利班的情感与心理认知。如果阿富汗公众心理上、情感上认可塔利班，就自然会接受甚至内化塔利班的规范，而如果阿富汗公众心理上、情感上反对塔利班，就自然会背离

① “The Threat of Talibanization,” Boston Globe, November 6, 1999, 转引自王联：“论巴基斯坦部落地区的塔利班化”,《国际政治研究》2009 年第 2 期，第 114 页。

与抛弃塔利班的规范。

究其实质，规范认同的本质暗含着情感动力。规范认同是由主体对榜样的趋同心理或对规范本身的意义认同引起的，这种情感、认知因素便构成自觉遵从规范的动机因素。在规范服从阶段，规范仅仅作为获得奖励或避免惩罚的工具而被接受，这种接受水平是很表面的，而到了认同阶段，由于个体产生了对规范传播者的崇敬情感或对规范本身的亲近、认可感觉，情感因素成为规范内化的自觉驱动机制，它的重要性表现为规范认同是一种较高的接受水平，因此，情感联系对于规范的传播者与接受者来说是一个关键桥梁。社会规范的一系列要求或作用具体化为内在的认知与情感体验，这本质上源于行为体对于规范的一种情感认同，[①] 认同中涉及到情感联系与认同，规范认同的内化程度比规范服从深入了一步。

总的来说，只要是“人”，就无法全然理性，就会有“情感”；只要是“人”，就会有社会互动，就会有集体，就很少离群独居，就会有“公众情感”。因此，本书试图在国际关系中引入情感的解释路径，从“公众情感”着手，构建“情感引导”的研究机制，以利于我们深入地解读阿富汗人的情感反应与阿富汗的社会动荡。

（二）情感引导机制

正如上文所说，尽管诸多学者已经开始关注“情感”研究，但就分析情感或者解读情感现象而言，我们目前仍未建成完整的研究体系。传统上，情感分析通常关注个体层面，例如，我们通常通过借鉴认知心理学的研究成果（个体主义本体论）来研究领导人的外交决策。[②] 然而，在国际政治中，“个体情感”难以涵盖所有的情感

① 情感认同是指自我对他者满足自己的需要而对其产生的满意、喜爱以及肯定的态度。若没有情感认同，就会对他者缺乏兴趣，更不可能真正接受其影响。

② Brian Ripley，“Psychology，Foreign Policy，and International Relations Theory，” Political Psychology，Vol. 14，No. 3，1993，pp. 403－406.

形式与种类（如“公众情感”）。从学科类属看，“公众情感”是研究结成群体的人们的情感现象、情感活动的情感研究分支。“公众情感”不是“个体情感”的简单叠加，它的表现形式可以是民意、公众舆论、民族主义以及社会认同。[①] 在当前国际环境下，集体行动与大众交流随处可见，个体间或者社会实体间的情感倾向与情感反应相互作用。国际社会存在多种情感传递途径，如大规模教育、兵役、仪式、庆典、政治参与以及多媒体传播，这些途径都有助于行为体引导公众情感。针对“公众情感”，我们显然不宜采取个体层面的分析模式。

本书的研究主题是如何从情感上引导社会公众。这一“情感引导机制”是某行为体（个人或组织）向公众传授情感规则，让公众知道如何辨认情感并且以恰当的方式来表达。[②] 行为体通过对公众实施情感引导，能建立自身与公众间的紧密联系，能根据公众的情感发展阶段来帮助他们认知情感和表达自我。情感是人类感觉领域的体验，是影响国际关系的重要研究变量。[③] 人的情感是一种认知方式，是人对待客观事物的态度，如直觉、体验、心境、热情、赞成或谴责等，无论是否达到自觉意识，情感状态与情感反应都是人们对现实世界的感觉体验，为人类行为提供了或趋或避的最终驱动性力量。[④]

因此，“情感引导机制”的关键在于“形象塑造战略”与“情感传递战略”。总体来说，行为体对公众实施“情感引导”的第一步在于塑造一个富有亲和力的公众形象或印象，这决定了公众的最初感受，这就是“形象塑造”，在此基础上，行为体把自身的情感理念、情感思想、情感取向通过多种途径传递给公众。

---

① Ronald Bleiker and Emma Hutchinson, “Fear No More: Emotions and World Politics,” Review of International Studies, Vol. 34, No. 1, 2008, pp. 128－131.

② Karen Ballentine and Jack Snyder, “Nationalism and the Marketplace of Ideas,” International Security, Vol. 21, No. 2, 1996, p. 15.

③ 季玲：“东亚共同体与东亚集体身份兴起的情感动力”，载《外交评论》2011年第4期，第110页。

④ ［美］郝拓德安德鲁·罗斯著，柳思思译：“情感转向：情感的类型及其国际关系影响”，载《外交评论》，2011年第4期，第41页。

1. 形象塑造战略

“形象塑造”是指对行为体的理念、价值观、文化精神的塑造过程。行为体通过种种设计，将其塑造后的形象有目的、有计划地传播给广大公众，从而获得公众的理解、支持与认同。在新时代竞争条件下，“形象塑造”已经成为行为体取得公众认可的重要战略手段。如果行为体为某一组织，形象塑造是增强该组织内部凝聚力的有效途径，它可以唤起和激励内部成员的自豪感、荣誉感与责任感，激发内部成员的进取心、参与意识与主人翁意识，使成员们自觉地爱护、关心该组织，把自身的命运与集体的发展紧密联系在一起，不断释放自己的潜能，竭尽全力为集体的发展做贡献，使集体充满无限活力。

形象塑造是为行为体产生超价值无形资产的战略手段。行为体的形象塑造，不仅可以争取更多的公众关注，还可以凸显行为体的品牌效应与信誉，是获得成功的根本所在。行为体只有向社会展露出富有亲和力的形象，才能取得社会各界和公众的信赖、欢迎与支持，才能奠定对外交往与合作的基础，得到适宜自己发展的外部环境。行为体的形象塑造作为一种实践活动，既是对形象设计的一种实现，也是对自身形象的一种检验。总体来说，形象是行为体整体实力的象征，是有形形象与无形形象的统一。在公众面前，富有亲和力的形象是行为体的无形资产与无价之宝，是行为体不断发展壮大的有力保障，它可以转化为巨大的动员力量。

“形象塑造”与情感引导的联系是指受众出于对引导者的好感而产生的遵从现象。这种通过“形象塑造”的情感引导也叫自居作用或同一化。国内外许多心理学家都对此作过研究，这一情况是个人因为想要与另一个人或群体，建立或维持一种令人满意的关系而接受影响时发生的。即指由于喜欢某人或某群体，而自愿接受他人的态度。精神分析学派创始人弗洛伊德将它作为一种心理替代机制。原指幼童在产生爱恋异性父或母的冲动时，把自己置身于同性父或母的地位，以他们自居，从而获得替代性满足，并导致了“超我”

的形成。“形象塑造”与情感引导的具体联系表现在下述两个方面：一是自我试图把环境中的客体与他者，与本我的主观愿望相互匹配的过程；二是个人通过自身显示某些喜爱者的特征，来缩短自身与喜爱者之间的距离的过程。

总体来说，“形象塑造”能使得受众形成一种对情感引导的反应。做出这种反应，是由于受众希望自己成为与引导者一样的人，由于在互动过程中受众确立了自己与所认同的引导者之间的关系，因而采取了一种与引导者相似的行动。即受众发现某个团体或个人的形象塑造得较成功，在某一方面对自己很有吸引力和感染力，就会由于喜爱该团体或该个体的形象，而倾向于接受其施加的影响，采取与其相类似的准则或态度。

2. 情感传递战略

语言的交流、心灵上的沟通、思想上的感染都可以达到情感传递的效果。情感传递不是单方面的强制灌输，它需要行为体与公众进行多层次的互动交流。情感传递的实现途径可以多种多样，最佳途径是双向、或者多向的建构式传递，即行为体一方面影响公众，另一方面公众也影响行为体。情感是一种主体间现象，它具有社会性维度，自我的情感可以影响他者，他者的情感也可以影响自我。[①]情感通过主体间实践的方式进行传递：如政治演说、外事交流、大众传媒以及公共抗议。正如安东尼奥·达马西奥（Antonio Damasio）所说，“情感”作为人的能动性要素之一，是我们理解何为他者的核心要素。[②]情感是一个非常复杂的心理过程，它不是主体对客体的客观反映，而是主体之间交往与互动的体验。

情感传递是行为体引导公众，逐步培养共同情感的过程。情感传递使行为体与目标受众之间建立联系，培养受众对于行为体的所

① 哈贝马斯认为在现实社会中人际关系分为工具行为和交往行为，工具行为是主客体关系，而交往行为是主体间性行为。情感是源于后者。

② Antonio R. Damasio，Descartes' Error：Emotion，Reason，and the Human Brain，New York：G. P. Putnam Press，1994，p. 13.

属感与效忠感，最终的目标是使两者在情感与理念上达到融合。情感传递从性质上来说，与直接的认知承诺或者义务不同，前者是不同行为体之间内心心灵深处的情感互动，后者仅仅是基于物质利益或者利益互惠的暂时考虑。[①] 无论在国家、宗教团体、种族群体内部，还是在社会运动中，情感传递都是维持群体凝聚力的重要途径，一旦发生突发情况，它能够动员成员为了群体利益做出巨大的牺牲。

情感传递战略，指由于引导者与受众之间不断互动，受众慢慢被引导者所感染，从而将引导者的情感视为自身的情感，其他行为体对引导者的伤害视为对自己的伤害。例如，不少年轻人加入塔利班的初始原因是出于同情塔利班，而在这一过程中慢慢被同化，最后，将美国对于塔利班的仇视视为对自身的仇恨，将美国打击塔利班视为在攻击自己。情感传递在日常生活中极为常见，由于情感具有易感染性特点，尤其是对于年轻人来说，对社会规范的接受往往是通过情感交流来实现的，当然也时常伴随情感的认同。若引导者同时实施“形象塑造”战略与“情感传递”战略，受众对于引导者的情感认同程度就越高，情感联系就越紧密，这种情感联系也就越容易向习惯转化。

在研究设计的指导下，本书提出两个指标来衡量“情感引导机制”的运作效果，以使研究对象转变为可操作的变量：一是考察公众对于行为体（引导者）的“情感评估定向”；二是考察公众是否会遵从行为体（引导者）的意愿行事。首先公众对行为体往往持有某种特定的“情感评估定向”。这样的“情感评估定向”可能是正面的，即行为体被视为“喜爱的、怀念的、骄傲的”，“情感评估定向”也可能是负面的，即行为体激发了公众“反感、厌恶、愤怒以及其他令人讨厌的反应”。[②] 它体现了公众对于行为体的基本价值判断。

---

① Benedict Anderson, Imagined Communities, New York: Verso Press, 1991, p. 5.

② Martha C. Nussbaum, Upheavals of Thought, New York: Cambridge University Press, 2001, p. 1.

（三）案例检验

在接下来的案例中，我们首先考察阿富汗人对于美国、塔利班两者的基本情感判断，是正面的还是负面的。其次，我们考察公众是否服从行为体（引导者）的旨意行事。这一指标具体表现为阿富汗人从情感上到底是愿意遵从北约，还是听从塔利班的意愿行事。这体现了情感引导的深入性。根据上述两个指标，我们得出“情感引导机制”的如下效果评估。具体结果可参见下图。

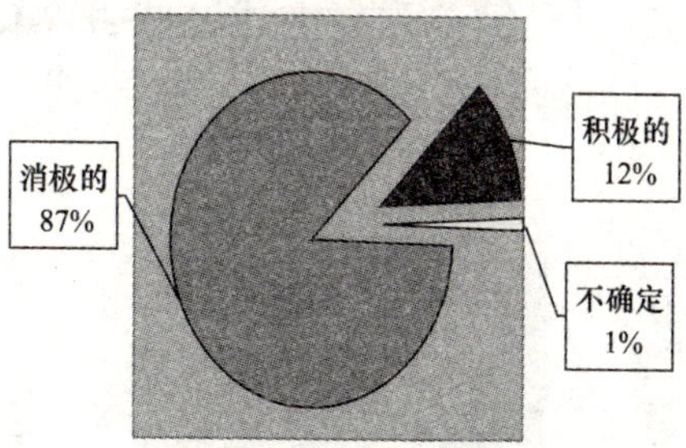

图 5—6　阿富汗人对于美国的情感评估定向①

第一，如上图所示，对于美国与北约军队，多数阿富汗人、尤其是南部省份的阿富汗人持否定态度，美国在阿富汗的存在意义，不少阿富汗人也认为是负面的、消极的、破坏性的。根据 2012 年的问卷调查显示，在阿富汗北部地区，76%的人认为美国在阿富汗的存在对于阿富汗人是破坏性的，具有消极影响的；在阿富汗南部地区，这一数据更是高达 87%。② 因此，无论是阿富汗北部还是南部地区的人民，都认为美国是和平的破坏者与暴力执行者。提到塔利班，此前诸多作品多以极端贬义的视角进行解读，把塔利班与叛乱分子、

---

① International Council on Security and Development，Afghanistan Transition：The Death of Bin Laden and Local Dynamics，New York：International Council Press，2011，pp. 25－27.

② Ibid，pp. 17－19.

恐怖主义者等同。但令人惊讶的是，通过笔者在阿富汗的实地考察、笔者与阿富汗人的访谈，以及诸多外文资料显示，塔利班对阿富汗人有多种情感引导手段，它在阿富汗国内有很多支持者。塔利班既是武装组织，又是政治派别，它与“基地”组织的区别在于两者的意识形态不同，它没有参与国际恐怖主义活动，将注意力主要放在阿富汗国内，塔利班领导人对“9·11”恐怖袭击事先并不知情。[①]直至今日，塔利班远未退出政治舞台，它在阿富汗人心中仍有重要的影响力。西方媒体习惯以妖魔化的视角来解读塔利班，多篇文章集中于塔利班是如何绑架人质、贩卖毒品或者袭击驻阿美军。但是，我们试想如果塔利班只是简单重复上述这些鲁莽行为，它面对如此强大的美军，肯怕早就被彻底消灭了。

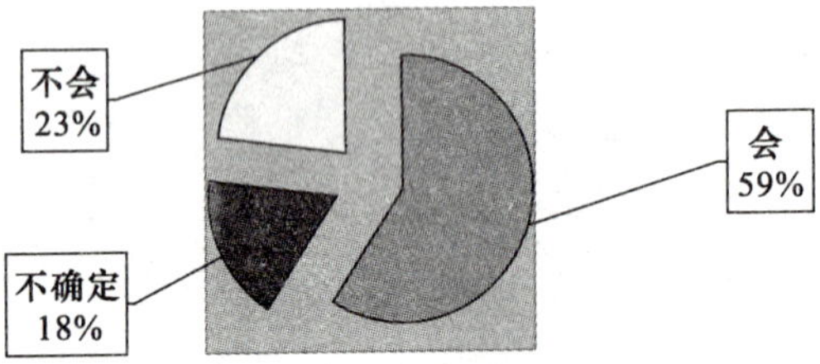

图 5—7　塔利班的影响力：你是否会依照塔利班的话去做?[②]

第二，根据上图所示，截止到 2011 年本·拉登被击毙，美国发动阿富汗战争 10 年之后，阿富汗 59%的受调查者仍然表示会按照塔利班的旨意行事。[③] 其中，38%的调查者表示这是因为塔利班的强

① Joshua Partlow, “In Afghanistan, Taliban leaving al-Qaeda behind,” Washington Post Foreign Service Wednesday, November 11, 2009.

② International Council on Security and Development, Afghanistan Transition: The Death of Bin Laden and Local Dynamics, New York: International Council Press, 2011, pp. 4—5.

③ International Council on Security and Development, Afghanistan Transition: The Death of Bin Laden and Local Dynamics, New York: International Council Press, 2011, pp. 14—15.

大影响力，不得不服从于塔利班的要求，另外21%的受访者表示一定会遵照塔利班的旨意，因为他们认同塔利班正在进行的事业是一项“伟大的、正确的、崇高的光荣事业”，他们愿意为此奋斗，甚至不惜献出生命，还有18%的人表示目前无法确定自身的行为取向，也就是主要看所在群体的选择。简单来说，如果身边的同部落或同村的年轻人加入塔利班，他们也可能加入，而如果其他人不加入，他们也许也不加入，仅有23%的人明确表示自己不会遵照塔利班的意愿行事。这也就说明，塔利班在阿富汗社会仍有广阔的市场。

从1978年以来，塔利班成功地发动了大量的阿富汗人，利用极少的资源与极其有限的专业知识，在短时期内占领了阿富汗境内90%以上的领土并建立了强有力的政体。在“9·11”事件之后，塔利班虽然遭到了沉重的打击，但远未被消灭。如今阿富汗塔利班不仅在阿富汗境内众多部落地区展开游击战，且与巴基斯坦塔利班也建立了密切的联系。通过近期对阿富汗人的调查显示，尽管美国取得了阿富汗战争的军事胜利并驻军阿富汗长达10年之久，但美国在阿富汗一直不得人心。一方面是以美国为首的联军军事上节节胜利，凯歌高奏；另一方面是阿富汗人的伤心悲痛，愤怒失控，甚至寄望于塔利班的帮助，年轻人开始陆续投向了塔利班的怀抱。

为什么行为体对阿富汗公众的情感引导效果会出现显著不同?本书将具体分析两者（美国、塔利班）采取了不同的“情感引导”模式，根据前文的研究设计，“情感引导”模式的关键在于“形象塑造战略”与“情感传递战略”，那我们以此为基点，以验证前文提出的假设。

1. 形象塑造战略

在阿富汗社会中，塔利班十分注重形象塑造，它通过塑造亲切形象来对阿富汗公众进行情感吸引，以谋求公众的好感。接下来我们对塔利班与美国两者在阿富汗的形象塑造进行具体比较。

（1）塔利班

在阿富汗社会中，塔利班“形象塑造战略”的实施主要包括如下几个方面：

第一，塔利班宣称自身代表所有阿富汗人。[①] 它向阿富汗普通公众声称，自身既代表农村人，又代表城市人，既能带领大家实现现代化，又能带动整个部落的发展。因此，塔利班不会被农村阿富汗人排斥，在南部部落地区有广泛影响力，也容易被城市阿富汗人接受。塔利班还向阿富汗公众保证，对政府军发起的战争，就是为了整个阿富汗人的自由，赶走所有外国军队，推翻傀儡统治，来治理属于阿富汗人自己的国家。[②] 面对塔利班的声明，大部分阿富汗人较为认同，他们认为，此前的其他几派本土势力，拉巴尼、马苏德派与杜斯塔姆派等都曾经有过侵略扩张的历史，而塔利班与这些派别不同的是，塔利班不仅宣称自身具有广泛的代表性，而且历史较为清白。

塔利班的领袖们大多有这样的特点：1. 他们主要来自于阿富汗的最大民族——普什图族。塔利班领导人奥马尔也出自该族，它的其他重要领导岗位也多为普什图人，普什图族对塔利班的支持力度也非常大。2. 他们多是乡村基层伊斯兰教毛拉出身，对伊斯兰教教义并没有太高的造诣，却虔诚无比，同时他们是阿富汗普通民众接触最多的职业宗教人士。在阿富汗这样较为贫困而又受伊斯兰教影响巨大的国家，他们往往不仅是宗教的传播者，也是普通民众学习宗教文化的主要来源，他们的政治观点与政治主张也最容易灌输到民众的头脑中。总之，他们最初的身份在阿富汗不啻为一种极具价值的、能够获取民众认同与支持的政治资源。

第二，塔利班将自身塑造为纯洁伊斯兰的代表者。塔利班宣称自身以伊斯兰教为指南，建立纯洁的伊斯兰国家，这是一个宗教色

---

① 参见塔利班研究档案库：Sajit Gandhi，“The Taliban File Part III”，The National Security Archive，http：//www. gwu. edu/～nsarchiv/NSAEBB/NSAEBB97/index4. htm。

② 参见塔利班研究档案库：Sajit Gandhi，“The Taliban File Part III”，The National Security Archive，http：//www. gwu. edu/～nsarchiv/NSAEBB/NSAEBB97/index4. htm。

彩十足的口号，应该说，这一口号对于饱受战乱之苦、渴望国家统一与安定生活的阿富汗民众而言，非常富有诱惑力与感召力，塔利班也因此得到了诸多阿富汗人的响应与支持。面对民众的支持，塔利班又再次声称自身“不想掌权，只想恢复法律和秩序”，还发誓要“实施伊斯兰教法规，建立真正的伊斯兰政权”。[①] 这样的口号对阿富汗民众具有吸引力，同时对他们的对手又极具杀伤力，它的提出不仅是一个宗教旗帜，更是塔利班的一种吸引广大阿富汗民众的策略。

阿富汗民族部落众多，某种程度上讲，伊斯兰教是阿富汗各部族联系在一起的黏合剂。由于地处欧亚腹地的敏感地带，从古代开始，阿富汗就是众多征服者南下印度洋的必经之地，征服者们的铁蹄造成了阿富汗的民族状况异常的复杂。在这样一个面积仅为65.2626万平方公里，人口仅为800多万的小国竟然有大小民族30多个。[②] 同时，各民族又由若干部落组成，部落下为部族，部族再分为家族，家族再分为群体，但是，阿富汗人也有较为一致的追求，那就是伊斯兰教，经过1000多年的传播，阿富汗已有90%以上的人口为伊斯兰教教徒。[③] 在这样的背景下，塔利班发出了对其他势力的指责，称对手是整个伊斯兰教的敌人，而自身坚持正统的伊斯兰教，自身是人民的代表。因此，在阿富汗部分民众心目中，塔利班更能代表“伊斯兰精神”，他们所建立的组织机构也就具有了合法性。

第三，通过语言的建构功能，塔利班领袖将西方大国对它的攻

① 参见塔利班研究档案库：Robert A. Wampler，“Volume III BIOWAR”，The September 11th Sourcebooks，http：//www.gwu.edu/～nsarchiv/NSAEBB/NSAEBB58/。

② 刘温国：《强弩之末——前苏联入侵阿富汗秘闻》，社会科学文献出版社2001年版，第23—25页。

③ 参见塔利班研究档案库：Sajit Gandhi，“Volume VII：The Taliban File”，The September 11th Sourcebooks，http：//www.gwu.edu/～nsarchiv/NSAEBB/NSAEBB97/index.htm。

击上升为两大教派的冲突（伊斯兰教与基督教的战争），号召广大伊斯兰教众进行反抗。从“9·11”事件发生的那一天起，塔利班就不忘用语言的武器来打击美国，“我，整个阿富汗人，以及世界上所有的穆斯林都是你的受害者，现在美国正要攻打我们，他们并不是因为奥萨马·本·拉登才攻打我们，而是要歼灭整个信仰伊斯兰教的人。”① 塔利班发言人引述奥马尔的话说：“面对仅仅因为我们是穆斯林就企图要压垮我们的敌人，我们应该团结起来，一致对敌。”② 塔利班指出它与美国的战争是一场新的犹太人十字军运动，是在十字架的旗帜下，由最大的十字军东征者——美国人领导的针对穆斯林的清洗。由此可见，塔利班从一开始就有意识地转移话题，并在不知不觉中扩大美国的打击面，由“塔利班”——“阿富汗人”——“伊斯兰国家”，层层递进，通过语言的建构功能来塑造联系。

第四，塔利班还通过在阿富汗社会制造“部落传说”来巩固自身权威。阿富汗人部落里流传这样一句警告语，如果阿富汗人不服从塔利班，或者贸然攻击塔利班的领袖将遭到厄运，血流不止或者永远坠入火狱之中。这一传言具体的出处并不确定，但是这样的传言传播肯定是有利于塔利班领袖巩固自身统治并增加威望的。阿富汗部落众多，阿富汗人十分相信部落传说，塔利班的这一手段致使迷信古老传说的阿富汗人认为塔利班受到真主庇佑，自然不敢冒着下“火狱”③ 的风险去违背塔利班的意志。在伊斯兰教义中，令人恐

① ［美］彼得·阿内特著，常为民译：《我怎样采访本·拉登》，南方日报出版社2008年版，第2页。

② 参见塔利班研究档案库：Barbara Elias，“The Taliban File Part IV”，The National Security Archive，http：//www.gwu.edu/～nsarchiv/NSAEBB/NSAEBB134/index.htm。

③ 火狱（Jahannam）：伊斯兰教信仰的后世惩罚处所。亦译“炼狱”。阿拉伯语“哲罕南”的意译。中国穆斯林多沿用波斯语“Duozakh”一词的译音，称作“垛子海”，或谐音译意为“多罪海”。在阿拉伯语中，用于指称火狱并见之于《古兰经》的词汇还有哲希姆（al—Jahim）、侯泰迈（al-Hutamah）、“纳尔”（Nar）、“塞伊尔”（al-Sa'ir）、“塞盖尔”（Saqar）等，为伊斯兰教六大信仰之一——信后世的重要内容。

惧的“火狱”作为一种警告，无疑在穆斯林心理上会产生一种无形的压力，塔利班通过使用这样的警告，起到了维系其领导，规范并约束阿富汗人行为的作用。

阿富汗部落民众深信，被罚下“火狱”者将永世受刑，其惨状令人恐惧。据《古兰经》载，“火狱”共分7层，“有七道门”，每道门内将收容“被派定的一部分人”（15：44）。[①]“他们的上面，有层层的火，他们的下面也有层层的火”（39：16）。其燃料是人和石头，“主持火刑的，是许多残忍而严厉的天神”（66：6）。“你们捉住他，给他戴上枷锁，然后把他投在烈火里，然后把他穿在一条70时长的链子上”（69：30～32），生活在“毒风和沸水中”，处于“黑烟的阴影下”（56：42～43）；“他们穿着用沥青制作的衬衣，火将笼罩他们的脸”（14：50），“垫火褥，盖火被，我要这样报酬不义者”（7：41）；“以荆棘和花篦似魔头的果实充饥，食下后腹中像油锅和开水一样沸腾”（37：64～66，44：43～46，88：6）；“不能睡眠，喝的只有难以下咽的沸水和脓汁”（14：16～17，78：24～25）；“遭受各种酷刑，如用沸水浇头，以致内脏和皮肤将被沸水所溶化“（22：19～20，44：48）；“用铁鞭抽打”（22：21）；“用被火烧红的金银烙前额、肋下和脊背”（9：35）；“烧焦一层皮肤后另换一层再烧”（4：56）等。身陷火狱者悔恨和求饶均将无济于事，“不义者绝没有任何援救者”（35：36～37），“将永居其中，无法逃出”（33：64～65）。

（2）美国

美国在阿富汗的形象设定拉远了自身与普通阿富汗人之间的距离，受到阿富汗公众的排斥。首先，在阿富汗，美国将自我的形象定位为“解放者”、“救世主”，而美国眼中的阿富汗人则是“被解放对象”、“被拯救对象”，这是美国优越感与高傲感的集中体现。例如

---

① 穆罕默德著，马坚译：《古兰经》，中国社会科学出版社2003年版，（括号内对应的是章和节，后文相同）。

美国声称："美国人是崇高的，我们总是寻求解放和自由"，是"和平的捍卫者。"[①] 美国的形象特征为："光荣的"、"伟大的"、"道德的"，"美国是勇敢的、强大的，一定能获得胜利。"[②] "很明显，他们不喜欢美国这个社会，认为美国这个社会太开放、太自由、太民主，他们因为自己不够开放民主，所以万般憎恶我们的自由民主。"[③] "在新世界的第一天，美国是自由事业的领导者。"[④] 这是一种很明显的自我优越，即在自我与他者的两两互动过程中，自我不断地描述自身的优点和与众不同，夸大了与他者之间的差异。

其次，阿富汗人认为，美军秉持自身的零伤亡却造成了阿富汗普通民众的更多伤亡，美国是阿富汗平民伤亡的罪魁祸首。大量无辜的阿富汗公众与民用设施遭到美军的毁灭性打击，经济基础设施被战争破坏殆尽。正如法拉省女议员比尔基斯·罗尚（Balqis Roshan）所说，从踏入阿富汗以来，不断有人向她反映阿富汗平民的伤亡情况，以至于她一直忙于去医院看望伤者并统计死亡人数。"一个普通家庭就给了我 19 个死者的名字，另一个家庭给了我 11 个名字。"[⑤] 许多悲痛的阿富汗家庭愤而控诉美国的罪

① 参见白宫官方网站的阿富汗档案：White House，"U. S. Commitment to Afghanistan"，The Taliban File，May 23，2005，http：//georgewbush-whitehouse. archives. gov/infocus/afghanistan/us-commitment. html＃democracy。

② 参见白宫官方网站的美国国家安全档案：White House，"Statement by the President on Senate Confirmation of General David D. McKiernan as Commander of U. S. Forces-Afghanistan"，The National Security Archive，http：//georgewbush-whitehouse. archives. gov/news/releases/2008/10/20081002－8. html，October 2，2008。

③ 参见白宫官方网站的阿富汗档案：White House，"President Bush Discusses Global War on Terror"，The Taliban File，September 29，2006，http：//georgewbush-whitehouse. archives. gov/news/releases/2006/09/20060929－3. html。

④ 参见白宫官方网站的美国国家安全档案：White House，"Roundtable Interview of the President with Travel Pool"，December 14，2008，The National Security Archive，http：//georgewbush-whitehouse. archives. gov/news/releases/2008/12/20081214－5. html。

⑤ "Obama's Afghan Legacy：More Civilian Deaths"，Huffington Post，http：//www. huffingtonpost. com/2011/03/10/obamas-afghan-legacy-more_n_833915. html.

行，强烈要求为无辜亡魂正名。[①] 一位名叫古尔纳比（Gul NaBi）的阿富汗年轻人怒不可遏地质问："谁能告诉我，为什么我的家被毁了？55 口人都死了，甚至还有孩子？我们家根本就没有'基地'成员，那里只有我和我的家人，我们都是普通人，美国人来之前，我们生活得很好，天天祈求真主保佑和平，这一切都被打破了！"[②]

表 5—1 阿富汗公众眼中平民伤亡的制造者：塔利班与美国？[③]

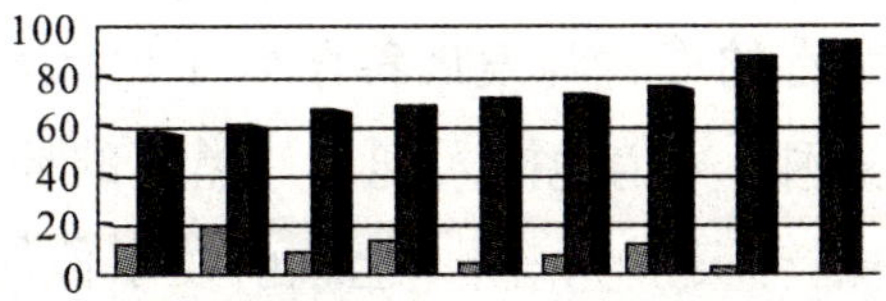

	迈万德	加姆塞尔	本杰瓦伊	阿尔甘达	拉什卡加	纳瓦	马尔贾	扎里	圣晋
■ 塔利班	12	19	9	13	4	7	12	2	0
■ 美国联军	57	60	66	68	71	72	75	88	94

如表 5—1 所示，根据对阿富汗境内 10 个省市阿富汗公众的统计

---

① "Kabul protest against Afghan civilian casualties", Euronews, http://www.euronews.net/2011/03/06/kabul-protest-against-afghan-civilian-casualties/.

② "NATO Air Strike Kills 7 Afghan Civilians, Including 3 Children", Moral Low Ground http://morallowground.com/tag/civilian-casualties-afghanistan/.

③ 在每一城市发放 100 份问卷，回收的有效问卷数量并不统一，但结果较为一致。在迈万德收回有效问卷 69 份，其中 57 人认为平民伤亡的制造者是以美国为首的联军，只有 12 人认为塔利班制造了平民伤亡；在加姆塞尔收回有效问卷 79 份，其中 60 人认为平民伤亡制造者是以美国为首的联军，只有 19 人认为制造伤亡者是塔利班；在本杰瓦伊收回有效问卷 75 份，其中 66 人认为平民伤亡制造者是以美国为首的联军，只有 9 人认为制造伤亡者是塔利班；在阿尔甘达卜收回有效问卷 81 份，其中 68 人认为平民伤亡制造者是以美国为首的联军，只有 13 人认为制造伤亡者是塔利班；在拉什卡加收回有效问卷 75 份，其中 71 人认为平民伤亡制造者是以美国为首的联军，只有 4 人认为制造伤亡者是塔利班；在纳瓦收回有效问卷 79 份，其中 72 人认为平民伤亡制造者是以美国为首的联军，只有 7 人认为制造伤亡者是塔利班；在马尔贾收回有效问卷 87 份，其中 75 人认为平民伤亡制造者是以美国为首的联军，只有 12 人认为制造伤亡者是塔利班；在扎里收回有效问卷 90 份，其中 88 人认为平民伤亡制造者是以美国为首的联军，只有 2 人认为制造伤亡者是塔利班；在圣晋收回有效问卷 94 份，其中 94 人认为平民伤亡制造者是以美国为首的联军，0 人认为制造伤亡者是塔利班。

数据（设计100份问卷，以回收的有效问卷数进行统计），更多的阿富汗人认为是以美国为首的北约军队，而不是塔利班在阿富汗境内制造了更多的平民伤亡，也就是说，这10个城市的大部分人认为以美国为首的联军才是造成阿富汗人民伤亡的凶手。因此，阿富汗人发出了这样痛彻心扉的呐喊："过去的几年对于我们来说是最艰难的时期，我们损失了成千上万的人，我们被屠杀，我们被轰炸，我们被残害，我们的财产，不论是私人的还是共有的，都被完全毁坏……我们之前所有的成就与发展都陷入了停滞，而我们正在不断地被某些国家（美国）人为地推入到一片黑暗的环境中……"[①] 阿富汗人越来越难以保持理性与克制，也就引发了他们对于美国与北约军队的愤怒与仇恨。

2. 情感传递战略

正如前文所示，在"情感引导机制"中，"形象塑造战略"是基础，"情感传递战略"是关键。塔利班对阿富汗公众传播其情感理念与价值，吸引公众产生共鸣，最终影响了阿富汗公众的情感选择倾向。接下来我们具体分析塔利班与美国两者如何对阿富汗人实施情感传递。

(1) 塔利班

塔利班对阿富汗公众实施的情感传递战略是相当高明的，主要分为如下两个方面。首先，塔利班尤为强调对阿富汗人的规范传播与认同吸引，而非单纯的强制征服，在分化瓦解对手的同时，使用种种手段吸引阿富汗的普通民众加入旗下。情感的传递是通过社会化的机构及其执行者来实现的，这些针对公众的国内社会化机构，可以是学校、家庭、社会团体、社团组织与媒体机构，也可以是法院与看守所，执行者就是上述这些机构的组织者。塔利班多方营建教化氛围，即运用各种社会化组织对阿富汗

① Sheh Naz Shanuzai, "Clarion — My beloved Pashtuns", SAHAR—The Voice of Pashtuns, Vol. 1, No. 1, 2009, p. 30.

人进行情感引导，当然这些社会化组织本身没有倾向，只是它们成为了塔利班的使用工具，塔利班利用它们来对阿富汗人，尤其是年轻的阿富汗人进行说服与教化。这些社会化组织包括：宗教学校、部落大家庭、各种伊斯兰组织、伊斯兰部落会议与伊斯兰社团等。

其次，塔利班积极利用网络、微博等新兴媒体，对公众实施情感传递。迅速发展的互联网络，使得人与人之间的交流与转移变得尤为便捷，也使得塔利班更容易指挥操作，获得经验、金钱与武器装置。当前塔利班及其支持者控制着全球数千个网站，并且还在积极创建新网站，积极分享它的价值观与理念，使之广为传播。他们通过各种新式媒体手段宣传与美化自身的形象，如在互联网站发放语音与视频，使用微博等，聊天室甚至博客都可以作为吸引教化阿富汗青年加入塔利班的场所。

与此相较，网络技术高度发达的美国却在与塔利班的“信息角力”中处在了下风。美国方面表示，美国军方输掉了与塔利班的信息战，其采取的“保守而陈旧”的宣传策略已明显“相形见绌”。[①] 美国《外交》杂志指出，塔利班堪称新一代网络科技的高手，他们几乎尝试了各类新型网络工具且操纵了多语种传播途径，寻求在阿富汗和巴基斯坦地区快速传播他们的立场与政策主张。[②] 微博等网络媒体，相较电视与报纸而言，政府更加难以监管，信息传递得更为快捷，且对于塔利班来说成本较低。塔利班有针对性的传递信息，揭露西方的残酷无道与反映阿富汗人的痛苦无助，激起阿富汗年轻人对于美国与西方世界的怨恨，即宣传自我的美好纯洁与敌人的邪恶暴虐，以达到刺激年轻人加入自己队伍的目标。

---

① AFP, “All change, all the same: Afghan Taliban 10 years on,” Dawn. com http: //dawn. com/2011/10/04/all-change-all-the-same-afghan-taliban-10-years-on/.

② AFP, “All change, all the same: Afghan Taliban 10 years on,” Dawn. com http: //dawn. com/2011/10/04/all-change-all-the-same-afghan-taliban-10-years-on/.

（2）美国

美国与塔利班不同，它对阿富汗人实施的情感策略则更多表现为情感控制。在美军驻阿富汗期间，阿富汗人的所有生活都必须在美国的军事与警察指挥部的控制之下，除了使用驻军与建立军事基地等军事手段掌控阿富汗人之外，针对怎样在日常生活中控制阿富汗人，美国也制定了详尽的计划。他们试图将阿富汗人培训为所谓合格的“美式阿富汗公民”，以赢得阿富汗人民在情感上的效忠。但是这一计划却难以获得成功，因为阿富汗人意识到美国的这些政策都是美国军事占领的组成部分。换言之，所有的民主口号都是建立在暴力的根基之上，其实质就是以新的方式剥夺阿富汗人的各种基本权利，它与苏联侵占阿富汗时期强制推广的“苏化”政策实则异曲同工，只是赋予了更加“民主”的伪善外衣。

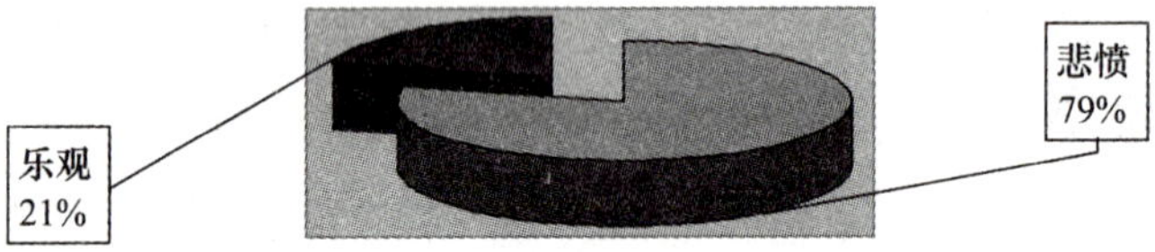

图 5—8　阿富汗人的情感组成①

如图 5—8 所示，美国发动阿富汗战争以来，“悲愤”是阿富汗人最普遍、最常态，也是最无奈的情感心态。权利的被剥夺使阿富汗人感到孤独无助、无力申诉也无法辩解，久而久之，阿富汗人感到了内心深处的痛苦与绝望，以致迷失了自我，而这种迷失与一种社会羞耻感与影随行，进一步的结果就是失去了对世界的基本信赖。塔利班又在一边进行诱导，就有人陆续投向了塔利

① International Council on Security and Development，Afghanistan Transition：The Death of Bin Laden and Local Dynamics，New York：International Council Press，2011，p. 20.

班的怀抱。[①]“应该采取行动的时刻到了，应该反抗与报复的时间来临了，无论是个人还是群体，不能再只做毫无作用的祈祷!”[②] 阿富汗人清醒地意识到，美国与苏联一样，都是试图通过军事与政治两种手段控制阿富汗人，剥夺他们的政治独立与自由权利，使阿富汗成为附庸国。

阿富汗人认为，美国与北约联军剥夺了他们的基本权利，伤害了他们的情感。[③] 阿富汗长期局势动荡不利于青少年群体的成长，对于任何社会个体来说，受教育权都是一项基本的社会权利，也是关乎任何一个民族发展延续的大事，而在今天的阿富汗，很多孩子却无法享受到受教育这一基本的权利。成千上万的阿富汗孩子不得不过早地从事体力劳动，卖玉米、卖眼镜、刷鞋子、卖水果蔬菜等，漂亮的男孩、女孩甚至不幸沦为富人的玩物。[④] 为什么他们失去了获得正常教育的机会？核心就在于阿富汗政治的骚乱、社会的不稳定与人们缺乏对于经济和社会发展的任何期望。正如谢·纳兹·沙努甾（Sheh Naz Shanuzai）所说：“……我们的经济权利被剥夺，我们的政治权利被剥夺，我们的文化权利被剥夺，我们的孩子被剥夺了可以受到教育的权利，玩耍的权利，甚至是呼吸干净、新鲜的空气的权利，我们的妇女被掠夺、被折磨——无论是从从肉体上还是精神上，被击垮、被屠宰……”[⑤]

---

① Wolfgang Schivelbusch, The Culture of Defeat, London: Granta Books, 2003, pp. 22—23.

② Sheh Naz Shanuzai, “Clarion— My beloved Pashtuns”, SAHAR—The Voice of Pashtuns, Vol. 1, No. 1, 2009, p. 30.

③ Fatima Ahmed Yousafzai, “Pukhtun Youth— Is There A Future For Them?”, SAHAR—The Voice of Pashtuns, Vol. 1, No. 2, 2009, p. 14.

④ Fatima Ahmed Yousafzai, “Pukhtun Youth— Is There A Future For Them?”, SAHAR—The Voice of Pashtuns, Vol. 1, No. 2, 2009, p. 12.

⑤ Sheh Naz Shanuzai, “Clarion— My beloved Pashtuns”, SAHAR—The Voice of Pashtuns, Vol. 1, No. 1, 2009, p. 30.

表 5—2　美国、塔利班对阿富汗人的情感引导比较

	形象设定不同	情感传递途径不同
美国	美国将自身形象设定为“拯救者”、“解放者”（自我优越），主观认为阿富汗人是“被解放对象”、“被拯救对象”。	美国的传递方式主要依靠情感控制，建立“美式民主”，输出西方价值观，实施途径为单方面灌输。
塔利班	塔利班将自身形象塑造为所有阿富汗人的代表、纯洁伊斯兰的代表。	塔利班既利用宗教学校、伊斯兰组织、部落会议等社会化机构，也使用网络、微博等新兴媒体，多层次、多渠道传播自身理念。

如表 5—2 所述，由于上述“形象塑造战略”与“情感传递战略”的作用，美国、塔利班两者对于阿富汗人的“情感引导”产生了不同的效果。美国在军事上尽管赢得了阿富汗战场的胜利，在情感上却与阿富汗人越走越远；塔利班在军事与实力上尽管处于相对弱势，但时刻不忘在情感上引导阿富汗人，使他们向其靠拢。冒犯特定的民族身份与宗教身份，在具有相同身份的群体中能引发大量相似的情感反应，比如愤怒。美国牧师焚烧《古兰经》后，我们可以从信仰伊斯兰教的国家和地区看到强烈的情绪反应，如阿富汗与巴基斯坦都对此表现出悲愤与仇恨。当前探讨阿富汗重建的研究成果多从经济支持、军事安全与国际援助等视角入手，却较少深入到阿富汗人的情感心理，而这才是所有问题得到根本解决的基础。在安全领域，西方国家总是热衷于消灭塔利班而忽视了阿富汗人的情感心理，致使阿富汗安全形势持续恶化，阿富汗重建事倍功半。国际问题研究不是纯粹理性的计算，不可能完全脱离人的因素，更不能摆脱人的情感。因此，我们研究阿富汗问题，必须回到阿富汗人的情感上来，尊重他们的情感，理解他们的情感。我们应该不抛弃、不放弃，欢迎任何人回归阿富汗大家庭。

第六章

中国国际关系理论的思考

尽管有层层阻碍，构建中国的国际关系关系理论或中国学派是我们国际关系理论研究者应该挑起的责任。构建中国的国际关系理论需要明确三点：一是中国国际关系理论的问题意识，缺乏核心问题就等于缺乏理论内核，就难以在国际上形成具有影响力的理论；二是正确处理中国国际关系理论发展与全球化浪潮的关系，怎样在全球化浪潮中发展中国的国际关系理论，发展中国特色的理论不意味着盲目排外，我们必须适应全球化的趋势；三是挖掘中国特色文化的内核，重新思考一些传统上被西方所忽略的核心变量（如关系、过程等），这样做的目的并不是为了完全取代西方传统的国际关系理论，而是寻找双方都能接受的一条共存之道。

一、中国国际关系理论问题意识的不足

由于理论的重要目的之一是解决问题，所以理论硬核的形成往往与核心问题有着直接的关系：从核心问题产生核心理念，从核心

理念形成理论硬核，从理论硬核发展成理论范式。[①] 而这类重大问题往往是本土性问题。美国的主流国际关系理论主要是为了解决二战后美国的霸权和霸权护持问题；英国在二战后的年代里已经不再关注霸权问题，所以，英国学派在欧洲一体化的过程中集中考虑的问题是国际社会，而第三世界的重大问题是贫困和发展，所以产生了依附理论。

早在 20 世纪 50 年代末，英国学派就已经诞生，但直到 20 世纪 90 年代初，国内学界才开始关注英国学派，并对其独特的理论内涵与研究方法等进行了有价值的系统研究。由于巴瑞·布赞对于英国学派发展的重要贡献，他被公认为现阶段英国学派的领军人物。作为摆脱美国话语霸权束缚的成功样板，英国学派，尤其是巴瑞·布赞，为中国国际关系理论的建设与发展提供了丰富的思想启示，主要体现在问题意识的启发上。所谓“问题意识”，就是人对自己周围的各种现象，尤其是在学术研究中，自觉地抱有一种积极思考、探索问题答案的积极态度，发现新问题，提出新概念，从而引发新的知识增长点。

（一）英国学派的问题意识

1. 新概念的提出

新概念的提出，往往有两方面的目标，一是对问题做出新解释。巴瑞·布赞创新性地提出领导主义（Vanguardism）与融合主义（Syncretism）的概念就是对西方与非西方历史关系的新解释。领导主义（Vanguardism）认为：西方“国际社会”规范的传播是单向的，西方文明有殖民非西方文明 500 年的历史，伴随西方势力的衰落，非西方势力崛起将挑战现行“国际社会”，世界也将陷于动荡。而融合

① RobertCox，“SocialForces，States andWorldOrder：Beyond InternationalRelationsTheory，” inRobertKeohane，ed.，Neorealism and ItsCritics，NewYork：ColumbiaUniversity Press，1986，pp. 204—254.

主义（Syncretism）主张：西方文明的诞生本身就是吸收了非西方文明精华的动态过程，西方“国际社会”规范向非西方社会的传播过程本质上是持续的双向互动。从而，有别于怀特，巴瑞·布赞提出尽管国际社会文化不能共享，也不会导致国际社会动荡。

二是深化自身学科概念的独特性。巴瑞·布赞提出的首要制度（primary institutions）与次要制度（secondary institutions）的目标之一就是形成区别于自由制度主义者的理论内核，首要制度（primary institutions）是国际社会中自然演变而来及历史建构的社会结构，如“主权”、“外交”、“民族主义”、“殖民主义”以及“国际法”等。只要在历史中有两个或两个以上国际行为体之间发生互动，我们就能发现它们的存在。首要制度具有强大的生命力与动态性，次要制度则截然不同，次要制度（secondary institutions）是由国际关系学中的自由制度主义者所提出的工具性制度，包括政府间国际组织及法律机制，如联合国与海洋法等。在近两百年的国际关系中，次要制度的重要意义才逐渐凸显。次要制度的主要依据是对利益的理性计算，而首要制度的主要根据是共享的价值与道德标准。首要制度的持久性并不意味其恒久不变。制度之间不同的组合形式将会产生不同形态的国际社会。

新概念的来源，往往是借鉴其他学科的知识。巴瑞·布赞提出的融合主义观点，就是来自于宗教与哲学。融合倾向于促进共存与建构不同文化之间的互动。宗教融合指融合两种或两种以上的宗教信仰系统进入一个新的系统，或合并成一个与传统宗教信仰无关的新宗教。在这一进程中，导致因素很多，如邻近文化圈中多重宗教传统并存，或者一种宗教相较其他宗教实力急升。

2. 扩充原有概念

布赞对“国际社会”概念进行了扩充。他认为，社会意义层面的互动与物质体系基础密切相关。只要国家之间相互联系，它们之间的互动在绝大多数情况下必然具有社会性，也必然蕴涵着一定的规则与制度。国际体系与国际社会的内涵相互交叠，于是在此基础上，布赞提出了扩充之后国际社会的系谱。在布赞版本的国际社会系谱中，最左端是无政府社会，其后依次是霍布斯社会、格劳秀斯社会，系谱最右端结束于康德社会。

3. 引进其他理论

值得注意的是，在扩充国际社会概念的同时，布赞引入了美国建构主义学者温特的理论，进一步内化了“国际社会”的理论。建构主义与英国学派的交集在于两者都强调规范、文化与认同。国家利益不是如现实主义所言的那样是由权力界定，而是由认同或身份建构。因此，国际体系的结构不仅与物质实力的分配有关，也包括观念与文化，这一切便塑造了行为体的身份与利益，而身份与利益影响其行为。

温特认为观念的内化模式分为三种，即强制力、功利计算与信仰，这三种模式的关系逐渐递进、不断内化。布赞引用这一观点，并发展阐述为：在任何国际社会中，以上三种内化模式都不同程度地存在，关键看它们之间的相互关系与所占比例。布赞将解释模式整体嵌入到了英国学派关于国际社会的理论之中，并认为这种内化模式可以适用于任何类型的社会（亦可用于扩展解释世界社会）。以国际社会为例，依据国家之间可共享观念的多寡，将国际社会的类型依次类推为：“无政府社会”——“霍布斯社会”——“格劳秀斯社会”——“康德社会”。而由于共享观念的内化程度不同，以上几种不同的社会形态又呈现出不同的状态特征。布赞举例说，如果霍布斯社会的模式内化成为信仰，那么这样的霍布斯社会就是一个人人信仰武力、崇尚以战争解决国际纷争的、稳定的暴力社会。因此我们可以看出，布赞认为国际社会的类型与内化模式并不一一对应，而是自由组合。

（二）对中国国际关系理论建设的启发意义

理论的核心问题往往能够主导一个特定行为体的研究议程。加拿大学者罗伯特·科克斯曾经使用“问题性”一词明确指出了问题性与理论之间的密切关系。在科克斯看来，随着现实的变化，旧观念必须被调整或者被否决。在理论家打破传统重新思考的过程中，新的观念诞生了，这个过程往往来源于对其他学科的借鉴及对前人的继承与批判。换言之，在某种程度上，问题性往往能引发新的知识增长点并促进学科的发展与完善。

巴瑞·布赞的成功经验就在于他积极的学术探索精神，无论是提出新概念，还是扩充原有概念或者引进新的研究方法，都源于他的“问题意识”。英国学派也一直围绕着“国际社会”这一核心概念而发展完善。巴瑞·布赞的成功经验及英国学派的发展历程恰恰证明，国际关系研究领域非常需要“一切研究始于问题”的这种自觉意识。在英国国际政治理论委员会成立初期，其领导人意识到，他们的优势在于关注殖民主义与非殖民化历程的相关问题，这一判断极富远见与开创性。自从英国国际政治理论委员会于 1959 年 1 月召开第一次会议以来，英国学派经过近半个世纪的发展，如今已成为国际关系学界影响力颇大的一个理论流派。尤其是随着冷战的结束，曾经沉寂一段时间的英国学派重新受到西方国际关系学界的重视。对于中国学者来说，英国学派的复兴为我们更加全面地了解该学派的核心问题、研究历程提供了宝贵的契机。

在构建中国国际关系理论体系的过程中，中国学者发现，与占据霸权地位的美国学者的科学模板相比，具有人文精神的英国学派也能蓬勃发展。由此可见，以“问题性研究”作为逻辑起点，在某种程度上成就了英国学派的不断发展。培养一种自觉的“问题意识”是中国国关学界发展成熟的前提条件。长期以来，中国国际关系学界忽视了“问题意识”的重要性。在某种程度上，目前我们的国际关系研究大多属于阐述性的，很少含有真正的有价值的研究问题；理论批判难以与个案研究密切结合；研究方法较为单一。

为此，我们需要具有“问题意识”，对问题出现的原因进行深入的剖析，借鉴其他学科的精华并对诸多问题进行高度概括，从中提出新概念，扩展新思维。实际上，“问题意识”与学术探索之间还需要一个知识积累过程。例如，在沃尔兹之前也许就有人意识到国际体系结构是解释国家行为的关键所在，但是在他之前，却无人进行深入系统的分析，他成功的因素还在于他极富逻辑性的思维与丰厚的知识积累。

同时，我们的“问题意识”一定要展现中国特色的内涵。中国与国际社会的关系正在经历一场深刻的变化：中国融入国际化进程的速度明显加快，中国已经完成了从国际社会的挑战者与旁观者到参与者和创设者的转型过程，中国的和平发展具有深远的世界意义。因此，在这一形势下，对有中国特色、有学术研究价值的问题的需要显得尤为迫切。

二、中国国际关系理论发展与全球化浪潮

国际关系理论的发展离不开它的外部发展环境，离不开全球化的浪潮。历史发展总是充满着矛盾，前进中有某些局部的、暂时的倒退，任何正面效应都会伴生相应的负面效应。全球化以不可阻挡的发展趋势不仅给中国的国际关系理论提出了许多新课题，也冲击着传统中国的国际关系理论的理念和模式。正如全球化本身对世界产生双重效应一样，全球化同样对中国的国际关系理论是一把双刃剑，产生正面和负面的效应。

（一）中国国际关系理论与全球化的关联互动

20世纪后期的全球化包含了特殊主义的普遍化和普遍主义的特殊化二者，而且可以更具体地指出，它存在于社会论、个体化、由社会组成的国际体系的巩固和全人类意识的具体化这些相互渗透的过程之中。全球化是指资本、生产、技术、信息、人才等生产要素在全球范围内的跨国界自由流动，从而实现资源有效配置的过程，

是人类经济活动跨越民族、国家界限以及各国经济在世界范围内的相互融合过程。当前，全球化的本质是市场经济体制的全球化，是世界经济运行规则的全球化，是一场由西方发达国家主导并积极推进的全球经济一体化进程。全球化是当今世界经济发展最为重要的趋势之一，表现为生产活动的全球化、贸易活动的全球化、金融活动的全球化以及经济运行规则的全球化。在当今国际经济发展过程中，经济全球化与区域经济一体化并行不悖，相互影响。跨国公司以世界市场为舞台，利用全球资源，在很多国家进行投资并开展市场营销活动。如可口可乐公司，其产品畅销全球 155 个国家和地区，在全世界建有 1200 多家瓶装厂，每天销出 2 亿瓶。沃尔玛百货公司在全球有 4150 多家店铺，并专门建立了世界上最先进的电脑管理系统、卫星定位系统和电视调度系统等先进技术，还同休斯公司合作，发射了专用卫星，用于全球店铺的信息传送与运输车辆的定位及联络。[①]

1. 全球化对中国的国际关系理论的正面效应

第一，全球化进一步挖掘了人的潜能，为中国的国际关系理论发展提供了良好的思想基础。迄今为止，尽管经济全球化的主导力量是西方发达资本主义国家，主要受益者也是发达国家。但生产力发展水平越来越高，发展速度越来越快，社会呈现加速度发展，甚至是跳跃式向前发展。人的发展与生产力发展本质上是一致的，人是生产力的首要因素，发展生产力也就意味着人的不断发展。生产力对人的发展的意义在于，只有通过发展生产力，才能把人的各种天赋和潜能不断发挥出来，不断提高和丰富人的需要、个性等，创造出人同对象世界的全面的丰富的关系。生产力的提高决定着生产关系，促使劳动组织形式的不断完善，提高对各种异己力量控制和驾驭的能力，实现人的现实关系和观念关系的全面性。

① 全国工商联："跨国公司是综合国力的直接体现"，《中国改革报》，2012 年 4 月 15 日，第 1 版。

全球化的发展可以推动不同民族文化的相互交流，提高人的文化品位，为中国的国际关系理论的发展提供思想来源。全球化的过程是世界经济规则日趋统一，各国经济都走向开放，走向市场化的过程，是经济、市场、技术与通讯形式都越来越具有全球性的特征。人们只有越来越多地参与各个领域、各个层次的社会交往，同其他无数个人，同整个世界的物质生产和精神生产进行普遍的交换，才能逐渐摆脱个体的、地域的和民族的狭隘性，充分发展自己各方面的能力和自由个性。历史唯物主义告诉我们，不论人的生活能力，还是人的全面的智力和思维能力，都只能在丰富的社会交往关系中才能产生。科学技术和通信信息的全球化为人的自由全面发展提供了广阔自由空间。科学技术和通信信息的全球化，一方面使人与人之间社会关系得到全面丰富和发展，使人与人之间的交往和交流变得非常便捷和容易；另一方面给人们的生活方式、生产方式与思维方式带来了前所未有的冲击，个人作为发展主体，在社会关系中的自由度大大提高。现在的人们已经不再像过去那样终生束缚在有限的区域或单一的领域里，而是有较大范围和较多领域的活动，人们更多地摆脱了分工、地域、阶级、民族、国家等局限，积极而广泛地参与社会交往，使人越来越接近社会的个人。

第二，全球化把中国的国际关系理论研究置于一个开放的社会系统和状态中，为中国的国际关系理论创造了一个全新的环境。一是良好物质环境。全球化以新技术革命为主要推动力，以经济、政治、文化的广泛交往为基本内容，以各民族国家的相互依存发展关系为纽带，为中国的国际关系理论的发展提供了前所未有的广阔的世界舞台，在参与国际事务和国际竞争中，促进了国家的发展，使国家的综合国力有了飞跃式提高。各级政府用于参与中国的国际关系理论的资金投入逐年增加，条件有了根本性的改善和提高，技术设施的广泛使用为中国的国际关系理论的发展和创新提供了前所未有的条件。同时，全球化的开放性，为中国的国际关系理论提供了丰富的资源、信息和创新机会，开放国际大环境使我们走出国门，实现了同各国的同行进行交流、学习和借鉴，开拓了中国的国际关系理论参与者的视野和思维。特别是高新技术的迅猛发展，网络文化的强大冲击，既为提高中国的国际关系理论的运作效果提供了物质条件，也拓展了一个亟待开发的新领域，扩大了中国的国际关系理论的发展空间和渠道。发达国家市场经济的成功管理经验和理论，国外理论的先进性对我们理论的发展有积极的借鉴作用。

全球化时代人和人的发展被经济运行系统推到一个新的平台上，这是中国的国际关系理论发展的基础。经济的发展依靠知识和新思想、创造力，而知识和解决问题的创造力、新思想实际上就是智慧，智慧的价值在于创造，但又不止于创造。亚里士多德认为，智慧使人聪明有德，是人类快乐的源泉。中国现代哲学家冯契把智慧与人的个性自由发展联系起来，认为智慧是合乎人性的自由发展的真理性认识是对宇宙人生的某种洞见，它贯穿于科学、道德、艺术等领域，成为其内在灵魂。在市场价值的驱动下，人追求知识，训练自己的创造性思维，这个过程就是人自身发展的过程，人脑智慧宝库得到开启，人的潜能在市场价值的牵引下被充分发掘。因而，经济的发展依靠知识和新思想、创造力，这首先不是作为生产力的价值、商品的价值，而是对人全面发展的价值。

第三，全球化有助于构建中国的国际关系理论全新理念。各国之间相互依存、相互联系的状况凸显了和平与发展的时代主题，利用全球化的契机，促进经济快速发展，迅速提高国际地位，为中国的国际关系理论提供了良好的舆论环境，增强了说服力。同时，随着各国加快了与国际接轨的步伐，政府的决策和行为的透明度的提高，法制建设的完善和政府职能管理方式的改变，为中国的国际关系理论创造了良好的政治背景。全球化和信息化带来了中国的国际关系理论内容和方法的丰富与多样。面对各国社会和世界的联系更加紧密，面对不同的价值取向、道德观念多元并存的事实，在这样一种新的背景下，需要对很多问题重新作出诠释和定位。中国的国际关系理论内容和方法上显然已不可能像以前那样内容贫乏、方法单一、视野狭窄，要求创设者和参与者要以一种更开放、平等和宽容的精神，进行一种旨在对话、交流、沟通和理解的参与活动。

中国的国际关系理论作为与社会意识、社会文化，与人的思想、人的文化存在状态密切关联的存在，在当今时代的激烈变革中必将发生擅变。在全球化时代中国的国际关系理论新理念必须既体现出全球化时代的精神之精华，又体现出我们对中国的国际关系理论工作的基本要求，既要有利于既定目标的实现，又有利于实现创新。中国的国际关系理论的新理念必须在目标、过程、方法、条件等不同层面上全方位地构建。我们不仅要继承优良的传统优势，而且对建立在资本主义文明之上的有利人类进步的资源也要加以批判吸收，尤其是要注重借鉴和吸纳国外模式中成功的方法和手段。与此同时，全球化所塑造的多元价值共存和瞬息万变的现代生活，也促使人们的自主选择将成为中国的国际关系理论的一种必然趋势，这就使中国的国际关系理论的目的不应是禁锢和约束人们的思想，像以前那样让人们无条件地接受现成的约束性规范，而是使人们形成和发展思维、进行判断和选择能力，教会人们在纷繁复杂的现象面前能够自主地选择正确的价值取向，使人们的思想和观念永远保持开放。只有这样，才能以不变应万变，不至于在未来变迁中无所适从。

2. 全球化对中国的国际关系理论的负面效应

全球化在促进人的发展的同时，也抑制人的发展，使中国的国际关系理论面临的发展环境更加复杂。以美国为首的西方发达国家凭借其强大的经济、政治、科技和军事实力，不仅从整体上统治着全球的经济政治新秩序，而且在思想文化方面同样从整体上统治着世界，对抗、分化和解构着发展中国家创设和参与中国的国际关系理论的思想理念、内容、要求和目标。文化和价值观念的渗透和宣传必须有强大的资源、工具和跨国力量，在这方面西方发达国家也明显处于优势，他们不仅通过电视、电影、报刊、书籍等文化产品传播他们的思想，还凭借着因特网这一立体和全方位的信息传输方式，使得西方文化能够迅速地、有效地传播和渗透到其他国家，虽然全球化的实质不是所谓的西方化，但它在一定意义上源自西方世界的现代化扩张的继续。因此，包括我国在内的许多发展中国家在走向开放和全球化的过程中都存在着文化意识西化的潜在危险。

全球化未改变人们贫富分化的世界格局，反而加人了这一趋势，不利于中国的国际关系理论的长远发展。全球化促进生产力的发展，但受益者的分布不均匀，社会不公平现象严重，个人发展的机会和条件相差悬殊，全世界大多数人被边缘化，包括许多生活在中心社会的人。全球化在造成人们全面的经济联系的同时，物化社会关系的异己性也在全球规模上表现出来。由于这种物化力量是全球范围的，这更增加了人的生活的不确定性、偶然性因素，更增大了人的活动的风险性。例如高科技为人们创造了丰富的物质产品和提供全面的生活便利，也把我们推引向物质主义和感官享乐；高科技奉献了无限多样的文化产品从而扩大了我们的精神视野，然而也把我们限制在单向度的文化工业囚笼里，在媒体制造的消费欲求的麻痹下不知所以；一方面是物质繁华，另一方面是道德迷失。在物化社会关系下，拜金主义有相当广泛的市场，腐败之风屡禁不止，国际性犯罪案件增多，消费主义、享乐主义、娱乐主义影响广泛，从而造成人性的扭曲，不利于中国的国际关系理论的长期发展。

全球化对发展中国家维护自身利益构成威胁，发展中国家参与中国的国际关系理论处于劣势。政治作为经济的集中体现，是以经济实力为后盾的。在经济全球化过程中，由于发展中国家在世界经济中，占有的份额小、竞争力弱，因此本国利益受到威胁，本国人民的发展处于不利，这在经济全球化的开始阶段表现得最为突出，经济全球化使各国、各地区间经济交往频繁，经济依赖性日益增强，一国内部或地区的经济危机往往会扩散到世界，造成多米诺骨牌效应，增加了各国的脆弱性，从而削弱了人在社会发展中的主体性，使财富越来越向少数发达国家和利益集团集中，导致和加剧了发达国家与发展中国家之间经济发展的不平衡，出现马太效应，势必会导致发展中国家的人们生活更加艰难，相对更加贫困，人的生活质量不能提高，经济全球化还冲击和消解着以爱国主义、民族主义为基础的国家主权，冲击和消解国家、民族的政治文化，甚至直接影响到国家安全，这也给中国的国际关系理论的推广造成了尖锐的挑战。

3. 中国的国际关系理论对全球化的能动作用

不管全球化如何发展，价值观的演进、时代精神的擅变最终都需要理论的配套辅成，这是经济基础与上层建筑的辩证关系使然。中国已经是世界第二大经济体，人类的一切社会实践、社会运动与社会变革又都是一定导向的，全球化也不例外。中国的国际关系理论总是以特定的社会为背景和条件来给全球化施加影响的。中国的国际关系理论是一种社会资源，一方面作为上层建筑，是由经济基础决定的，但另一方面中国的国际关系理论是社会资源中的一种，相对于各类物质资料的硬性资源来说，它还可以是一种软性资源，对社会政治经济的发展是一种重要的支持性资源，具有能动作用。

相对于经济手段来说，国际关系理论对全球化的能动作用表现为一种理性杠杆。全球化需要国际关系理论辅之以法律和规则的调节和约束。正如法制学派的著名代表人物罗纳德·科思所描述的，那种离开理论方法的资源配置，就像没有筋脉的血液循环一样。中国的国际关系理论是人类社会中一种独特的力量，在全球化发展中发挥重要的作用，对全球化是一种良性塑造。当然，我们不能把国际关系理论调节全球化的作用，夸大到不适当的地步，走进理论决定论的误区，因为理论决定论和理论无用论，同样都是错误的不正确的。只有认识到中国的国际关系理论对社会成员的导向性、动员性、教化性、疏导性功能，把中国的国际关系理论调节与其他调节形式有机地结合起来，形成一种合力，才能真正地优化资源配置，使全球化健康有序地发展。

中国国际关系理论对全球化的能动作用，主要体现在规范全球化主体的行为，对全球问题进行匡正和矫治，并为全球化良性方面的发展提供支持和辅助，形成全球化运行和中国国际关系理论的双向约束和激励的良性机制，使全球化具有导向性。在政治维度上，理论主要用于维护和巩固政权的合法性，对异己意识形态的批判，促进社会公正、和谐，维护国际和平、合作、团结，进行爱国主义、社会主义、国家主权独立意识、国家安全意识、和平、民主意识等教育。在经济维度上，理论为经济发展创造一定社会环境和运行机制，理论规范和准则，总是从一定的经济利益关系中引伸出来的，因此正确理解利益是整个理论的基础，全球化经济是一种利益经济，但求利不是重利轻义或急功近利，中国国际关系理论促使人们认识和处理好当前利益和长远利益、局部利益与整体利益及公平与效率的关系，实现可持续性发展。在文化维度上，理论在于传播文化，使对象完成政治、伦理等方面的社会化，同时使之具有伦理、政治文化等创生能力，更多地运用大众传媒所营造的舆论环境，精心布设文化氛围，进行潜移默化的教育。

（二）中国国际关系理论发展是时代的需要

“我们生活在一个相互依赖的时代。”[①] 在经济全球化浪潮的影响下，国际社会正面对越来越多的全球性公共问题。所谓国际关系中的全球公共问题，是指多个国家乃至全球社会所面临的共同问题，具有不可分性（indivisible）这一最重要特征。[②] 任何理论都是特定时代条件的产物。现实主义虽受过战争的打击，但二战却让现实主义独领风骚数十年。20 世纪 70 年代以后，又使它经过短暂的消沉后以新现实主义的面貌出现。现实主义之所以沉沉浮浮却经久不衰，就是因为它的观点确实是历史长期的科学写照。同样，随着冷战的和平结束，经济相互依赖关系的增长、各种非国家行为主体的出现并

① ［美］罗伯特·基欧汉、约瑟夫·奈著，门洪华译：《权力与相互依赖》，北京大学出版社 2002 年版，第 3 页。

② 苏长和：《全球公共问题与国际合作：一种制度的分析》，上海人民出版社 2000 年版，第 6 页。

发挥作用、资源能源问题等现实主义无法解释的现象纷纷出现，以多元价值和解决国际问题为中心的自由主义渐趋活跃。

时代发展呼吁理论创新。古典现实主义对于国际理论的视角主要集中关注军事安全方面，并认为只有拥有强大的军事权力才能保障地位。新现实主义主要关注包括军事、经济在内的安全理论，认为经济安全与军事安全同样重要，同理，认为经济和政治类型的国际理论同样重要。理想主义与新自由主义虽然强调国际组织、国际制度的重要作用，但关注的焦点仍然停留在传统安全。随着冷战后国际局势的变化，建构主义强劲的发展势头则把国际理论的关注焦点拓展到文化安全与观念安全等非传统安全理论。古典现实主义认为国家获得主导权来源于强大的军事实力，这样才能威慑对方，有效地保障安全。新现实主义认为在无政府社会里提升包括经济实力在内的整体实力是获得主导权的必要途径。新自由主义认为通过国际会议协调能解决分歧、获得理解和安全，这是维持和发展国际理论的重要途径。建构主义认为更重要的维持和发展国际理论的因素取决于国际文化。从“霍布斯式的文化”到“洛克式的文化”，再到“康德式的文化”。

由于公共问题不可分割性的特征，仅靠发达国家的努力对问题的解决是无济于事的。正如罗兰·罗伯森指出：“我自己的论点，包含了既对特殊性、差异性又对普遍性和同质性保持直接关注的尝试……我们是一个巨大的两重性过程的目击者和参与者，这个过程包含了特殊主义的普遍化和普遍主义的特殊化二者的互相渗透。”[①] 全球化是一把双刃剑，全球化一方面可能是机遇和利益，另一方面可能是风险和灾难，它并非一首田园牧歌，而是利弊都有。与以往各个历史时期的情况相比较，当代的全球化突出地表现出正负两方面的效应：一方面，当代的全球化空前地改善了人类生存和发展的

① ［美］罗兰·罗伯森著，梁光严译：《全球化——社会理沦和全球文化》，上海人民出版社 2000 年，第 144 页。

条件，极大地推动了人类社会的进步，全球化可能给发展中国家带来机遇和利益，提高富国与穷国生活水平的有效途径；另一方面，当代人类社会的全球化也带来了一系列的全球性问题，它们又使整个人类的生存和发展陷入了严重的困境，包含风险和挑战，使世界发展不平衡加剧，贫富悬殊拉大，南北差距拉大，是一个侵犯国家主权、侵蚀当地文化和传统、威胁经济和社会稳定的一个有很大争议的过程。

中国对国际公共问题的研究有助于各国采取共同行动，应对在这方面前所未有的挑战，来管理和治理日趋增多和复杂化的世界性公共问题。资料显示，1950 年世界商品贸易额为 610 亿美元，1970 年达到 3150 亿美元，1990 年又猛增至 3.447 万亿美元，1996 年高达 5.3982 万亿美元，2000 年达到了 6.2 万亿美元。[①] 全球化，是自 20 世纪 80 年代末以来在国内外被普遍接受和广泛采用的一个概念，是当今世界经济发展最根本的特征，是不可抗拒的历史潮流。随着各国市场的逐步开放和贸易、投资、金融领域的更加自由化，国际贸易和国际投资将得到更大发展，生产要素在全球范围内将加速自由流动和优化配置，世界科学技术的飞速发展使知识和信息在社会经济生活中日益显示出重要性，人类进入了从农业经济、工业经济时代向知识经济时代转变的伟大历程，知识经济作为一种新的社会经济形态已经到来。它表现为知识经济全球化、知识生产要素化、经济高科技化，知识产业已逐渐成为社会主导产业。国际货币基金组织认为，全球化是跨国商品与服务交易及国际资本流动规模和形式的增加，以及技术的广泛迅速传播使世界各国经济的相互依赖性增强。经合组织前首席经济学家奥斯特雷认为，全球化与国际贸易紧密相关，是以贸易的密切程度为基准的，世界出口率越高，跨越国界的贸易额在世界生产中所占比例越高，世界经济就越强烈地全球

① 郭连成主编：《经济全球化与不同类型国家的应对》，中国财政经济出版社 2001 年版，第 33 页。

化。在世界范围内，各国之间在经济上越来越多地相互依存，商品、服务、资本和技术越过边界的流量越来越大可以反映出这一点。

对于中国来说，全球化浪潮难以回避。正如著名经济学家约翰·H. 邓宁所言，除非有天灾人祸，全球化是不可逆转的。世界贸易组织总干事鲁杰罗也指出，阻止全球化无异于想阻止地球自转。新的工业的建立已经成为一切民族生死攸关的问题；这些工业所加工的，已经不是本地的原料，而是来自极其遥远的地区的原料；它们的产品不仅供本地消费，而且同时供世界各地消费，旧的、靠本国的产品来满足的需要，被新的、要靠极其遥远的国家和地区的产品来满足的需要所代替了。第三次科技革命和产业革命不论其广度和深度都大大超过了前两次，以微电子技术为中心的科技革命，为全球化提供了新的动力和手段，缩短了时空距离，偌大的地球变成了地球村；跨国公司的兴起和发展，带动了对外直接投资的大发展，促进了生产要素在全球范围内的优化配置。20 世纪 90 年代以来，跨国公司的数目剧增，跨国公司已达到 4.4508 万家，在全球的附属企业 27.6659 万家，其中，发达国家跨国公司占 81.7%，发展中国家占 17.8%；以发达国家和发展中国家为基地的最大跨国公司日益全球化；越来越多的跨国公司通过兼并、收购、合并的方式组成“战略联盟”，2000 年，全球跨国兼并和收购总额迅猛增长，达到创纪录的 3.46 万亿美元。①

全球治理需要尊重不同的文化，中国文化就是其中一种。全球化进程中所凸显的同质性是历史的产物，合理性是有限度的，且只是在某些领域和某种程度相似，不同文化无法同质。如消费文化、大众文化、现代性理念都在不同程度上受到价值观念的审视，市场经济的竞争主义导向也常常被反省和约束。尽管当代全球化是西方主导下的全球化，势必打上西方利益、价值、需求的烙印，但是每个国家、地区所内含的异质性毕竟有自己的客观性，很难完全被西

① 国家统计局：“跨国公司统计”，《国际经济信息》，2002 年第 17 期，第 1 页。

方所期望的同质化浪潮所吞没、取代。虽然全球化已经成为司空见惯的词汇，但是本土化、特色化也是有发展活力的方面，不仅与全球化相平行而发展，而且渗透于全球化运动的过程。正如萨林伊所说，在某种程度上，全球化的同质性与地方差异性是同步发展的，后者无非是在土著文化的自主性这样的名义下做出的对前者的反应。全球化不是一个单一的过程，而是各种过程的复合，这些过程经常相互矛盾，产生了冲突、不和谐以及新的分层形式。① 本土民族主义的复活以及本土认同的增强直接与相对立的全球化的力量交织在一起。在全球化面前，很多心怀批判观点的人，将全球化的过程与地方化的文化需求合并观察。全球化导致一种新的欲求，即渴望认同与差异，从而最终会催生新民族国家与民族的需求。②

三、关系治理与制度治理

全球治理是国际关系研究的核心主题。近年来，关于全球治理的文章比比皆是。一类文章是从国际制度的视角进行探索，代表人物是罗伯特·基欧汉，他认为国际社会存在种种问题与矛盾，而解决这些问题的方式就是依靠推广制度治理，他在《权力与相互依赖》中阐述了国际制度在世界政治中的作用，认为相互依赖可以改变权力关系的性质，而国际制度则影响着国家之间的行为。在《霸权之后》一书中，基欧汉又通过运用新制度经济学的理论工具，描绘了各国际行为主体之间合作实现的图景；另一类是从关系治理的视角进行分析，在这方面，中国的代表人物是秦亚青，在研究过程中，他发现套用西方的国际关系理论难以解释东亚的现实问题，因此，

① ［英］安东尼·吉登斯著，李惠斌、杨舌东译：《超越左与右》，社会科学文献出版社2000年，第5页。

② ［英］汤林森著，冯建三译：《文化帝国主义》，上海人民出版社1999年版，第333页。

他在《国际关系理论：反思与重构》中指出国际关系需要具有东方特色和思想，将中国的思想灵魂与西方的研究方法相结合，试图构建中国的国际关系理论或者称之为“中国学派”。笔者写作此文，就是深受这两位学者的文章的启发，并在他们的基础上提出自己的理论框架。

如上所述，全球治理的方式具体可以分为两类：一类是制度，分为适用于所有国家、国际组织的制度与只在部分国家或地区推行的制度；另一类是关系规范，是指在长期社会生活中自发形成并被人们无意识地接受的行为规范，诸如文化、社会习俗、道德规范等，这些规范没有在法律条文中明确规定，是内在的、隐性的，但现实中却确实在起作用。在此基础上，可以将治理模式归结为两个方面：制度治理与关系治理。制度治理是指通过正式的制度来治理国际社会，它包括治理国际社会的各种正式制度，如各国政府或国际组织颁布的法律、章程、条约等。关系治理是指通过关系规范来治理国际社会。关系规范的来源是社会过程与社会共识，它们因交往双方的关系而存在。其中，社会过程包括社会交往、信息交流等，社会共识包括信任、团结、相互性等。在国际社会的治理中，由于制度的不完备性，制度治理不能解决国际社会中的一切问题，因此关系治理与制度治理是一种互补关系，共同构成了治理模式的内容。

（一）制度治理的困境

全球化在现实中呈现出非均衡性或不平等性，凸显了全球治理的必要性。全球化的推进和发展并非整齐划一地扩及世界的每一个角落。实际上，在全球化的背后深深地隐藏着一种西方中心主义的本质，正是这种本质的全球扩张造成了世界范围内非西方和西方关系的紧张与对抗。对此，毋庸讳言，美国和西方发达国家仍然是全球化的主要推动力，在某种意义上是方向和速度的制定者。[1] 当前全球化具有非均衡性或不平等性不单单存在于经济层面上，而且也体现在国际社会中的政治和思想文化层面上。这无疑会对发展中国家构成很大威胁。在经济上，经济全球化看似公正的自由化、市场公平竞争的形式掩盖着不平等的实质。同样作为世界经济的主体，发达国家和发展中国家在全球化进程中的地位和作用是悬殊的和不平等的，发达国家和发展中国家在全球化进程中的经济收益也存在巨大反差。

当前制度理论难以适应全球化的形势发展，在“免费搭车”的成本困境上可见一斑。“免费搭车”（free-rider problem，又译为“搭便车”或“坐享其成”），指的是在集体行动中，一个人或组织既不提供公共产品也不分担集体供给公共产品的成本，从而免费从其他人或组织的努力中受益。[2] 根据西方国际关系理论，国际公共物品的提供者是霸权国，“搭便车者”是除霸权国外的国际社会成员，包括大国和小国。因为大国比小国拥有更强的综合实力和规模，所以大国对霸权国提供的国际公共物品的依赖程度要比小国深得多。冷战结束后，在美国霸权的替代国尚未出现、大国之间相互依赖程度日益加深、全球化进程迅猛发展的国际背景下，国际公共物品匮缺问题表现得尤为明显。

谈到公共问题，就不得不追溯到经济学研究领域的“公地悲剧”（The Tragedy of the Commons）和“集体行动”（Collective Action）问题上来。亚里士多德曾说过，“最大多数人所共有的物品却得到最少的关照。每个人主要关心的他自己的东西，而极少考虑公共的利

---

① 资中筠：“中美建交十局年与二十周年”，《美国研究》，1999 年第 1 期，第 1 页。

② 肖洋、柳思思：“论有偿推车战略与中美合作”，《现代国际关系》，2009 年第 12 期，第 10 页。

益。”[①] 这是古代哲人在公共物品领域思考的结论。1968年，英国生物学家加雷特·哈丁在美国《科学》杂志上发表了《公地悲剧》这篇颇有影响力的文章，系统阐述了一个类似的观点：那些多个行为体均能获得并可以服务于私利的自然资源有被过度使用或错误使用的倾向。[②] 哈丁认为，一块所有牧民均可自由使用的公用牧场（即“公地”），最终将导致牧民们无节制的放牧和公地的毁坏。哈丁警告说，在具有有限资源的世界里，对未加管理的公共物品的自由使用将对所有人造成损失。

对“公地悲剧”现象的关注引发了人们对“集体行动”问题的思考，要理解“免费搭车”理论，首先要明确“国际公共物品”概念的内涵。公共物品（public goods）指一经产生则可被全体社会成员无偿共享的物品。[③] 公共物品的出现是一种市场失灵的表现，公共物品具有四种特殊的属性：非分割性、非竞争性、非派他性及“搭便车”问题。其中，公共物品最具代表性的两种特性为非竞争性和非派他性。美国学者查尔斯·金德尔伯格（Charles Kindle-Berger）把公共物品理论引入到国际关系学。他认为国际经济秩序的稳定需要某个国家来提供公共物品。这一观点后来被罗伯特·吉尔平（Robert-Gilpin）发展成“霸权稳定论”，即在政治、经济、军事和科技等各方面占据绝对优势的霸权国家，通过为国际社会提供稳定的国际金融体制、开放的贸易体制、可靠的安全体制和有效的国际援助体制等国际公共物品，来获得其他国家认同霸权国建立的国际秩序，从而实现体系内的稳定和繁荣。

国际公共物品的内容大致划分为五个方面：1. 国际自由贸易体

---

① Elinor Ostrom，Governing the Commons：The Evolution of Institutions for Collective Action，New York：Cambridge University Press，1990，p. 2.

② Garrett Hardin，“The Tragedy of the Commons，” Science，Vol. 168，No. 1，1968，pp. 1243—1248.

③ 赵鼎新：“集体行动、搭便车理论与形式社会学方法”，《社会学研究》，2006年第1期，第1页。

系。2. 稳定和开放的国际金融体系。3. 稳定且和平的秩序。4. 国际的可持续发展环境。5. 非传统安全的公共物品供给。罗伯特·鲍德温认为：美国发挥的霸主作用使大多数非共产党国家增加了经济福利。[①] 吉尔平在《国际关系政治经济学》中分析说，因为国际社会存在"免费搭车"的现象，霸权国往往在很长时期内为保持国际公共物品的供应而付出远远超过它应该承担的费用，令其蒙受巨大损失，加速霸权的衰败。[②] 曼瑟·奥尔森（Mancur Olson）认为，霸权国必须提供国际公共物品的动机会随着它在世界经济中重要性的相对减小而减弱。因此，霸权稳定论的核心命题是：国际公共物品的成本由"某一"而非"某些"国家来承担，只有一个霸权国的国际体系才是稳定的。由此得出的逻辑结论则是：霸权国独自承担提供国际公共物品成本的根源在于独享最大化的利益。霸权的不可分割性导致了国际公共物品匮乏和大国争霸的必然性。

如果每个人都想免费搭车，那么就没有任何物品能被提供，任何人想免费搭车都是不可能的，所以需要国际理论的革新。倘若所有公民都采取免费搭车策略，那么国家预算也就没有了资金来源，也就没有了共同利益。采取免费搭车策略的人总是假定其他人仍在承担公共产品提供的成本。这样，在所涉及的人数很大，而且在自愿支付的情况下，人们采取免费搭车策略就会使纯公共产品供给的均衡数量低于其效率数量，换言之，纯公共产品成本的自愿分担制将导致公共产品的数量不足。"我们周围有大量的公共物品，其数量很可能比我们根据免费搭车倾向理论所预期的要多——而且也有许

---

① Robert E. Baldwin, "Adapting the GATT to a More Regionalized World: A Political Economy Perspective," in Kym Anderson and Richard Black-Hurst, Regional Integration and the Global Trading System (New York: St. Martin's Press, 1933), Chapter 18, Bruno S. Frey, International Political Economics.

② ［美］罗伯特·吉尔平著，杨宇光等译：《国际关系政治经济学》，经济科学出版社 1989 年版，第 106 页。

多集团和个人不会隐藏他们对公共物品的偏好。”①

霸权的周期转移和国际秩序的治乱兴衰的根源取决于经济成本。霸权国家之所以愿意承担稳定国际体系的责任，是因为“保持自由贸易、外国投资和一个功能完善的国际货币体系”给霸权国所带来的收益高于相应的成本。② 当前以美国力量为特征的霸权体系陷入了一种困境，即美国国内消费和为保护霸权体系所担负国际义务的支出，比其国民储蓄和生产性投资增长更快。也就是说，由于西欧和日本等大国长时期免费“搭美国便车”，使美国的国内经济剩余的积累远远少于支付国际公共物品的成本。因此，当美国国力相对下降时，它倾向于减少国际公共物品的供给，而更愿意利用其霸权地位去获取经济利益。只要美国主导的霸权体系没有崩溃，那么它就会将其作为一种资源为霸权服务，20 世纪末美国利用不平等的国际贸易机制和规则削弱他国实力，增强本国力量。“美国从慷慨的霸主变成了掠夺的霸主。”③ 因此，霸权稳定论的根本逻辑是霸权更迭的冲突性，而其中必然存在着衰落的霸权国与新崛起国之间不可调和的矛盾。在国际公共物品的提供中，存在着主导权之争，这不仅要考虑国家在其中的经济收益，还要考虑它的政治地位，即在国际政治认同结构中的地位。一个国家“搭他人便车”的代价是处于较低的国际政治地位。选择“免费搭车”的国家能较大程度地节约本国的发展成本，这符合经济理性原则，但由此造成国际社会对它们较低的评价，却不符合政治理性原则——即国家追求在国际政治结构中较高地位的需求，对于大国来说更是如此。

---

① Johansen, L.,“The theory of public goods: misplaced emphasis?”, Journal of Public Economics, Vol. 7, No. 1, 1977, p. 148.

② 严建生：“美国霸权终结及中国的应对”，《武汉大学学报》，2007 年第 2 期，第 190 页。

③ 张建新：“霸权全球主义和地区主义——全球化背景下国际公共物品供给的多元化”，《世界政治与经济》，2005 年第 8 期，第 33 页。

（二）从“嵌入性”看关系治理

从“嵌入性”的角度来看，没有行为体能够脱离社会关系而单独存在。“嵌入性”（embeddedness）理论是新经济社会学研究中的一个核心理论。波兰尼在《大变革》一书中首次提出“嵌入性”概念，并将此概念用于经济理论分析。他认为，人类经济嵌入并缠结于经济与非经济的制度之中，将非经济的制度包括在内是极其重要的，经济作为一个制度过程，是嵌入在经济和非经济制度之中的。互惠、再分配和交换这三种经济活动形式在不同制度环境下的嵌入形态不同；在工业革命之前的非市场经济中，市场交换机制尚未占据统治地位，经济生活以互惠或再分配的方式为主，是嵌入在社会和文化结构之中的；而在工业革命之后的市场经济中，经济活动仅由市场价格来决定，人们在这种市场上按照金钱收益最大化的方式行事，此时的经济体制是“去嵌入”（disembed）的，即不再受社会和文化结构的影响。“嵌入性”概念的提出对后来的经济社会学研究产生了深远影响，学者们逐渐认识到要理解市场问题、克服传统经济学理论的约束就必须深入研究人和组织所处的社会关系。

根据马克·格兰诺维特有关“嵌入性”的论断，行为体的行为和社会体制是通过社会关系来分析的，并且深刻地受限于社会关系。现实中的行动者，既不是脱离社会背景孤立地行动，也不是完全受社会限制、按社会外在的规范行事，而是在具体、动态的社会关系制度中追求自身多重目标体系的实现。① 格兰诺维特早期认为，从结构性嵌入来看，其行为不能与群体行为割裂；从历史性嵌入来看，不能与关系历史割裂，后来他又对关系性嵌入概念作了进一步深化，主要是指单个行动者的行为是嵌入于他与他人互动所形成的关系网络之中的，持续性人际关系网络中的某些因素，如各种规范性的期

① Granovetter M Economic Action and Social Structure，“The Problem of Embeddedness”，American Journal of Sociology，1985，pp. 481－489.

望、对相互赞同的渴求、互惠性原则都会对行动者的决策与行动产生重要的影响。[①] 与此同时，行动者所在的网络又是与其他社会网络相联系的，并构成了整个社会的网络结构。因此，在更宏观意义上说，行动者及其所在的网络是嵌入在由其构成的社会结构之中的，并受到来自于社会结构的文化、价值因素的影响。格兰诺维特认为，正是这种嵌入性，使得行动者之间产生了信任与互动，限制了机会主义行为，保证了团体行动的顺畅进行。

“关系治理”的概念源于麦克尼尔（Macneil）提出的《关系契约理论》，他的观点引起了众多经济学和管理学研究者的关注，并被越来越多地用于研究企业间的关系，但是这一理论目前并未引进国际关系领域的研究。国际社会中治理的关键问题是如何对纷繁复杂的关系进行治理，使每一个成员都能尽其所能，形成团队意识，共同面对和解决问题。国家间建立合作关系的主要动机包括促进相互学习、共同应对国际危机、提高竞争能力、实现利益增长以及减少外部风险等。贺杰（Heidge）认为关系治理表示了组织积极地进行管理各种活动，涉及结构与过程的一种结合，能够完整描述关系的复杂性和动态性。查希尔（Zaheer）给出了关系治理的一个简单定义：关系治理是指包括重要的关系专用性资产的组织间的一种交易，体现在组织间关系的结构和过程维度中，关系治理是一种非正式的垂直交易过程。[②] 拉詹（Rajan）认为，治理的本质就是对权力的运用，关系治理的关键就是分析、研究关系网络中权力的来源、分配及其运行的机理。

正如前文所述，关系规范是指在长期社会生活中自发形成并被人们无意识地接受的行为规范，诸如文化、社会习俗、道德规范等，

---

① Granovetter M Economic Action and Social Structure，“The Problem of Embeddedness”，American Journal of Sociology，1985，pp. 509－510.

② Zaheer Akbar and Venkatraman，“Relational governance as an international strategy：an empirical test of the role of trust in economic exchange”，Strategic Management Journal，1995，pp. 373－392.

这些规范没有在法律条文中被强制限定，它是内在的、隐性的，但发挥的作用却显而易见。关系规范相比制度规则具有以下特性：第一，自执行性。关系规范是可以自执行的。关系规范的传播过程中可以没有明确的主体或明确的方向，更像是自发的、自动的、自聚集的；而制度规则是人制定的，在执行过程中，需要人的监督，需要人为确定规则和行为标准。第二，长期导向型。关系规范立足于建立长期稳定的关系，这种关系需要积累，需要维护，因此关系规范都是以长远的未来为规划目标的，相较而言，制度规则更加着眼于限定行为体的当前行为，是对当前矛盾与问题的应对方案，更加强调时效性，在经历一段时期后就必须变化。第三，动态性。关系规范没有明确的条约约束，更具有灵活性与动态性，可以根据社会环境而适时调整，而制度规则一般是比较明确的条框限定，注重对行为体不当行为的阻止与约束。第四，多元性。关系规范是多元的，没有一个统一的、永恒正确的标准，注重价值和意识形态的多元化，重视不同文化与不同价值观，而制度规则注重制定全球推行的种种标准，认为国际制度是可以推广到全世界的，将具体的制度细化并在每个国家普及。第五，关系导向性。关系规范是以建立长期稳定的关系为基本前提的，在关系中实现行为体的目标，而制度规则更加强调维护行为体的利益，罗伯特·基欧汉就总结了怎样用制度来维护行为体利益的不少案例。

表 6—1 关系规范与制度规则的比较分析表

关系规范	制度规则
自执行性	人执行性
长期导向性	短期规定性
动态性	制约性
多元性	普世性
关系导向性	利益导向性

（三）治理模式的选择：关系治理与制度治理

治理模式的选择受到多方面因素的影响，具体影响因素如下：首先，文化与价值观的影响。在西方的社会结构下，由于宗教观念和宪政观念的影响，个人坚持“生而平等”的观念，在制度刚性结构以及社群组织下，个体行动受到关系限制相对较弱；相比之下，在华人或亚洲的社会结构中，个体首先是生存、生活在关系共同体中，这意味着个体的行动选择是有限度的，由于关系的先入为主，导致了个体在采取行动之前已经受到关系的牵制。所谓牵制是说，由于对关系规则的相应预期以及关系网络中承担的相应角色，个体并不是西方市民社会中的个体，而是以自我为中心的关系网络中的自我。西方较倾向于制度治理的模式，与之相反，在华人或亚洲的社会结构中就会较倾向于关系治理的模式。东方人强调整体性和综合性，而西方人则重视个体性。比如中医和西医，中医强调的是整体，西医不一样，从解剖学的角度来说，它重视整体中的局部。那么，通过以上分析，可以得到假设1：行为体越具有东方家族观上的价值取向，越倾向于选择关系治理模式。

其次，实力大小与成长阶段的影响。成长阶段与规模也是影响国际行为体选择治理模式的重要因素之一。国际行为体的成长过程是实力与规模不断扩大的过程，随着国际行为体的成长，随着处理事务的增加，制度治理的比重也相应增加，但增加到一定程度之后，就会趋缓。例如，改革开放以后的中国，参与或创建的国际制度日趋增加。因此，通过以上分析，可以得到假设2：在成长过程中，行为体的规模越大，越需要选择制度治理的手段来运作。当然在实力成长到一定阶段之后，这一正相关可能将会遭遇瓶颈阶段，甚至由于其他干预变量（如文化、价值观等因素）的共同作用而出现零相关、甚至负相关的关系。

第三，交易成本与制度困境的影响。关系治理所需要的交易成本低于制度治理的交易成本，这也是许多国际行为体可能选择关系治理的关键因素之一，尤其在当前国际社会中，关于国际制度交易成本的辩论从来就没有停止过，“免费搭车”的现象也层出不穷，制度治理面临层层难题与困境，关系治理的模式无疑为被制度治理所困扰已久的国际行为体提供了另一条光明大道。那么，可以得到假设 3：由于需要担负的交易成本较低，行为体倾向于选择关系治理模式。

第四，国际环境的压力。治理模式的选择与国际环境密切相关，国际环境与舆论导向是治理模式选择的风向标。Poppo 和 Zenger 以及 Sundaramurthy 和 Lewis 都曾指出，压力越大，环境越不确定，越需要同时运用截然相反的治理手段。① 因此，可以得到假设 4：在环境干扰大的情况下，行为体越可能同时采取两种治理手段。这一假设也就可以推论出：在某些情况下，制度治理模式与关系治理模式可以相互补充、共同作用。玛斯塔卡利欧（Mustakallio）等人的研究发现，在家族企业中，关系治理和制度治理同时对绩效产生影响。即它们的作用是相互补充的。② Poppo 和 Zenger 对企业间关系契约的研究也得出了类似的结论。③

表 6—2 选择治理模式的因素分析表

自变量	因变量
东西文化与价值观差异	关系治理模式或制度治理模式
实力增长与成长阶段	制度治理模式

① Poppo L，Zenger T. “Do formal contracts and relational governance function as substitutes or complements，” Strategic Management Journal，2002，pp. 707 — 709；Sundaramurthy，Chamu and Lewis，Marianne， “Control and collaborations paradoxes of governance”，Academy of Management Review，2003，pp. 397—405.

② Mustakallio Mikko，Autio，Erkko and Zahra，Shaker A. “Regional and Contractual governance in family firms effects on strategic decision making”，Family Business Review，2002，pp. 220—222.

③ Poppo L，Zenger T. “Do formal contracts and relational governance function as substitutes or complements”. Strategic Management Journal，2002，pp. 723—725.

续表

自变量	因变量
交易成本与制度困境	关系治理模式
国际环境的压力	关系治理模式与制度治理模式

（三）关系治理的路径、评价标准与关系类型的区分

在分析了关系治理与制度治理的模式选择之后，本书试图对如何进行关系治理进行分析。不同情况下，关系治理的组成因素或者各因素所占总体的比重各不相同，在结合国内外相关研究的基础上，本书试图提炼出关系治理的路径。

1. 关系治理的路径

第一，赋予信任与"意会"。中国企业家明确提出给行为体赋予信任是非常重要的治理方式——信任就是一种控制。[①] 关系治理与信任具有重要联系。大量研究都显示关系治理与信任相互关联，例如 Zaheer 与 Venkatraman 关于经济交易的研究。[②] 其实，赋予对方信任的过程也是施加压力与进行控制的过程，通过信任的形式，进行关系治理的实质。在信任计算中，采用一种基于忠诚度的信任计算方法，信任管理可以应用到控制中，为它服务。基于信任的动态控制与传统的制度控制机制的主要区别在于用户的角色能随着其所属的信任等级做相应的变化。该框架依据主体的信任度所属信任等级设置控制策略，对信任度和可靠性高的主体划分到比较高的信任等级中，将某一个信任等级指派到角色集的一个角色上，使用户的权限随角色的变化而变化，从而提高系统的伸缩性。

---

① 茅忠群："信任就是一种控制"，载《中国工商》，2002 年第 10 期，第 1—2 页。

② Zaheer Akbar and Venkatraman, "Relational governance as an international strategy: an empirical test of the role of trust in economic exchange," Strategic Management Journal, 1995, pp. 373－376.

除了信任之外，我们的思维方式里经常有“意会性”，这也是关系治理需要注重的关键。中国古语云：“只可意会，不可言传”。西方社会讲究一种直观性，什么事物都喜欢拿到桌面上去谈，而我们更讲究意会与理解。比如中国人在文章或在生活中喜欢用暗示，或者喻古论今，这种含蓄的意味需要你去慢慢体会、反复琢磨，所谓此处无声胜有声，这与西方人的直白不太一样。像钱钟书先生的关于西方与中国文化方面的对比里，更是谈到了中国诗的长处，它虽然只有寥寥数十字，但表达比西方的长诗更有意境。但对西方人来说，这又是很深奥且难以理解的事物。

第二，社会交往。社会交往是一种关系治理的重要手段。Uzzi指出，通过社会交往，尤其是面对面的交流，能够降低信息交换中的不对称性，能够促进双方或多方信息交流。[①] 社会交往，简称“社交”，是指在一定的历史条件下，人与人之间相互往来，进行物质、精神交流的社会活动。从不同的角度，把社会交往划分为：个人交往与群体交往；直接交往与间接交往；竞争、合作、冲突、调适等。社会交往是从动态角度分析社会现象的基本概念。这一概念是从马克思的交往理论中提取出来的。在马克思、恩格斯那里，社会交往指的是人们在生产及其他社会活动中发生的相互联系、交流和交换。他们用社会交往概念论述了历史唯物主义的理论。在西方社会学理论中，社会相互作用或社会互动是概括人们之间有目的的相互影响的概念，这些概念是同人们的社会行动的概念相联系的，即他们要解释人们之间相互影响的意义与机制，分析这一过程所包含的社会意义。因此，西方社会学家往往在微观上使用社会相互作用的概念。群体间或群体内行为体之间的频繁交往有助于形成共同愿望，能够鼓舞参与者竭尽所能地为实现目标而奋斗，从而达到提高治理效率

① Zaheer Akbar and Venkatraman, “Relational governance as an international strategy: an empirical test of the role of trust in economic exchange,” Strategic Management Journal, 1995, pp. 378—379.

的作用。

在行为体构建交往关系之中或者之后，实现关系治理。社会交往关系，是指人们在社会交往活动中形成的互动和相互关系。社会交往的结果是形成人与人交往中的心理变化还有在社交上人的思维惯性，也叫社会交往心理，从而影响人的行为。我们可以通过对社会交往活动中人们的心理和行为进行观察和分析，揭示其规律性，并上升为既可解释已知事实，又可预测未知事实的科学研究过程。影响心理和行为的不确定因素很多、随机性极大。在这里，我们主要采用观察法、调查法、实验法和测量法等对社会交往中的心理和行为问题进行定性和定量研究，考察关系治理的作用方式。

第三，相互依赖的期望。依赖是关系治理中的重要因素。不同行为体之间存在相互依赖关系，只不过程度有所差异。相互依赖意味着依赖是双向的传递和影响，而不是只作用于某一方。相互依赖能确保关系治理体系的稳定，在关系治理的模式中，可以不需要明确规定的制度，由于存在着相互依赖，一方背叛与另一方的关系将会招致“一报还一报”的报复。因此，关系治理模式同样是稳定与可预期的。当代世界各国间相互依赖，已经扩展到全世界范围，包括一切国家、一切民族，并且扩展到各个方面，即不仅包括某一领域内的相互依赖，还包括其他领域的相互依赖。

第四，关系资本或关系权力。关系治理需要关系资本或关系权力的支撑。对关系资本的研究，主要是对关系资本的衡量指标及其相关内容进行探讨。在现有研究的基础上，可以从关系强度、关系质量、关系紧密性、关系数量四个层面对某一行为体的关系资本进行可操作化测量。从关系强度的概念出发，将关系强度分为强关系和弱关系，关系质量也可以分为高质量与低质量，关系紧密性上有紧密与松散之分，关系数量上有多少之分。由相互信任、互惠承诺、合作交流几个维度决定了关系治理的强度和质量。在三个维度中前两个维度，相互信任是建立双方关系的基石，互惠承诺则意味着交易双方认为建立稳定的关系极为重要，为了维系这一关系愿意承诺尽最大的努力，第三个维度合作交流可以营造相互支持和相互尊重的氛围。

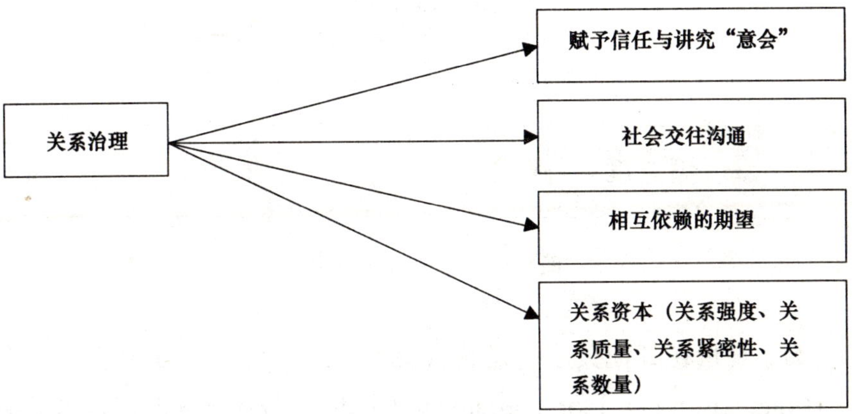

图 6—1　关系治理

2. 关系治理的评估

一时的结果得失并不重要，重要的是我们评判关系的两个标准，第一个是对关系的满意度；第二个是对关系的依赖度。根据社会学的理论，行为体在与其他行为体的交往过程中，每个行为体都有一个比较水平（Comparison Level，CL），即个体认为在与他人的交往中应得结果的价值。比较水平是基于过去的经验。如果个体过去的伙伴关系回报率很高，那么目前他的比较水平就比较高，他们就会期望、并且从内心认为自己理应得到非常好的结果。相反，如果过去的交往经历糟糕，那么他的期待会少，比较水平也低。在从极高到极低的序列中，比较水平只是一个中性点。比较水平是衡量我们的关系满意度的标准。如果感受到的满意值超过比较水平，就会感到幸福，表明得到的超过了在与他人交往中的期望的平衡点，幸福的程度取决于所得到的超过期望的程度，满意值远远超过比较水平，个体就会感觉非常幸福；反之，满意值低于比较水平，即使所得也不错，做的也比其他人好，个体也会感到失望。因此，关系中满意度的衡量不是简单地取决于一时结果所得好坏的绝对值。

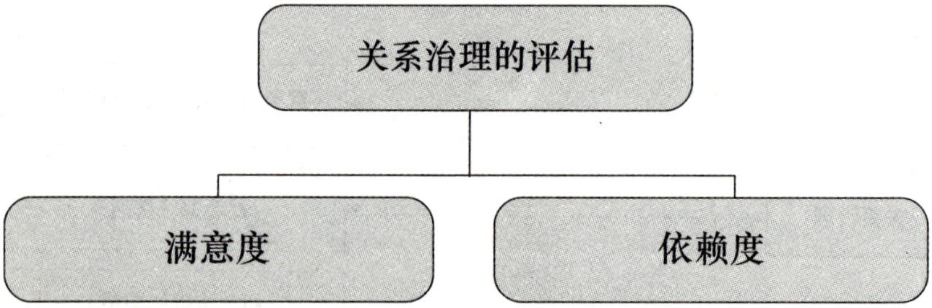

图 6—2　关系治理的评估

为了衡量在其他关系中是否会更好，还会用替代选择的比较水平（Comparison Level for alternative，CLalt）。替代选择的比较水平是指，如果脱离目前的关系，转向是否可以得到更好的、作为替代性的关系，即所谓“人往高处走”。相反，即使我们对现在的关系不满意，在没有更好的替代选择出现之前，人们不会脱离现有的关系。这点可以解释为何有人身陷凄惨境地，却不选择离开，尽管现状使他们不幸，而一旦离开，处境可能更糟（Choice & Lamke 1999；Heaton & Albrecht 1991）。对关系的满意与否并不是我们选择维持或者背离一段关系的主要因素，而是取决于替代选择的比较水平。所以，替代选择的比较水平决定我们对关系的依赖度。不管满意与否，一旦相信已尽己所能，我们就会依赖现有的关系伙伴，不会轻言离开，而且，当前的现状和情况更糟的替代选择之间的差距越大，依赖度就越深。

3. 关系类型的区分

根据行为体所经历的比较水平、替代选择的比较水平、满意度与依赖度，笔者将关系分为四种不同的关系大类。

第一种类型：满意且依赖的关系。当行为体认为它的所得水平超出了比较水平[①]和替代选择水平，即他们从关系伙伴得到的超过预期，他们相信自己比在别处做得更好，所以他们是满意的，此时关系也是稳定的，他们不会移情别处，行为体处在幸福稳定的关系中。

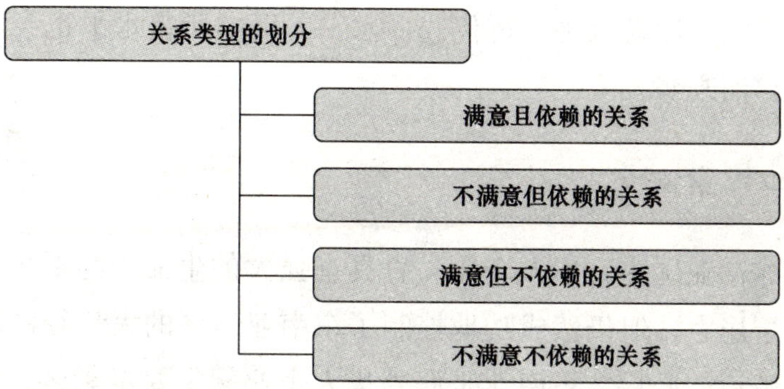

图 6—3　关系的类型

第二种类型：不满意但依赖的关系。当行为体的所得低于比较水平但高于替代选择水平时，人们是不满意的，因为得到的低于自己所预期或认为应得的，但他们认为自己在别的关系中不会比现在好，出于惯性，所以还会保持现有关系，他们的关系不满意但是稳定，自身并不想轻易离开。

第三种类型：满意但不依赖的关系。即使行为体对自己目前的关系伙伴感到满意，摆脱现在的关系伙伴付出的代价较低，如果替代选择比所得水平高，综合考虑，别处有更具吸引力的关系伙伴在等待自己。他们目前的关系幸福但不稳定，因为他们不可能固守原处。

第四种类型：不满意且不依赖的关系。行为体的所得水平比比

① 如前文所述，根据社会学的理论，行为体在与其他行为体的交往过程中，每个行为体都有一个比较水平（ComparisonLevel，CL），即个体认为在与他人的交往中应得结果的价值。

较水平和替代选择都低。在这种情况下，三种水平哪个稍高一点或稍低一点都没有什么意义，他们的关系就既不幸福也不稳定，可能不会维系太久。当然，在现实国际社会中的关系，由于行为体的比较水平、替代选择比较水平和所得水平可能分布在最佳和最差之间，因而会产生许多不同的组合。以上四种关系只是对各种可能性的一个普遍总结。比较水平、替代选择水平、事实所得水平也会随着时间的推移而改变。

（四）案例分析

在东南亚国家，华人企业一直具有强大的生命力与活力。虽然面临层层压力，但仍然成功地控制了东南亚地区的大量经济产业并深入到政治核心层。东南亚是海外华人企业的主要聚集区。海外华人资产70%以上集中于东南亚各国的2000多万华人手中，他们在各国经济发展中发挥着重要的作用。东南亚的华人，绝大多数是由赤手空拳的劳动者逐渐积累而转化为中、小型资本家和小业主。据统计，在印度尼西亚，华人只占总人口的2.1%，却至少拥有70%～75%的私人资本；在菲律宾，占人口总数不到1%的华人控有约35%的销售额；在马来西亚，占人口37%的华人控有当地资本的60%～70%；在泰国，华人占总人口的8.5%，却拥有商业部门总投资的90%，制造业总投资的90%，银行与金融业总投资的50%。东南亚华人企业内部以及华人企业之间的管理模式就是一种以关系治理为主的管理模式。

第一，根据假设1，东南亚华人企业具有东方家族观上的价值取向，倾向于选择关系治理模式。日常关系中的信任和互惠共识等也会延续至华人企业的关系治理中，成为关系治理的重要组成部分。事实上，在华人企业中，我们还能看到，企业中的关系动员也是借用于日常关系中所存在的信任和互惠共识，包括“拟血缘关系”的建构，正如前文所述，信任也是一种控制，赋予信任能提高成员的积极性，从而最终实现企业良性发展与企业效益优化的目标。近60%的被调查者认为，在企业里，没有必要按照制度来严格进行管理，坚持按制度办事，并不利于华人企业的发展，所以，进行好关系管理是东南亚华人家族企业组织发展的重要工作。[①]

在华人企业中，紧密联系的关系能够正面的转化为成员之间可能产生摩擦时的润滑剂，使各项政策能够圆滑运行，同时也是团结各成员间的胶合剂。在企业经营过程中，不可避免会出现矛盾，对于可能出现的矛盾，75.3%的人对处理这些矛盾充满信心，认为家庭一般都有解决矛盾的办法和经验。[②] 家族处理矛盾，可能利用年龄、资历等方面的优势进行。这些处理办法在外人看来比较简单，但是效率高，其他成员一般都比较信服。因为不同的组织交往方式不同、交往的效果不同，很难有一个统一的标准来衡量。

企业的实际掌权者对于华人企业的关系治理起着至关重要的作用，因而权威的关系资本也是关系治理的一个组成部分。在华人企业中，传统关系共同体中的“家长”的权威功能在企业中的延续，但这种权威也需要遵循关系共同体中的法则，同时也具有一定的创业精神与经济理性，前者确保了合法性，而后者满足了企业的竞争逻辑与市场逻辑，权威不仅是关系治理的重要构成元素，同时还担当了很强的主体性，事实上，权威的价值观和观念、行动选择对于企业的制度化变革起到了关键性的作用。

在传统华人企业里，遵循儒家思想，还强调权威主义，等级制度、资历、年龄等非常重要。君臣、父子的行为规范要求幼者维护长者的权威，下属服从上级的意志。企业在管理过程中出现矛盾，或者在企业内沟通协调，或者在企业外利用亲戚、朋友等关系进行协调。家族会议或朋友聚会可以加强沟通，缓解矛盾，协调关系，

---

① 陈亚玉：“东南亚华人家族企业关系管理研究”，载《东南亚华人企业关系管理研究》，2006 年第 5 期，第 1273 页。

② ［美］彼得·德鲁克著，赵干城译：《大变革时代的管理》，上海译文出版社 1999 年版，第 29 页。

或者增进亲情友情，可以避免一些不愉快事件的发生。

第二，根据假设 2，随着东南亚华人企业的规模增长，制度治理的比重有所增加，但决定治理模式选择的决定性因素仍然是文化与价值观。从现代公司的演变历程来看，随着所有权的日益分散和企业规模的不断扩大，东南亚华人企业的家族式治理结构面临不少挑战。我们发现两个新现象：一是不少大型华人企业集团开始启用专业经营管理人员，从家族以外延揽人才；二是开始制定部分制度。

第三，根据假设 3，由于需要担负的交易成本较低，行为体倾向于选择关系治理模式。东南亚华人企业实行的是关系型融资模式。融资模式是公司治理的基础，有什么样的融资模式就会有与之相适应的公司治理结构。东南亚各国的融资体制和华人的现实处境造就了东南亚华人企业的关系型融资模式，从而孕育了与之相适应的家族式的治理结构。受各国金融体制约束，东南亚企业市场化的直接融资渠道相对狭窄，以商业银行信贷为主的间接融资占主导地位。政府主导融资活动，使大中型国有企业和重要的土著企业成为国有商业银行的主要融资对象，华人企业往往受到歧视和排斥。与此同时，国内证券市场发展却相对滞后。直到 20 世纪 90 年代中期，东南亚国家债券市场规模依然很小。过于狭窄的融资管道和在各国融资体系中受歧视的地位使东南亚华人企业融资模式带有浓厚的关系色彩。东南亚华人企业集团内部企业之间的贷款，华人银行对其他非金融华人企业的贷款，以及部分大型华人企业集团通过各种关系、从政府或政府控制的商业银行获得贷款等融资途径，构成了东南亚华人企业关系型融资模式的主要内容。

集团内部贷款是华人企业集团解决所属各企业融资问题最主要的渠道之一，集团内部就产生了复杂的关系型融资。此外，华人企业比较容易通过同族同乡等关系从华人银行获得关系型贷款。泰国盘谷银行（Bangkok Bank）、泰华农民银行（Thai Farmers Bank）、大城银行（Bank of Ayud-hya）、京华银行（Bangkok Metrepolitan Bank）

都是华人银行。[①] 不难发现，建构核心层的“自家人群体”是华人企业获得发展壮大的关键因素。华人企业从创业开始到发展到壮大，这一群体始终是控制权力、掌管资源、获取剩余索取权以及进行重大决策的主体。事实上，这个关系共同体是一个内聚力极强的合作团体，也是华人企业生成、维续和发展的载体。自家人群体之所以能提供一种内聚力，主要是因为这个关系共同体中包含了情感和义务元素；出于责任和义务支持“自家人”，成员也往往恪守义务，很少会出现背叛行为。

第四，根据假设 4，东南亚华人企业以关系治理为主，制度治理模式为辅。现实地看，在当今的东南亚各国，市场体系的建立和健全并不是短时期就能实现的事，无论是文化传统还是风俗习惯，股票市场还是借贷市场，甚至包括产品市场，都有东南亚自身的特性，因此要完全靠西方市场机制承担对企业和 CEO 等高级管理人员的制度式管理是不现实的。东南亚华人企业的治理结构最现实的选择依然是以关系治理为主、以制度治理式为辅的混合型治理结构。

不同的文化与价值观、成长阶段、成本代价与国际环境决定了行为体对治理模式的选择，鉴于对治理模式与绩效关系的深入研究发现，治理模式的选择会直接影响其绩效水平，关系治理模式与制度治理模式能够相互补充、共同发展。在当代国际社会实践中，尤其是东南亚社会里，关系协调与平衡成为管理艺术的重点与难点，因此关系治理也受到越来越多的重视。由于华人家族企业萌芽、成长、发展的特殊背景，关系治理更加凸显其重要意义。在对华人企业关系治理的认识上，应当纠正那些认为关系治理仅仅意味着拉帮结派、党同伐异的狭隘思想，提倡和为贵的思维模式，善于运用华人企业特殊管理生态下形成的特殊管理智慧，如权威式的领导风格、

① 林勇：“关系型融资，家族式治理”，载《开发研究》，2004 年第 3 期，第 65 页。

企业内部特有的沟通模式、对价值的高度认同而引发的员工归属感与企业向心力等。只有认识到关系治理模式与制度治理模式各具特色，才能合理确立治理架构，引导行为体走上良性发展道路。

参考文献

（一）中文文献

1. 中文译著

［奥地利］维特根斯坦著，郭英译：《逻辑哲学论》，商务印书馆，1985 年版。

［奥地利］维特根斯坦著，李步楼译：《哲学研究》，商务印书馆，1996 年版。

［巴基斯坦］A. H. 达尼著，四川大学外语系译：《巴基斯坦简史》，四川大学出版社，1974 年版。

［德］恩格斯著，中共中央马克思恩格斯列宁斯大林著作编译局编译：《费尔巴哈和德国古典哲学的终结》，人民出版社，1997 年版。

［德］恩格斯著，中共中央马克思恩格斯列宁斯大林著作编译局编译：《马克思恩格斯选集》（第 3 卷），人民出版社，1972 年版。

［德］恩格斯著，中共中央马克思恩格斯列宁斯大林著作编译局译：《社会主义从空想到科学的发展》，人民出版社，1997 年版。

［德］费希特著，王玖兴译：《全部知识学的基础》，商务印书馆，1986 年版。

［德］黑格尔著，贺麟、王太庆译：《哲学史讲演录》（第 1 卷），商务印书馆，1959 年版。

［德］胡塞尔著，李幼蒸译：《纯粹现象学通论》，商务印书馆，1992 年版。

[德] 胡塞尔著，张庆熊译：《欧洲科学的危机与超验现象学》，上海译文出版社，1988 年版。

[德] 霍尔斯特著，章国锋译：《哈贝马斯传》，东方出版中心，2000 年版。

[德] 霍耐特·阿克塞尔著，胡继华译：《为承认而斗争》，世纪出版集团，2005 年版。

[德] 康德著，邓晓芒译：《实践理性批判》，人民出版社，2003 年版。

[德] 马克思著，中共中央马克思恩格斯列宁斯大林著作编译局编译：《马克思恩格斯选集》(第 2 卷)，人民出版社，1995 年版。

[德] 米勒·哈拉尔德著，郦红等译：《文明的共存——对亨廷顿“文明冲突论”的批判》，新华出版社，2002 年版，第 7 页。

[德] 滕尼斯·斐迪南著，林荣远译：《共同体与社会》，商务印书馆，1999 年版。

[德] 韦伯·马克斯著，杭聪译：《经济与社会》，北京出版社，2008 年版。

[俄] 利亚霍夫斯基著，刘宪平译：《阿富汗战争的悲剧》，社会科学文献出版社，2004 年版。

[俄] 列宁：《列宁选集》第 1 卷，中共中央马克思恩格斯列宁斯大林著作编译局，1992 年版。

[法] 布迪厄·皮埃尔著，李猛、李康译：《实践与反思——反思社会学导引》，中央编译出版社，1998 年版。

[法] 布迪厄·皮埃尔著，蒋梓骅译：《实践感》，译林出版社，2003 年版。

[法] 利科·保罗著，李幼蒸、徐奕春译：《哲学主要趋向》，商务印书馆，1988 年版。

[加] 阿查亚·阿米塔著，王正毅、冯怀信译：《建构安全共同体，东盟与地区秩序》，上海人民出版社，2004 年版。

默罕默德著，马坚译：《古兰经》，中国社会科学出版社，1981

年版。

［美］巴特·弗雷德里克著，黄建生译：《斯瓦特巴坦人的政治过程——一个社会人类学研究的范例》，上海人民出版社，2005年版。

［美］波普诺·戴维著，李强等译：《社会学》第10版，中国人民大学出版社，1999年版。

［美］德龙·迈克著，张春波、潘守永译：《我在中央指挥司令部》，东方出版社，2006年版。

［美］费斯克·约翰著，李彬译：《关键概念：传播与文化研究辞典》，新华出版社，2004年版。

［美］芬尼莫尔·玛莎著，袁正清译：《国际社会中的国家利益》，浙江人民出版社，2001年版。

［美］戈夫曼著，宋立宏译：《污名——受损身份管理札记》，商务印书馆，2009年版。

［美］亨廷顿·塞缪尔著，周琪等译：《文明的冲突与世界秩序的重建》，新华出版社，1998年版。

［美］亨廷顿·塞缪尔著，程克雄译：《我们是谁—美国国家特性面临的挑战》，新华出版社，2005年版。

［美］基欧汉·罗伯特著，门洪华译：《局部全球化世界中的自由主义、权力与治理》，北京大学出版社，2004年版。

［美］杰维斯·罗伯特著，秦亚青译：《国际政治中的知觉与错误知觉》，世界知识出版社，2003年版。

［美］卡赞斯坦·彼得著，宋伟、刘铁娃译：《国家安全的文化：世界政治中的规范与认同》，北京大学出版社，2009年版。

［美］卡赞斯坦·彼得、基欧汉·罗伯特、克拉斯纳·斯蒂芬著，秦亚青译：《世界政治理论的探索与争鸣》，上海人民出版社，2006年版。

［美］梅特勒·罗伯特著，周邦宪译：《过程——关系哲学》，贵州人民出版社，2009年版。

[美] 姆贝·丹尼斯著，陈德民等译：《组织中的传播和权力：话语、意识形态和统治》，中国社会科学文献出版社，2000年版。

[美] 塞尔·约翰著，杨音莱译：《心、脑与科学》，上海译文出版社，1991年版。

[美] 温特·亚力山大著，秦亚青译：《国际政治的社会理论》，世纪出版集团，2000年版。

[美] 肖特·安德鲁著，陆铭、陈钊译：《社会制度的经济理论》，上海财经大学出版社，2003年版。

[日] 西槙光正主编，北京语言出版社编译：《语境研究论文集》，北京语言出版社，1992年版。

[英] 福鲁德著，李虹等译：《变态心理学》，清华大学出版社，2008年版。

[英] 福赛思·弗雷德里克著，刘国尧、舒云亮译：《阿富汗人》。新华出版社，2009年版。

[英] 怀特海著，浙江文艺出版社编译：《怀特海文录》，浙江文艺出版社，1999年版。

[英] 吉登斯·安东尼著，胡宗泽等译：《民族：国家与暴力》，三联书店，1998年版。

[英] 克罗卡特·理查德著，陈平译：《反美主义与全球秩序》，新华出版社，2004年版。

[英] 路易斯·伯纳德著，郑之书译：《中东：自基督教兴起至二十世纪末》，中国友谊出版公司，2004年版。

[英] 洛克著，关文运译：《人类理解论》，商务印书馆，1959年版。

[英] 罗素著，晏成书译：《数理哲学导论》，商务印书馆，1982年版。

[英] 塞克斯·柏西著，张家麟译：《阿富汗史》（上册），商务印书馆，1972年版。

2. 中文著作

曹军、曹建：《血腥大亨——世界头号恐怖分子拉登》，当代世界出版社，2001 年版。

车铭洲主编：《现代西方语言哲学》，四川人民出版社，1989 年版。

陈嘉厚：《现代伊斯兰主义》，北京：经济日报出版社，1998 年版。

葛公尚：《当代国际政治与跨界民族研究》，民族出版社，2006 年版。

郭贵春：《语境与后现代科学哲学的发展》，科学出版社，2002 年版。

郭隆隆、潘光、金应忠主编：《2003 年美国对伊战争透视》，中共中央党校出版社，2003 年版。

何明：《塔利班政权的兴起及其对世界的影响》，华东师范大学出版社，2005 年。

黄铭：《过程与拯救：怀特海哲学及其宗教文化意蕴》，宗教文化出版社，2006 年版。

姜华：《你好，阿富汗》，安徽教育出版社，2005 年版。

金宜久：《当代伊斯兰教》，东方出版社，1995 年版。

金宜久：《伊斯兰教与世界政治》，社会科学文献出版社，1996 年版。

李福泉：《巴基斯坦伊斯兰宗教学校的发展状况、社会根源与影响》，《南亚研究》，2009 年第 2 期。

李慎明、王逸舟：《全球政治与安全报告》，社会科学文献出版社，2008 年版。

李为善、刘奔主编：《主体性和哲学基本问题》，中央文献出版社，2002 年版。

李湛军：《恐怖主义与国际治理》，中国经济出版社，2006 年版。

李祖发、唐复全、李国庆：《宗教与战争》，四川人民出版社，2003年版。

罗大华：《犯罪心理学》，中国政法大学出版社，2007年版。

彭树智、黄杨文：《中东国家通史——阿富汗卷》，商务印书馆，2000年版。

秦亚青主编：《文化与国际社会：建构主义国际关系理论研究》，世界知识出版社，2006年版。

秦亚青：《霸权体系与国际冲突——美国在国家武装冲突中的支持行为（1945—1988）》，上海人民出版社，2008年版。

曲洪：《当代中东政治伊斯兰：观察与思考》，中国社会科学出版社，2001年版。

任平：《交往实践的哲学》，云南人民出版社，2003年版。

宋恩繁、黎家松主编：《中华人民共和国外交大事记》（第1卷），世界知识出版社，1997年版。

宋蜀华、白振声主编：《民族学理论和方法》，中央民族大学出版社，1998年版。

宋振华：《马克思恩格斯和语言学》，吉林人民出版社，2002年版。

孙吉胜：《语言、意义与国际政治》，上海人民出版社，2009年版。

王春荣：《聚焦阿富汗》，新华出版社，2000年版。

王凤：《阿富汗》，社会科学文献出版社，2007年版。

王晓升：《语言与认识》，中国人民大学出版社，1994年版。

王逸舟主编：《恐怖主义溯源》，社会科学文献出版社，2010年版。

许利平：《当代东南亚伊斯兰发展与挑战》，时事出版社，2008年版。

杨翠柏、刘成琼：《列国志——巴基斯坦》，社会科学文献出版社，2005年版。

杨光主编：《2003—2004年中东非洲发展报告》，社会科学文献出版社，2004年版。

杨晖：《反恐新论》，世界知识出版社，2005年版。

杨洁勉等：《国际反恐合作：超越地缘政治的思考》，时事出版社，2003年版。

张家栋：《全球化时代的恐怖主义及其治理》，上海三联书店，2007年版。

张敏：《阿富汗文化和社会》，昆仑出版社，2007年版。

中国现代国际关系研究院反恐怖研究中心：《各国及联合国反恐怖主义法规选编》，时事出版社，2002年版。

中国现代国际关系研究院反恐怖研究中心：《国际恐怖主义与反恐怖斗争年鉴（2003）》，时事出版社，2004年版。

中国现代国际关系研究院反恐怖研究中心：《国际恐怖主义与反恐怖斗争年鉴（2004）》，时事出版社，2005年版。

中国现代国际关系研究院反恐怖研究中心：《国际恐怖主义与反恐怖斗争年鉴（2005）》，时事出版社，2006年版。

中国现代国际关系研究院反恐怖研究中心：《国际恐怖主义与反恐怖斗争年鉴（2006）》，时事出版社，2007年版。

中国现代国际关系研究院反恐怖研究中心：《国际恐怖主义与反恐怖斗争年鉴（2008）》，时事出版社，2009年版。

朱克：《阿富汗》，世界知识出版社，1959年版。

朱立群、林民旺等：《奥运会与北京国际化——规范社会化的视角》，世界知识出版社，2010年版。

朱威烈等：《中东反恐怖主义研究》，时事出版社，2010年版。

3. 中文论文

安维华：“美国两场反恐战争与柏西地缘政治”，《国际政治研究》，2005年第1期。

方长平：“英国学派与主流建构主义：一种比较分析”，《世界经济与政治》，2004 年第 12 期。

方长平："中国国际关系理论建设：问题与思考"，《教学与研究》，2005 年第 6 期。

方长平："建构主义：创新、意义及问题"，《世界经济与政治》，2004 年第 7 期。

方长平："西方战略文化研究：从文化主义到建构主义"，《国际论坛》，2004 年第 3 期。

方金英："巴基斯坦极端伊斯兰主义新动向"，《现代国际关系》2007 年第 11 期。

傅小强："新塔利班解读"，《世界知识》，2007 年第 16 期。

哈米德·卡尔扎伊："阿富汗在地区合作中的作用"，《现代国际关系》，2006 年第 7 期。

何友晖、彭泗清："方法论的关系论及其在中西文化中的应用"，《社会学研究》1998 年第 5 期。

金灿荣："美国反恐得失几何"，《人民日报》，2002 年 9 月 6 日第 7 版。

刘建飞："2009 年的世界格局之变"，《当代世界》，2010 年第 1 期。

刘建飞："中美关系进入多事之秋"，《当代世界》，2010 年第 4 期。

刘建飞："世界民主政治发展态势及其对国际关系的影响"，《现代国际关系》，2008 年第 10 期。

刘建飞："奥巴马外交的新玄机"，《瞭望》，2009 年第 52 期。

李少军："事实与理论：对国际关系研究的哲学反思"，《外交评论》，2009 年第 4 期。

李少军："国际关系中的理论与解释"，《世界经济与政治》，2008 年第 2 期。

刘青建："阿富汗重建失效之分析"，《西亚非洲》，2008 年第 10 期。

钱雪梅："从认同的基本特性看族群认同与国家认同的关系"，《民族研究》，2006 年第 6 期。

秦亚青："研究设计与学术创新"，《世界经济与政治》，2008 年第 8 期。

秦亚青："第三种文化：国际关系研究中科学与人文的契合"，《世界经济与政治》，2004 年第 1 期。

秦亚青："关系本位与过程建构：将中国理念植入国际关系理论"，《中国社会科学》，2009 年第 3 期。

秦亚青："国际关系理论的核心问题和中国学派的生成"，《中国社会科学》，2005 年第 3 期。

秦亚青："国家身份，战略文化和安全利益"，《世界经济与政治》，2003 年第 1 期。

秦亚青："学术规范与研究设计"，《世界经济与政治》，2008 年第 12 期。

秦亚青："学术论文和政策报告"，载于秦亚青，《权力制度文化》，北京大学出版社，2005 年。

秦亚青："中国国际关系理论生成的可能与必然"，《世界经济与政治》，2006 年第 3 期。

秦亚青："中国国际关系理论研究的进步与问题"，《世界经济与政治》，2008 年第 11 期。

孙吉胜："国际关系理论中的语言研究：回顾与展望"，《外交评论》，2009 年第 1 期。

孙吉胜："话语、身份与对外政策——语言与国际关系的后结构主义"，《国际政治研究》，2008 年第 3 期。

孙吉胜："语言、身份与国际秩序：后建构主义理论研究"，《世界经济与政治》，2008 年第 5 期。

孙吉胜："国际关系的语言转向与建构主义理论发展：以语言游戏为例"，《外交评论》，2007 年第 1 期。

王帆："美国的东亚战略和对华战略"，《外交评论》，2010 年第

6期。

王帆：“不对称相互依存与合作性施压”，《世界经济与政治》，2010年第12期。

王帆：“未来的中国外交要重大局谋长远”，《当代世界》，2009年第9期。

王帆：“奥巴马政府的东亚安全政策考量”，《外交评论》，2009年第1期。

王联：“论巴基斯坦部落地区的塔利班化”，《国际政治研究》2009年第2期。

王振林：“交往实践的基点定位探本”，《辽宁师范大学学报》2000年第6期，第3页。

吴云贵：“伊斯兰原教旨主义、宗教极端主义与国际恐怖主义辨析”，《国外社会科学》，2002年第1期。

肖克：“阿拉伯世界对“九一一事件”的反应”，《西亚非洲》，2002年第1期。

杨尚武：“中东恐怖主义产生的原因”，《阿拉伯世界》，2003年第4期。

叶海林：“全球恐怖主义是伪命题”，《同舟共济》，2009年第2期。

殷罡：“巴勒斯坦极端势力的产生与危害”，2003年5月研究报告。

袁正清：“国际关系研究方法论的探讨需要本体论的观照——来自建构主义理论的启示”，《世界经济与政治》，2004年第1期。

袁正清：“国际关系理论的行动者—结构之争”，《世界经济与政治》，2003年第6期。

袁正清：“建构主义与外交政策分析”，《世界经济与政治》，2004年第9期。

袁正清：“从单元—结构到行动者—结构”，《世界经济与政治》，2004年第7期。

张家栋、沈丁立：“恐怖语境下的恐怖主义”，《世界经济与政治》，2003 年第 12 期。

赵汀阳：“深化启蒙：从方法论的个人主义到方法论的关系主义”，《哲学研究》，2011 年第 1 期。

赵怀普：“从美伊冲突看当前美欧关系”，《当代世界》，2002 年第 12 期。

赵怀普：“重构后冷战时期跨大西洋关系：理想与现实”，《外交评论》，2010 年第 6 期。

赵怀普：“从特殊关系走向正常关系——战后美欧关系纵论”，《国际论坛》，2006 年第 2 期。

赵怀普：“力量平衡与中东地区冲突”，《西北大学学报》，2002 年第 2 期。

郑启荣：“建设和谐世界——中国外交思想的新发展”，《当代世界》，2006 年第 10 期。

郑启荣：“联合国研究在中国——回顾与思考”，《外交学院学报》，2002 年第 2 期。

郑启荣：“联合国会费分摊之争”，《当代世界》，2007 年第 2 期。

郑启荣、孙洁琬：“和谐世界理念与联合国宪章精神”，《当代世界》，2007 年第 5 期。

周方银：“国际规范的演化”，2006 年清华大学博士论文。

朱立群：“后金融危机时代国际思潮的走向及其影响”，《当代世界与社会主义》，2010 年第 4 期。

朱立群：“中国外交的‘中庸’特色”，《外交评论》，2009 年第 3 期。

朱立群、林民旺：“奥运会与北京国际化：理解中国与国际体系的互动”，2010 年第 1 期。

朱立群、聂文娟：“国际关系理论研究的‘实践转向’”，《世界经济与政治》，2010 年第 8 期。

（二）外文文献

1. 英文著作

Abu-Rabi，Ibrahim M. *Intellectual Origins of Islamic Resurgence in the Modern Arab World*，Albany：State Unversity of New York Press，1996.

Adler，Emanuel. *Security Communities*，Cambridge：Cambridge University Press，1998.

Ahmad，Akbar S. *Pukhtun Economy and Society*，London：Routledge，1976.

Ahmed，Khaled. *Pakistan：Behind the Ideological Mask*，Lahore：Vanguard，2001.

Ahrari，Mohammed E. *Jihadi Groups，Nuclear Pakistan and the New Great Game*，Carlise，PA：Strategic Studies Institute，US Army War College，2002.

Akhund，Iqbal. *Trial and Error：The Rise and the Fall of Benazir Bhutto*，Karachi：Oxford Unversity Press，1998.

Ali，Tariq. *The Clash of Fundamentalisms：Crusades，Jihads and Modernity*，London：Verso，2002.

Amstutz，J. B. *Afganistan：The First Five Years of Soviet Occupation*，Washington DC，1986.

Archarya，Amitav. *Constructiong a Security Community in Southeast Asia：ASEAN and the problem of Regional Order*，London：Routledge，2001.

Austin，J. L. *How to Do Things with Words*，Beijing：Foreign Language Teaching Research Press，2002.

Azhar，Maulana M. *Ma' arka*，Karachi：Iadra Alkhair，2001.

Bach，Kent. *Linguistic Communication and Speech Acts*，Cambridge: The Massachusetts Institute of Technology, 1979.

Bandura, A. *Social Learning Theory*. NJ: Prentics-Hall, 1977.

Banerjee, Mukulika. *The Pathan Unarmed: Opposition and Memory in the North West Frontier*, London: Oxford University Press, 2000.

Beattie, Hugh. *Imperial Frontier: Tribe and the State in Waziristan*, London: Curzon, 2002.

Bell, Catherine. *Ritual Theory, Ritual Practice*, Oxford: Oxford University Press, 1992.

Bergen, Peter. *Holy War Inc: Inside the Secret World of Osama bin Laden*, London: Weidenfeld and Nicholson, 2001.

Bordieu, Pierre. *Outline of a Theory of Pratice*. Cambridge: Cambridge University Press, 1972.

Bradsher, Harry S. *Afgan Communism and the Soviet Intervention*, London: Oxford University Press, 1999.

Brisard, Jean C. *Ben Laden: La Verite Interdite*, Paris, 2002.

Budd, Malcolm. *Wittgenstein' s Philosophy of Psychology*. New York: Routledge, 1989.

Buzan, Barry. *International Systems in World History: Remaking the Study of International Relations*, Oxford: New York: Oxford University Press, 2000.

Carew, Tom. *Secret War in Afganistan: Jihad*, Lodon: Mainstream, 2000.

Chaiklin, Seth. *Understandind Pratice: Perspectives on Activity and Context*, Cambridge: Cambridge University Press, 1996.

Cook, David. *Understanding Jihad*, Canifornia: University of Canifornia press, 2005.

Cooley, John K. *Unholy Wars: Afganistan, Ameica and International Terrorism*, London: Pluto Press, 1999.

Cordesman, Anthoy H. *Lessons of Afganistan: War fighting, Intelligence, Force Transformation, Counter Proliferation, and Arms Control*, Washing DC: Center for Strategic and International Studies, 2002.

Crenshaw, Martha. *International Encyclopedia of Terrorism*, Chicago & London: Fitzroy Dearborn Publishers, 1997.

Davis, Diane E. *Irregular Armed Forces and their Role in Politics and State Formation*, Cambridge: Cambridge University Press, 2003.

Drath, W. *Making Common Sense: Leadership as Meaning-Making in a Community of Practice*. NC: Centre for Creative Leadership, 1994.

Eckert, P. *Variations as Social Practice*. Oxford, UK: Blackwell, 1992.

Edwards, David B. *Before Taliban: Genealogies of the Afghan Jihad*, Berkeley: University of California Press, 2002.

Esposito, John. *Unholy War: Terror in the Name of Islam*, Oxford: Oxford University Press, 2002, p. 56.

Ewans, Martin. *Afganistan: A New History*, London: Curzon, 2001

Faruqui, Ahmad. *Rethinking the National Security of Pakistan, The Price of Strategic Myopia*, London: Ashgate, 2003.

Firestone, Reuven. *Jihad: The Origins of Holy War in Islam*, New York: Oxford University Press, 1999.

Fish, Stanley. *Doing What Comes Naturally: Change, Rhetoric, and the Practice of theory in Literary and Legal Studies*. NC: Duke University Press, 1989.

Galeotti, Mark. *Afganistan, The Soviet Union's Last War*, London: Frank Cass, 1995.

Gee, J. P. *The Social Mind: Language, Ideology, and Social*

Practice, New York: Bergin and Garvey.

Gerges, Fawaz A. *America and Polotical Islam: Clash of Cultures or Clash of Interests*, London: Cambridge University Press, 1999.

Gohari, M. J. *The Taliban: Ascent to Power*, London: Oxford University Press, 2000.

Goodson, Larry P. *Afghanistan' s Endless War: State Failure, Regional Politics, and the Rise of the Taliban*, Seattle: University of Washington Press, 2001

Grau, Lester W. *The Soviet-Afghan War: How a Superpower Fought and Lost*, Kansas City: University of Kansas, 2002.

Griffin, Michael. *Reaping the Whirlwind: The Taliban Movement in Afghanistan*, London: Pluto Press, 2001.

Gunaratna, Rohan. *Inside Al Qaeda: Global Network of Terror*, London: Hurst, 2002.

Habermas, Jurgen. *On the Pragmatics of Communication*, Cambridge: The MIT Press, 1998.

Heidegger, M. *Being and Time*, New York: Harper and Row, 1927.

Hiro, Dilip. *War Without End: The Rise of Islamic Terrorism and the Global Response*, London: Routledge, 2002.

Ignatenko, Alexander. *Islamic Radicalism: A Cold War Byproduct*, Central Asia and Caucasus, 2001.

Jaffrelot, Christopher. *Pakistan: Nationalism without a Nation?*, London: Zed Books, 2002.

Juergenmeyer, Mark. *Terror in the Mind of God*, Berkeley: University of California Press, 2001.

Katzenstein, Peter., ed. *The Culture of National Security: Norms and Identity in World Politics*, New York: Columbia University Press, 1996.

Kepel, Giles. *Jihad: The Trail of Political Islam*, Cambridge, Massachusetts: The Belknap Press of Harvard University, 2002.

Khan, Azmat H. *The Durand Line*, Peshawar: University of Peshawar, 2005.

Klein, *The Religion of Islam*, London: Routledge press, 1985

Kratochwil, Friderich. *Rules, Norms, and Decision: On the Conditions of Practical and Legal Reasoning in International Relations and Domestic Affairs*, Cambridge: Cambridge University Press, 1989.

Kukeraja, Veena. *Contemporary Pakistan: Political Process, Conflicts and Crisis*, New Delhi: Sage, 2002.

Lynch, Michael. *Scientific Practice and Ordinary Action*, Cambridge: Cambridge University Press, 1993.

Makler, Irris. *Our Woman in Kabul*, Sydney: Bantam, 2003.

Maley, William. *Afghanistan Wars*, London: Palgrave, 2002.

Mansoor, Menahem. *Jewish History and Thoughts: An Introduction*, KATV publishing House, 1991.

Margolis, Eric. *War on the Top of the World: The Struggle for Afghanistan, Kashmir, and Tibet*, New York: Routledge, 2000.

Nichols, Robert. *A History of Pashtun Migration*, Oxford: Oxford University Press, 2008.

Nojumi, Neamatollah. *The Rise of the Taliban: Mass Mobilization, Civil War, and the Future of the Region*, New York: Palgrave, 2002.

Onuf, Nicholas G. *World of Our Making: The Strange Career of Constructivism in International Relations*, Columbia: University of South Carolina Press, 2002.

Rashid, Ahmed. *Taliban: Islam, Oil and the New Great Game in Central Asia*, London and New York: I. B. Tauris, 2000.

Saikal, Amin. *Islam and the West: Conflict and Cooperation?*

London: Palgrave, 2003.

Schatzki, Theodore. *The Practice Turn in Contemporary Theory*, New York: Routledge, 2001.

Searle, John R. *Speech Acts*, Cambridge: Harvard University Press, 1969.

Senge, P. M. *The Fifth Discipline: The Art and Practice of the Learning Organization*. New York: Doubleday, 1990.

Singh, Bilveer. *The Talibanization of Southeast Asia*, London: London press, 2007.

Turner, Stephen. *The Social Theory of Practices: Tradition, Tacit Knowledge, and Presuppositions*. Chicago: University of Chicago Press, 1994.

Weber, Max. *the Methodology of the Social Science*, E. Shils and H. Finch eds., New York: Free Express, 1949.

Wendt, Alexander. *Social Theory of International Politics*, New York: Cambridge University Press, 1999.

Wensinck. *Enyclopaedia of Islam*, Oxford: Oxford University Press, 1967.

Willis, Paul E. *Common Culture: Symbolic Work at play in the everyday Cultures of the Young*, CO: Westview, 1990.

Wilson, Theodore. *Soviet -Afghan war*, Kansas: the Universtiy press of Kansa, 2002.

Wittgenstein, Ludwig. *Philosophical Investigation*, Oxford, England: Blackwell, 1958.

Zehfuss, Maja. *Constructivism in International Relations*, Cambridge: Cambridge University Press, 2002.

Aaditya Matoo. Robert M. Stem. India and the WTO. Washing ton: World Bank, 2003.

Jason Overdorf. The Death of Reform. New York: Newswerk. September 5，2005.

Jeffrey J. Schott. Reviving theDoha Round. Institutional Affairs of the United States International Workshop on the Transatlantic Relations. NewYork：WTO report，2004.

Rajesh Chadha. Alan V Deardorff. and Robert M. Stern. The impact of Trade and Domestic Policy Reforms inIndia. New York：the University of Michigan Press，1998.

The Secretariat. Trade Policy Review-India 1998. New York：WTO Working Paper，March 5，1998.

Snjib Pohi. UnlockingIndia's potential. New York：Newsweek，June 2nd—8th 2001.

Messerlin. Patrick A. MFN-Based Freer Trade and Regional Free Trade：What Role for the EU? What Role for the EU? Norwell. MA：Kluwer Academic Publishers，1999

Mundo. Philip A. National Politics in a Global Economy：the Domestic Sources ofU. S. Trade Policy. Washington：Georgetown University Press，1999.

Narlikar. Amrita. WTO Decision-Making and Developing Countries. South Centre T. R. A. D. E. Working Papers. Geneva：South Centre. 2001.

Ostry. Sylvia. Looking Back to Look Forward：The Multilateral Trading System after 50 Years. The Hague：Kluwer Law International，2000.

Ozawa，Terutomo. Japan in the WTO. The World Trade Organization in the New Global Economy. UK：Edward Elgar，2002.

Panagaria，Arvind. The Millennium Round and Developing Countries：Negotiating Strategies and Areas of Benefits，G—24 Discussion Paper Series，New York：UNCTAD，2000

Pedler. Robin H. The EU in the WTO. The World Trade Organization in the New Global Economy. UK：Edward Elgar，2002.

Puche. Jaime S. Regionalism and the WTO. From GATT to the WTO：The Multilateral Trading System in the New Millennium. The Hague：Kluwer Law International，2000.

Ricupero. Rubens. The World Trading System：Seattle and Beyond. In Jeffrey J. Schott（ed）. The WTO after Seattle. Washington，D. C.：Institute for International Economics，2000.

Ruggiero. Renato. From Vision to Reality. New York：The Multilateral Trading System at WTO Focus Newsletter，May 1998.

Jeffrey J. Schott. Launching New Global Trade Talks：An Action Agenda. Washington，D. C.：Institute for International Economics. 1999.

Sally. Razeen. Whether the WTO? A Progress Report on theDoha Round. Trade Policy Analysis Papers No. 23. Washington，D. C.：Cato Institute，2003

Schott. Jeffrey J. and Jayashree Watal. Decision Making in the WTO Washington，D. C.：Institute for International Economics，2000.

Scott. Robert E. China Can Wait. EPI Briefing Paper. Washington，D. C.：Economic Policy Institute. 1999.

2. 英文期刊

Ahady，Anwar-ul-Haq. "The Decline of the Pashtuns in Afghanistan"，*Asian Surey*，Vol. 35，Issue No. 7，July 1995.

Allan，Nigel J. R. "Defining Place and People in Afganistan" *Post-Soviet Geography and Economics*，Vol. 42，No. 8，2001，pp. 545—560.

Checkel，Jeffrey T. "The Constructivist Turn in international Relations Theory，" *World Politics*，Vol. 50，No. 2，1998，pp. 324—348.

Fierke, K. M. "Links across the Abyss: Language and Logic in international Relations," *International Studies Quarterly*, Vol. 46, No. 3, 2002.

Finnemore, Martha. "International Norms Dynamics and Political Change", *Exploration and Contestation in the Study of World Politics*, eds. Katzenstein, Keohane and Krasner, Massachusetts and London: The MIT Press, 1999.

Harpviken, Kristian Berg. "Transcending Traditionalism: The Emergence of Nonstate Military Formations in Afghanistan", *Journal of Peace Research*, Vol. 34, No. 3, 1997.

Harrison, Selig. "What' s Next in Afghanistan", *The Center for International Policy' s Asia Project Conference*, Washington DC, January, 2002.

Hilali, A. Z. "The Costs and Benefits of the Afghan War for Pakistan", *Contemporary South Asia*, Vol. 11, No. 3, 2002.

Judah, Tim. " The Taliban Papers ", *Survival*, Vol. 44, No. 1 2002.

Kepel, Gilles. " The Origins and Development of the Jihadist Movement" *Asian Affairs*, Vol. XXX IV, No. II, 2003

Khattak, Saba G. "Afghan Refugees and Politics in Pakistan", *Critical Asian Studies*, Vol. 35, No. 2, 2003.

Mckeown, Ryder. " Norm Regress: Revisionism and the Slow Death of the Torture Norm", *International Relations*, Vol 23, No. 1, 2009.

Rashid, Ahmed. "Letter from Afghanistan: Are the Taliban winning", *Curretnt History*, Jan. 2007.

TheUnited States, Department of State, *Patterns of Global Ter-*

rorism, 1995.①

TheUnited States, Department of State, *Patterns of Global Terrorism*, 1996.

TheUnited States, Department of State, *Patterns of Global Terrorism*, 1997.

TheUnited States, Department of State, *Patterns of Global Terrorism*, 1998.

TheUnited States, Department of State, *Patterns of Global Terrorism*, 1999.

TheUnited States, Department of State, *Patterns of Global Terrorism*, 2004.②

TheUnited States, White House: *The New National Terrorism Advisory System*, 2011.③

TheUnited States, White House: *G—8 Muskoka: Statement from G—8 Leaders on Countering Terrorism*, 2010.④

TheUnited States, White House: *Meeting Record Regarding: Chemical Facility Anti-Terrorism*, 2010.⑤

Verheggen, Claudine. "The meaningfulness of meaning questions", *Synthese*, Vo123.1, No.2, 2000.

Wenger, Etienne. "Communities of Practice: Learning as a Social System" *The Systems Thinker*, 1998, Vol.9, No.5, p2.

---

① http://www.state.gov/www/global/terrorism/annual_reports.html (1995年、1996年、1997年、1998年、1999年)

② http://www.fas.org/irp/crs/RL32417.pdf.

③ http://www.whitehouse.gov/blog/2011/04/20/new-national-terrorism-advisory-system.

④ http://www.whitehouse.gov/the-press-office/g—8—muskoka-statement-g—8—leaders-countering-terrorism.

⑤ http://www.whitehouse.gov/omb/oira_1601_meetings_658.

3. 研究机构类参考文献

Afghangovernment（阿富汗政府）
http：//www. afghangovernment. com/

Afghan Insitute（阿富汗研究所）
http：//www. institute-for-afghan-studies. org/

Afghanistan Information（阿富汗信息中心）
http：//www. afg-info. com/

AfghanLand（阿富汗之家）
http：//www. afghanland. com/islam/islam. html

Afghan Politic（阿富汗政治研究中心）
http：//www. foreignaffairs. com

Afghanpost《阿富汗邮报》
http：//www. afghanpost. gov. af/

Carnegie Endowment for International Peace（卡内基国际和平基金会）
http：//www. carnegieendowment. org/

Council of Foreign Relations（美国对外关系委员会）
http：//www. cfr. org/

Department of Defence（美国国防部）
http：//www. defense. gov/

Globalsecurity organization（全球安全中心塔利班专题）

http：//www. globalsecurity. org/military/world/para/tale-ban. htm

International Crisis Group（国际危机组织）

http：//www. crisisgroup. org/

International Institute for Strategic Studies（伦敦国际战略研究所）

http：//www. iiss. org/

Jerusalempost《耶路撒冷邮报》

http：//www. jrep. com/

Ministry of Foreign Affairs Afghanistan（阿富汗外交部）

http：//www. mfa. gov. af/

National Archives of the United States（美国国家档案馆——阿富汗战争部分）

http：//www. archives. gov/

National Archives of UK（英国国家档案馆——关于英国阿富汗战争部分）

http：//www. nationalarchives. gov. uk/records/default. htm

New American Foundation（美国基金会）

http：//newamerica. net/

Pashtun Way（普什图模式）

http：//www. terroristplanet. com/pashtun. htm

Pashtun Cultural Institute（普什图文化研究机构）

http：//www. pashtunculturalinstitute. com/

Pashtunpost（普什图邮报）

http：//www. pashtunpost. com/

Pashtuns Organization（普什图组织）

http：//www. pashtuns. org/

Pashtunfoundation（普什图基地）

http：//en. pashtunfoundation. org/module. php? catgroup = About%20Us&module=aim

Pew Research（皮优研究中心）

http：//pewresearch. org

Rand Corporation（兰德公司）

http：//www. rand. org

Soviet Archives（苏联档案馆俄文版与英文版——关于苏联阿富汗战争部分）

http：//psi. ece. jhu. edu/~kaplan/IRUSS/BUK/GBARC/buk. html

http：//www. ibiblio. org/expo/soviet. exhibit/entrance. html

Terrorism research（恐怖主义研究中心）

http：//www. terrorism-research. com/

Terroristplanet（恐怖主义研究中心）
http：//www. terroristplanet. com/pashtun. htm

White House（美国白宫）
http：//www. whitehouse. gov/

Womenforafghanwomen（阿富汗妇女组织）
http：//www. womenforafghanwomen. org/

后　　记

创新是学术的目标，是学问的最高境界。创新需要批判。没有批判，便没有创新。20 世纪 90 年代以来，我们一直在引进美英国家的国际关系理论。在引进的过程中，表现了我们学习的需求和愿望，表达了我们对知识的期待和渴求，虽然自身水平在提高，但同时容易产生对美国理论、英国学派的依赖，导致不去探索新的东西，对创新重视不够。照搬这个模式的框架去做我们的研究，结果最多是一篇四平八稳的复制件。批判是学问的精神，是探索未知的领城，当我们面对一个一个重大的国际关系理论时，不是全盘接受使用，而是挑战权威，发现问题，质疑原有理论，获得知识的生产和再生产。批判的精神是创新的灵魂。

创新需要学习。创新不是凭空的编造和杜撰。笔者写作本书，不是为了取代已有的诸多经典理论成果。在中国国际关系理论领域，几十年来的研究内容和成果已经十分丰富。改革开放确实给了中国国关学界新的活力和动力，中国国际关系研究的队伍和规模已经仅次于美国。中国有着深厚的文化底蕴并进行着丰富的社会实践，随着国际关系学科的发展，一定会在理论上出现突破，也会打造出中国的国际关系理论。在中国崛起的过程中，中国外交有诸多问题需要思考和应对，政策界对学术界需求很大，而学术界对解决这些问题的供给能力相对不足。现在是中国国际关系理论或中国学派产生发展的最佳时机，因为我们面对各种困惑，而原有理论无法作出有效解释的时候，才有可能导致新理论、新学派的诞生。随着中国国际地位的提高，使我们从事国际关系研究的资源和物质基础更加坚实，也能使我们增强信心、更加明白自身的责任，更深入地探索新趋势与新方法，这里面或许蕴藏了新理论的萌芽。

创新需要积累，但中国理论停留排徊在机械模仿西方理论的阶段是没有出路的。千里之行，积于跬步；万里之船，成于罗盘。这本关于国际关系理论的书终于结稿。尽管耗费了笔者不少精力，但每每想起各位尊师益友的浩瀚恩情与敦敦教诲，仍觉汗颜。经常觉得自己是一个很幸运的人，因为无论何时何处总会有人给我帮助与关怀。一再的体会，一再的确信，是大家用爱心与宽容组成了我生活的点点滴滴。感谢导师秦亚青教授，是他把我引领入了国际关系理论的学习殿堂，从此我投身于国际关系理论的探索中，体会着理论研究的辛酸与乐趣。感谢领导与同事们平日的指点，才有了我的今天。领导与同事们对我的研究工作益处良多，平时的指导与交流给我的写作提供了颇多的启迪和深刻的感悟。感谢他们在学业和生活中给予我的支持和勉励，他们的乐观、真诚为我单调的理论探索生活增添各种色彩。

写作本书是令笔者受益无限、留恋不尽的重要享受，亦是一个新的起点。在研究过程中，笔者收获的是知识，感悟的是思想中的精华。如果读完本书，您能发现笔者对此的感悟，或者自己获得感悟，哪怕是一点，就达到了本书的写作目的。

敬请各位同行专家前辈批评指正，祝福各位读者安康！

致敬并祝好！

柳思思于北京第二外国语学院

2013 年 8 月 6 日

图书在版编目（CIP）数据

突破与创新：国际关系理论的新研究/柳思思著．—北京：时事出版社，2013.11

ISBN 978-7-80232-650-7

Ⅰ.①突… Ⅱ.①柳… Ⅲ.①国际关系理论—研究 Ⅳ.①D80

中国版本图书馆 CIP 数据核字（2013）第 236532 号

出版发行：时事出版社
地　　址：北京市海淀区巨山村 375 号
邮　　编：100093
发行热线：（010）82546061　82546062
读者服务部：（010）61157595
传　　真：（010）82546050
电子邮箱：shishichubanshe@sina.com
网　　址：www.shishishe.com
印　　刷：北京昌平百善印刷厂

开本：787×1092　1/16　印张：17　字数：228 千字
2013 年 11 月第 1 版　2013 年 11 月第 1 次印刷
定价：58.00 元